Pharmakologische Manipulationen (Doping)
im Leistungssport der DDR

SCHRIFTEN
zum internationalen und zum öffentlichen
RECHT
Herausgegeben von Gilbert Gornig

Band 37

PETER LANG
Frankfurt am Main · Berlin · Bern · Bruxelles · New York · Wien

Karl-Josef Ulmen

Pharmakologische Manipulationen (Doping) im Leistungssport der DDR

Eine juristische Untersuchung

PETER LANG
Europäischer Verlag der Wissenschaften

Die Deutsche Bibliothek - CIP-Einheitsaufnahme

Ulmen, Karl-Josef:

Pharmakologische Manipulationen (Doping) im Leistungssport der DDR : eine juristische Untersuchung / Karl-Josef Ulmen. - Frankfurt am Main ; Berlin ; Bern ; Bruxelles ; New York ; Wien : Lang, 2000
(Schriften zum internationalen und zum öffentlichen Recht ; Bd. 37)
Zugl.: Marburg, Univ., Diss., 1999
ISBN 3-631-35586-6

Für die Grafiken dieses Bandes standen leider nur unzureichende Vorlagen zur Verfügung. Wir bitten um Verständnis dafür, daß wir sie aus dokumentarischen Gründen dennoch abgedruckt haben.

D 4
ISSN 0943-173X
ISBN 3-631-35586-6

Vorwort

Die vorliegende Dissertation will u. a. eine von vielen Erscheinungsformen der Regierungskriminalität in der ehemaligen DDR sowohl beschreiben als auch konservieren und damit vor dem Vergessen in einer schnellebigen Zeit bewahren.

Meinem Doktorvater, Herrn Professor Dr. Gilbert Gornig, bin ich für sein Vertrauen in meine Person und Arbeit sowie für seine wohlwollende Förderung und Unterstützung, die mir die Anfertigung der vorliegenden Arbeit ermöglichte, zu besonderem Dank verpflichtet.

Herrn Professor Dr. Detterbeck danke ich für die eingehende Durchsicht der Dissertation und die Übernahme der Aufgabe des Zweitgutachters.

Wenn auch die Dissertation formal und inhaltlich eine Einzelleistung darstellt, so danke ich auch all jenen in meinem persönlichen und beruflichen Umfeld, die mir durch ihr Verständnis geholfen und mich hierdurch unterstützt haben.

Wittlich, September 1999

Karl Josef Ulmen

Inhaltsverzeichnis

Abkürzungsverzeichnis

a.F.	alte Fassung
AG uM	Arbeitsgemeinschaft unterstützende Mittel
AMG	Gesetz über den Verkehr mit Arzneimitteln (Arzneimittelgesetz) vom 24.08.1976 (BGBl. I, 2445, ber. 2448)
AnpassungsG	Gesetz zur Anpassung von Regelungen über Rechtsmittel der Bürger und zur Festlegung der gerichtlichen Zuständigkeit für die Nachprüfung von Verwaltungsentscheidungen (DDR) vom 14.12.1988 (GBl. I, 329)
AO	Anordnung
Art.	Artikel
Az.	Aktenzeichen
ber.	berichtigt
BG	Bezirksgericht
BGB	Bürgerliches Gesetzbuch vom 18.08.1896
BGBl.	Bundesgesetzblatt
BGH	Bundesgerichtshof
BGHSt	Entscheidungen des Bundesgerichtshofes in Strafsachen
BGHZ	Entscheidungen des Bundesgerichtshofes in Zivilsachen
BR-Drs.	Bundesratsdrucksache
BStU	Der Bundesbeauftragte für die Unterlagen des Staatssicherheitsdienstes der ehemaligen DDR
BT-Drs.	Bundestagsdrucksache
BtMG	Gesetz über den Verkehr mit Betäubungsmitteln (Betäubungsmittelgesetz) vom 28.07.1981 (BGBl. I, 681, ber. 1187)
BVerfG	Bundesverfassungsgericht
BVerfGE	Entscheidungen des Bundesverfassungsgerichts
BVerwG	Bundesverwaltungsgericht
BVerwGE	Entscheidungen des Bundesverwaltungsgerichts
DHfK	Deutsche Hochschule für Körperkultur und Sport
DJ	Deutsche Justiz
DLV	Deutscher Leichtathletikverband
DR	Deutsches Recht, Ausgabe A
DRZ	Deutsche Rechtszeitschrift
DSB	Deutscher Sportbund

DSV	Deutscher Schwimmverband
DSSV	Deutscher Schwimmsportverband
DTSB	Deutscher Turn- und Sportbund
DtZ	Deutsch-deutsche Rechtszeitschrift
DVBl.	Deutsches Verwaltungsblatt
E	Epitestosteron
EGBGB	Einführungsgesetz zum Bürgerlichen Gesetzbuch
EGMR	Europäischer Gerichtshof für Menschenrechte
EGStGB	Einführungsgesetz zum Strafgesetzbuch
EM	Europameisterschaft
EMRK	Europäische Konvention zum Schutze der Menschenrechte und Grundfreiheiten vom 04.11.1950 (BGBl. 1952 II, 685, ber. 953)
EV	Einigungsvertrag
FAZ	Frankfurter Allgemeine Zeitung
FKS	Forschungsinstitut für Körperkultur und Sport
GA	Goltdammers Archiv für Strafrecht
GBl.	Gesetzblatt
GBl.DDR I	Gesetzblatt der DDR, Teil I
GBl.DDR II	Gesetzblatt der DDR, Teil II
gem.	gemäß
GG	Grundgesetz für die Bundesrepublik Deutschland
GST	Gesellschaft für Sport und Technik
GVG	Gerichtsverfassungsgesetz i.d.F. vom 09.05.1975 (BGBl. I, 1077); Gesetz über die Verfassung der Gerichte der DDR vom 27.09.1974 (GBl. I, 457)
HA	Hauptabteilung
HStR	Isensee, Josef/Kirchhof, Paul, Handbuch des Staatsrechts der Bundesrepublik Deutschland
i.d.F.	in der Fassung
IGH	Internationaler Gerichtshof
ILA	International Law Association
ILM	International Legal Materials
ILR	International Law Reports
IM	Inoffizieller Mitarbeiter
IMB	Inoffizieller Mitarbeiter mit "Feindberührung"

IMS	Inoffizieller Mitarbeiter Sicherheit
IMV	Inoffizieller Mitarbeiter mit Verbindungen
IOC	Internationales Olympisches Komitee
IPBPR	Internationaler Pakt über bürgerliche und politische Rechte vom 19.12.1966 (BGBl. 1973 II, 1534)
i.S.d.	im Sinne des
i.V.m.	in Verbindung mit
JR	Juristische Rundschau
JZ	Juristenzeitung
KG	Kammergericht Berlin
KJ	Kritische Justiz
KJS	Kinder- und Jugendsportschule
KLD	Komplexe Leistungsdiagnostik
LG	Landgericht
lit.	litera
LS	Abteilung Leistungssport beim Sportmedizinischen Dienst
LSK	Leistungssportkommission
LT-Dr.	Landtags-Drucksache
MDR	Monatsschrift für Deutsches Recht
MedR	Medizinrecht
MfGe.	Ministerium für Gesundheitswesen
MfS	Ministerium für Staatssicherheit
MR	Medizinalrat
m.V.a.	mit Verweis auf
m.w.N.	mit weiteren Nachweisen
n.F.	neue Fassung
NJ	Neue Justiz
NJW	Neue Juristische Wochenschrift
NOK	Nationales Olympisches Komitee
NStZ	Neue Zeitschrift für Strafrecht
NVwZ	Neue Zeitschrift für Verwaltungsrecht
ÖZöRV	Österreichische Zeitschrift für öffentliches Recht und Völkerrecht
OG	Oberstes Gericht
OibE	Offizier im besonderen Einsatz

OLG	Oberlandesgericht
OVG	Oberverwaltungsgericht
OMR	Obermedizinalrat
OS	Olympische Spiele
O-T=OT=M 1	Oral-Turinabol
OV	Operativer Vorgang
Rdnr.	Randnummer
ROW	Recht in Ost und West
Rz.	Randziffer
SED	Sozialistische Einheitspartei Deutschlands
SHB	Sportärztliche Hauptberatungsstelle
SKS	Staatssekretariat für Körperkultur und Sport
SMD	Sportmedizinischer Dienst
SpuRt	Zeitschrift für Sport und Recht
SPWT	Staatsplan Wissenschaft und Technik
StÄndG	Strafrechtsänderungsgesetz
StGB	Strafgesetzbuch i.d.F. vom 10.03.1987 (BGBl. I, 945, ber., 1160); Strafgesetzbuch der DDR vom 12.01.1968 (GBl. I, 1968, 591, i.d.F. vom 28.06.1979, GBl. I 1979, 139)
StGH	Staatshaftungsgesetz vom 26.6.1981 (BGBl. I, 553); Gesetz zur Regelung der Staatshaftung in der DDR - Staatshaftungsgesetz - vom 12.05.1969 (GBl. I, 34)
StPO	Strafprozeßordnung
st.Rspr.	Ständige Rechtsprechung
STS=M 2	Steroidsubstanz
StUG	Stasi-Unterlagen-Gesetz
StuR	Staat und Recht
TD=T-D	Testosteron Depot
u.M.	Unterstützende Mittel
UnBerG	Erstes SED-Unrechtsbereinigungsgesetz
UntAbschlG	Unterstützungsabschlußgesetz vom 6. Mai 1994
VEB	Volkseigener Betrieb
Verf.	Verfassung der DDR vom 06.04.1968 i.d.F. vom 07.10.1974 (GBl. I., 429)
VerjährungsG	Gesetz zur Verjährung von SED-Unrechtstaten
VS	Verschlußsache

VVDStRL	Veröffentlichungen der Vereinigung der Deutschen Staatsrechtslehrer
VVS	Vertrauliche Verschlußsache
VwRehaG	Verwaltungsrechtliches Rehabilitierungsgesetz
WM	Weltmeisterschaft
ZDKL	Zentrales Doping-Kontroll-Labor
ZERV	Zentrale Ermittlungsstelle für Regierungs- und Vereinigungskriminalität
ZfG	Zeitschrift für Gesetzgebung und Rechtswissenschaft
ZfRV	Zeitschrift für Rechtsvergleich
ZGB	Zivilgesetzbuch der DDR vom 19.06.1975 (GBl. I, 465)
ZI	Zentralinstitut
ZK	Zentralkomitee
ZRP	Zeitschrift für Rechtspolitik

Einleitung

Immer wieder hören wir von der Politik und besonders von Spitzenfunktionären, die deutsche Vereinigung sei im Sport besser gelungen als in allen anderen gesellschaftlichen Bereichen. Die Fakten sehen anders aus. Statt einer Zusammenführung des Sports "in vernünftige Bahnen" haben die "westdeutschen Funktionäre die Erfolge des DDR-Sports nur für sich nutzen wollen", so Peter Busse, stellvertretender Direktor des Bundesbeauftragten für die Unterlagen des Staatssicherheitsdienstes der ehemaligen DDR.

Die Kraft zur Aufarbeitung von Problemen wie Doping wurde nicht gefunden, obwohl Sportfunktionäre sehr wohl gewußt haben, wie in Ost- und Westdeutschland mit Dopingpräparaten manipuliert wurde.[1]

Die deutsche Sportführung hat nicht reagiert, die Probleme wurden weitgehend unter den Teppich gekehrt. Das Ergebnis: Heute sind sowohl in Ost wie in West Trainer und Ärzte in Amt und Würden, von denen man ganz genau weiß, daß sie an systematischen, flächendeckenden Dopingpraktiken in der ehemaligen DDR mit erheblichen Gesundheitsbeschädigungen für Athleten mitgewirkt haben.

Für Dopingsünden aus DDR-Vergangenheit gilt eine Athleten-Amnestie. Prof. Helmut Digel, Darmstädter Sportwissenschaftler, Präsident des Deutschen Leichtathletikverbandes und Vizepräsident des Nationalen Olympischen Komitees, warnt davor, die Amnestie mit einer Amnesie zu verwechseln: "Um was es in der Tat geht, ist aber die Aufarbeitung von Verbrechen, die ohne Zweifel in der ehemaligen DDR begangen wurden. Es geht um Menschenrechtsverletzungen, und es geht um die Frage, ob es erlaubt sein kann, daß Kinder ohne Wissen der Eltern von Ärzten, Trainern und Funktionären manipu-

---

1 Vgl. Deutscher Sportbund (DSB)/ Nationales Olympisches Komitee (NOK), Bericht der Unabhängigen Doping-Kommission, 1991; Deutscher Sportbund (DSB), Ständige Kommission zur Überwachung der Dopingkontrollen außerhalb des Wettkampfes: Doping-Kontroll-System, Sportausschuß Drucksache Nr. 43, Frankfurt/Main 1992; Abschlußbericht der "Ad-hoc-Kommission zur Beratung in Doping-Fragen" 1991.

liert wurden. Es geht um die Frage der Menschenwürde im Sport, und es geht um die Frage, wer für solche Verletzungen dieser Würde verantwortlich gemacht werden muß. Wer sich auf Amnestie beruft und die Diskussion damit beenden möchte, der hat es zu verantworten, daß man Verbrechen nicht mehr aufklären kann, daß Menschenrechtsverletzungen bagatellisiert werden."[2]

Insbesondere der Deutsche Schwimmverband (DSV) steht vor der Zerreißprobe. Die Ermittlungen der Staatsanwaltschaft Berlin richten sich gegen Schwimmtrainer und Ärzte wegen Dopingvergehens an Minderjährigen in der DDR. Betroffen sind der alte und neue Trainer von Franziska van Almsick, Dieter Lindemann und Gerd Eßer, Hans-Joachim Lange, Volker Frischke, Peter Rund, Norbert Warnatsch, Hans-Ulrich Lange (Trainer am Olympiastützpunkt in Berlin), Rolf Gläser, Dieter Krause und Uwe Richter, Schwimmtrainer beim SC Dynamo Berlin. Bestätigt wurden auch Ermittlungen gegen den Leipziger Uwe Neumann, der wie Frischke und Bernd Henneberg als Trainer bei den Schwimmeuropameisterschaften in Sevilla 1997 eingesetzt war. Die DSV-Trainer Uwe Neumann und Bernd Henneberg waren im Juli 1997 als angebliche Inoffizielle Mitarbeiter (IM) des Ministeriums für Staatssicherheit enttarnt worden.

Alle Trainer aus der ehemaligen DDR, die vom DSV angestellt werden wollten, auch Frischke, Neumann und Henneberg, mußten vor ihrer Anstellung eine eidesstattliche Erklärung unterschreiben, mit dem Dopingsystem der DDR nichts zu tun gehabt zu haben.[3]

Sollte der Nachweis der eidesstattlichen Falschaussage erbracht werden, kann auch dieses Vergehen ein gerichtliches Verfahren nach sich ziehen.

Der Deutsche Schwimmverband (DSV) wurde vom Bundesinnenministerium unmißverständlich aufgefordert, im Falle der Anklageerhebung die betroffenen Trainer zu suspendieren, ansonsten drohe dem DSV eine Sperre der Fördermittel.

---

2 Digel, Helmut, Zum bedeutsamen Unterschied zwischen Amnestie und Amnesie, FAZ vom 30.10.1997.

3 Vgl. Der Spiegel, 34/1997; FAZ vom 18.08.1997.

Gegen die ersten Verantwortlichen von Doping im DDR-Sport wurde am 18. März 1998 vor der Großen Strafkammer des Landgerichts Berlin-Moabit der Prozeß eröffnet. Die Anklage lautet auf Körperverletzung von Minderjährigen. Bei den angeklagten Medizinern handelt es sich um Bernd Pansold, der stellvertretender Chefarzt und Chefarzt der sportärztlichen Hauptberatungsstelle Berlin (Ost) war, sowie um Dieter Binus, den einstigen Sektionsarzt Schwimmen des Sportclubs Dynamo und Mannschaftsarzt der DDR-Auswahl der Schwimmerinnen. Die Staatsanwaltschaft II wirft ihnen vor, in der Zeit von 1975 bis 1989 minderjährigen Schwimmerinnen des SC Dynamo über längere Zeiträume zur Steigerung sportlicher Leistungen Hormonpräparate verabreicht zu haben; entweder persönlich oder im Zusammenwirken mit den im selben Prozeß angeklagten Trainern. Bei diesen handelt es sich um Dieter Lindemann, den langjährigen Trainer von Franziska van Almsick, sowie um Volker Frischke, die inzwischen vom Deutschen Schwimmverband suspendiert worden sind. Der ebenfalls angeklagte Dieter Krause war zuletzt nicht mehr im Sport tätig. Der vierte Angeklagte ist Rolf Gläser, den der österreichische Schwimmverband beschäftigt hatte.

Die anabolen Wirkstoffe sollen bei mehreren Mädchen zu weitgehend irreversiblen Schäden wie Leberschäden, Muskelkrämpfe, schwere Akne, Veränderung der Libido, Unfruchtbarkeit, Menstruationsstörungen, Zysten an den Eierstöcken, tiefe Stimmen, starke Körperbehaarung und Wachstumsstörungen geführt haben. Als Zeuge war der Mediziner Manfred Höppner geladen, der als stellvertretender Leiter des Sportmedizinischen Dienstes der DDR das Doping weitgehend kontrollierte und der als Inoffizieller Mitarbeiter des Staatssicherheitsdienstes der DDR unter dem Decknamen "Technik" umfangreiche Berichte zu Protokoll gab.

Die Fälle müssen nach dem Recht der DDR beurteilt werden. Das Strafgesetzbuch der DDR sieht für vorsätzliche Körperverletzung (§ 115 StGB/DDR) höchstens drei Jahre Haft vor. Wegen seiner besonderen Bedeutung fand der Prozeß dennoch nicht vor dem Amtsgericht, sondern vor der Großen Strafkammer des Landgerichts statt. In 90Verfahren ermittelt die Zentrale Ermittlungsstelle für Regierungs- und Vereinigungskriminalität (ZERV) Berlin gegen 680 Beschuldigte, zu denen auch die Spitze des Deutschen Turn- und Sportbundes der DDR (DTSB) und des Staatssekretariats für Körperkultur und Sport, Manfred Ewald und Günter Erbach, gehören.

Die Prozeßfolge ging auf eine dreigeteilte Anzeige zurück, die der Heidelberger Molekularbiologe Prof. Werner Franke schon im August 1992 erstattete. Es ging um Körperverletzung und Verstöße gegen das Arzneimittelgesetz der DDR und die Menschenrechte. Nur der erste Anklagepunkt blieb übrig. Eine Anklage über den Mißbrauch des Arzneimittelgesetzes wäre leichter abfaßbar gewesen. Wegen einer kürzeren Verjährungsfrist mußte er freilich fallengelassen werden. Das Strafmaß wäre hier geringer ausgefallen als beim Tatbestand der vorsätzlichen Körperverletzung. Doch über drei Jahre Haft kann das Gericht ohnehin nicht hinausgehen.

Während in Berlin der Prozeß wegen Dopings im DDR-Sport läuft, ermitteln das Landeskriminalamt Thüringen und die Berliner Polizei weiter gegen DDR-Funktionäre, Trainer und Ärzte wegen eines schweren Delikts: Sie sollen für gedopte Sportlerinnen Zwangsabtreibungen angeordnet haben.[4]

Der Verdacht stützt sich auf MfS-Unterlagen. So berichtete der Chefmediziner des Sportmedizinischen Dienstes, Manfred Höppner (IM "Technik"), daß den Athletinnen "während des Anwendungszeitraumes von anabolen Hormonen [...] in jedem Fall eine Schwangerschaftsunterbrechung" befohlen wurde. Die Ärzte befürchteten, so ein Dossier der Leipziger Staatssicherheit, daß "bei weiblichem Geschlecht des Embryos" dieser durch die Steroide zu einem "starken maskulinen Typ" mutieren könnte. Die Ermittler prüfen auch, ob in einzelnen Fällen Sportlerinnen geschädigte Kinder zur Welt brachten, nachdem sie die Anabolika abgesetzt hatten. In Thüringen ermitteln sie im Fall einer Wintersportlerin, deren Kind schwerstbehindert geboren wurde.

Nach den Prozessen gegen Richter und Staatsanwälte wegen Rechtsbeugung und gegen Todesschützen an der innerdeutschen Grenze sowie deren Auftraggeber sollen die Dopingprozesse die letzten gro-

---

4 Vgl. Der Spiegel, 14/1998, S. 16.

ßen Strafverfahren (Az. 28 Js 1014/93) gegen DDR-Funktionäre und ihre Mittäter sein. Gleichzeitig werden die Enthüllungen der Justizbehörde die deutschen Sportverbände bloßstellen, die sich jahrelang in einer Koalition des Schweigens, Vertuschens und Beschwichtigens vor der Aufarbeitung des ostdeutschen Erbes gedrückt haben.[5]

Auch die Stasi-Problematik ist in keiner Weise vom Sport gelöst worden. Auch hier wurde nichts aufgearbeitet mit der Konsequenz, daß heute noch in vielen verantwortlichen Positionen alte Stasi-Leute mit den entsprechenden Seilschaften sitzen und somit über den Sport im vereinigten Deutschland mitbestimmen.[6]

Eindrucksvoll bestätigt werden die Seilschaften im Sport des vereinigten Deutschlands durch die Sachverständigen der Enquete-Kommission des Deutschen Bundestages "Aufarbeitung von Geschichte und Folgen der SED-Diktatur in Deutschland"[7] und durch vereinzelte Presseveröffentlichungen.

Insgesamt muß man wohl feststellen, daß eine große Chance für die innere Einheit im Sport vertan worden ist.

Die jüngst gefällten Urteile gegen Dopingtäter des DDR-Sports sind keine Form von "Siegerjustiz", wie von der PDS immer wieder behauptet. Vielmehr setzten deutsche Gerichte den Strafanspruch der DDR durch, der per Einigungsvertrag auf die Bundesrepublik Deutschland übergegangen ist. Nach 42 Verhandlungstagen ist der Dopingprozeß mit dem Urteil u. a. gegen Sportarzt Bernd Pansold zu Ende gegangen. Er wurde wegen vorsätzlicher Körperverletzung zu einer Geldstrafe von 14.400 DM verurteilt.

Bei diesen Strafprozessen kam es vornehmlich darauf an, Unrecht zu dokumentieren. Dies ist wichtiger als der eigentliche Strafanspruch.

---

5 Vgl. Der Spiegel, 34/1997, S. 126-128.

6 Vgl. BStU, "Zur Tätigkeit des Ministeriums für Staatssicherheit im Leistungssport der DDR. Ein vorläufiges Rechercheergebnis", unv. Berlin 1994

7 Vgl. Materialien der Enquete-Kommission "Aufarbeitung von Geschichte und Folgen der SED-Diktatur in Deutschland" des Deutschen Bundestages, Band III/1: Rolle des Sports in der DDR, hrsg. vom Deutschen Bundestag, Baden-Baden 1995, S. 637-767.

Bei Dopingstraftaten handelte es sich nicht um Fälle minderer Kriminalität. Die Vergabe von Anabolika an minderjährige Athleten ist als Körperverletzung strafbar, wenn sie zu einer Gesundheitsbeschädigung führt. Die im Pilotprozeß bei den Opfern nachgewiesenen Störungen im Hormonhaushalt und die Gefahren durch Nebenwirkungen haben daher ausgereicht, den "Eintritt einer Körperverletzung" festzustellen.

Alle mit dem Dopingmißbrauch in der DDR in Zusammenhang stehenden Verfahren werden hoffentlich so rechtzeitig auf den Weg gebracht, daß nicht das Risiko einer Verjährung entsteht. Wie Berlins Justizsprecher Matthias Rebentisch mitteilte, werden bis Mitte 1999 alle Verfahren, die vor ein Gericht gebracht werden sollen, auch vor verschiedenen Strafkammern in Berlin anhängig sein. Demnach wird 1999 auch der Strafprozeß gegen den langjährigen DTSB-Präsidenten Manfred Ewald, gegen Rudi Hellmann, den Abteilungsleiter Sport im Zentralkomitee der SED, sowie Günter Ehrbach, den Staatssekretär für Sport, beginnen. Die Justizbehörden müßten bei den Anklageerhebungen den Verjährungstermin am 2. Oktober 2000 im Hinterkopf behalten. Derzeit sind bei der Berliner Anklagebehörde 45 Ermittlungsverfahren mit etwa 500 Beschuldigten anhängig.

A. Doping im Leistungssport

I. Forschungsstand

Die vorliegende Abhandlung stützt sich im wesentlichen auf Anhörungen der Enquete-Kommission "Aufarbeitung von Geschichte und Folgen der SED-Diktatur in Deutschland" zum Thema "Rolle des Sports in der DDR" aus dem Jahre 1995[8]; desweiteren auf Gutachten und Veröffentlichungen von Prof. Dr. Werner Franke[9] und Dokumente des Bundesbeauftragten für die Unterlagen des Staatssicherheitsdienstes der ehemaligen Deutschen Demokratischen Republik (BStU) sowie auf einschlägige Veröffentlichungen zum Thema Doping aus juristischer Sicht[10], auf Dokumente der Zentralen Ermittlungsstelle

---

8 Vgl. Materialien der Enquete-Kommission, Band III/1 1995, S. 637-767.

9 Vgl. Franke, Werner, Funktionen und Instrumentalisierung des Sports in der DDR: Pharmakologische Manipulationen (Doping) und die Rolle der Wissenschaft, in: Materialien der Enquete-Kommission, Bd. III/2, 1995, S. 904-1143; ders., Rolle des Sports in der DDR, in: Materialien der Enquete-Kommission, Bd. III/1, S. 675-689, 698-700; Berendonk, Brigitte/Franke, Werner, Hormondoping als Regierungsprogramm, in: Hartmann, Grit, Goldkinder. Die DDR im Spiegel ihres Spitzensports, Leipzig 1997, S. 166-187; Berendonk Brigitte, Doping-Dokumente - Von der Forschung zum Betrug, Berlin/Heidelberg 1991, 2. erw. Aufl. 1992.

10 Vgl. Ahlers, Rainer, Doping und strafrechtliche Verantwortlichkeit - zum strafrechtlichen Schutz des Sportlers vor Körperschäden durch Doping, Jur. Diss., Universität Kiel 1994, Baden-Baden 1994; Sievers, Martin, Die zivilrechtliche Haftung des Sportlers wegen Dopings, Jur. Diss., Universität Hannover 1996, Clausthal-Zellerfeld 1996; Acker, Helmut (Hrsg.), Rekorde aus der Retorte, Leistungssteigerung im modernen Hochleistungssport, Stuttgart 1972; Kohlhaas, Max, Zur Anwendung aufputschender Mittel im Sport, NJW 1970, S. 1958 ff.; Kohlhaas, Max, Das Doping aus rechtlicher Sicht, in: Friedrich-Christian Schroeder/Hans Kauffmann (Hrsg.), Sport und Recht, Berlin 1972, S. 48 ff.; Kohlhaas, Max, Doping aus rechtlicher Sicht, in: Acker, Helmut (Hrsg.), Rekorde aus der Retorte, Leistungssteigerung im modernen Hochleistungssport, Stuttgart 1972, S. 53 ff.; Körner, Harald Hans, Betäubungsmittelgesetz, 3. Aufl., München 1990; ders., Doping. Drogenmißbrauch im Sport und im Stall, ZRP 1989, S. 418 ff.; Lehner, Michael/Freibüchler, Torsten, Doping im DDR-Sportsystem - Schadensersatzansprüche der Opfer?, Zeitschrift für Sport und Recht (SpuRt), 1-2/1995, S. 2-7; Linck, Jochim, Doping und staatliches Recht, NJW 1987, S. 2545 ff.; ders., Doping aus juristischer Sicht, MedR 1993, S. 55 ff.; Otto, Harro, Zur Strafbarkeit des

Regierungs- und Vereinigungskriminalität (ZERV) in Berlin sowie der Anklageschrift (Az.: 28 Js 39/97) der Staatsanwaltschaft II beim Landgericht Berlin.

II. Ziel der Untersuchung

Ziel der Untersuchung ist zunächst die Sichtung vorhandener Dokumente zur Steuerung und Kontrolle des Leistungssports in der ehemaligen DDR durch die SED-Führung und das Ministerium für Staatssicherheit (MfS) sowie die Kommentierung und Auswertung verschiedener Dokumente zur Dopingpraxis in der ehemaligen DDR.

Nach dem Ende der DDR konnten trotz umfangreicher Dokumentenvernichtungsaktionen bisher noch über 180 eindeutige und in ihrer Qualität unanfechtbare Schriftstücke sichergestellt werden, meist als "Vertrauliche Verschlußsachen" (VVS) bzw. "Vertrauliche Dienstsachen" (VD), die ein umfangreiches, staatlich angeordnetes und ge-

---

Doping - Sportler als Täter und Opfer, SpuRt 1-2/94, S. 10 ff.; Prokop, Ludwig, Zur Geschichte des Doping, in: Acker, Rekorde aus der Retorte, S. 22 ff.; Schild, Wolfgang (Hrsg.), Rechtliche Fragen des Dopings, Heidelberg 1986; Schneider-Grohe, Christa, Doping. Eine kriminologische und kriminalistische Untersuchung zur Problematik der künstlichen Leistungssteigerung im Sport und zur rechtlichen Handhabung dieser Fälle, Jur. Diss., Universität Lübeck 1978, Lübeck 1979; Schwab, Dieter, Zivilrechtliche Haftung beim Doping, in: Schild, Rechtliche Fragen des Dopings, S. 35 ff.; Sehling, Michael/Pollert, Reinhold/Hackfort, Dieter, Doping im Sport, Medizinische, sozialwissenschaftliche und juristische Aspekte, München 1989; Schroeder, Friedrich-Christian/Kauffmann, Hans (Hrsg.), Sport und Recht, Berlin 1972; Steiner, Udo, Verfassungsfragen des Sports, NJW 1991, S. 2729 ff.; Turner, Georg, Die Einwilligung des Sportlers zum Doping, NJW 1991, S. 2943 ff.; ders., Rechtsprobleme beim Doping im Sport, Med 1991, S. 569 ff.; ders., Ist ein Anti-Doping-Gesetz erforderlich?, ZRP 1992, S. 121 ff.; Vieweg, Klaus, Doping und Verbandsrecht, NJW 1991, S. 1511 ff.; Wagner, Gerd, Negative Wirkungen eines Anti-Doping-Gesetzes, ZRP 1992, S. 369-371; Zentrum für Wissenschaftsinformation, Körperkultur und Sport, Leipzig (Hrsg.), Doping und Anti-Doping im Sport. Eine internationale Dokumentation, Leipzig 1991; Müller, Anja, Doping im Sport als strafbare Gesundheitsbeschädigung (§§ 223 Abs. 1, 230 StGB)?, Jur. Diss., Universität Tübingen 1992, Baden-Baden 1993.

lenktes Dopingsystem des DDR-Sports - spätestens seit 1967 - beweisen.

Ein weiteres Ziel besteht in der Untersuchung und Kommentierung des DDR-Dopings als eine Form der Regierungskriminalität, hier insbesondere die Ermittlungen wegen des Verdachts auf Verstoß gegen das Arzneimittelgesetz und Körperverletzung.

Die staatliche Organisation der medikamentösen Betrugsmanipulationen im Sport der ehemaligen DDR, das Überschreiten grundsätzlicher ethischer Grenzen bei den pharmakologischen Manipulationen im Sport der DDR, die systematischen Androgen-Behandlungen von Frauen und Minderjährigen, der illegale Arzneimitteleinsatz und der Verstoß gegen die Aufzeichnungspflicht sowie die bewußte Inkaufnahme schädlicher Nebenwirkungen und daraus resultierende juristische Konsequenzen bilden einen weiteren Gegenstand der Untersuchung.

Doping und MfS-Bespitzelung im DDR-Sport waren eine Folge staatlicher Vorgaben und Entscheidungen. Daß im Namen eines Staates und nur wegen dessen sportpolitischen Interesses beispielsweise 14jährige Mädchen serienweise mit androgenen Hormonen zur sportlichen Leistungssteigerung virilisiert wurden, ist als Beispiel für staatliche Verbrechen und Regierungskriminalität zu bewerten.[11]

Viele der verantwortlichen "Schreibtischtäter" in Politik und Sportführung sind auch im Falle der DDR nicht mit konkreten Dopingmaßnahmen in Verbindung zu bringen. Wie bei anderen Regierungsverbrechen der DDR ist hier die Schuld der Person am Ende der Entscheidungskette, der Trainer bzw. der dopenden Ärzte, am leichtesten zu beweisen.

In der geplanten Untersuchung sollen Entscheidungsprozesse und Verantwortlichkeiten im Dopingsystem der DDR auf der Grundlage des Studiums vorhandener Dokumente aufgezeigt werden.

---

11 Vgl. Franke, Funktionen und Instrumentalisierung des Sports in der DDR, S. 904-1143; ders., Rolle des Sports in der DDR, Bd. III/1, S. 675-689, 698-700; Berendonk/Franke, Hormondoping als Regierungsprogramm, 1997, S. 166-187.

Die Frage nach der Zulässigkeit oder Rechtswidrigkeit von Doping bei Sportlern ist auf der Grundlage unterschiedlicher Rechtsmaterien wie dem speziellen Arztrecht, dem Strafrecht und einigen strafrechtlichen Nebengesetzen (Betäubungsmittelgesetz, Arzneimittelgesetz) sowie dem Zivilrecht zu beantworten[12].

Die Dopingproblematik soll hier nicht unter dem Blickwinkel sportlichen Betruges, sondern aus der Sicht der Opfer staatlich geförderter Dopingprogramme der ehemaligen DDR dargestellt und juristisch bewertet werden.[13]

Nach der Wiedervereinigung stellt sich nunmehr die Frage, welche Ansprüche gegen die Ärzte, Trainer und Funktionäre sowie gegen die staatlichen Stellen seitens der geschädigten DDR-Sportler bestehen.

Im Mittelpunkt stehen dabei die Probleme der Staatshaftung und zivilrechtliche Schadensersatzansprüche gegen den Staat. Bei den Schadensersatzansprüchen gegen den Staat stehen das anwendbare Recht, die Voraussetzungen der Staatshaftung (Haftungstatbestand, Rechtswidrigkeit, Subsidiaritätsklausel etc.), Art und Umfang des Schadensersatzes, die Verjährung sowie die Problematik der Rechtsnachfolge im Mittelpunkt der Abhandlung.

Die normativen Grundlagen zur rechtlichen Beurteilung von Doping in der ehemaligen DDR, die rechtswissenschaftlichen Aspekte, insbesondere die öffentlich-rechtlichen, verfassungsrechtlichen, straf- und amtshaftungsrechtlichen sowie völkerrechtlichen Probleme sollen in diesem Zusammenhang besonders behandelt werden.

---

12 Linck, MedR 1993, S. 55-62 (55).

13 Vgl. dazu Lehner/Freibüchler, Zeitschrift für Sport und Recht (SpuRt), 1-2/1995, S. 2-7.

III. Zum Begriff des Dopings und seiner Relevanz für das staatliche Recht

1. *Definition des Begriffes Doping*

a) *Allgemeines*

Die Sportorganisation in der Bundesrepublik Deutschland ist geprägt durch die Autonomie des Sports, d. h. das Recht der Sportvereine und ihrer Verbände, über Mittel und Wege zur Erfüllung der selbstgesetzten Aufgaben frei zu entscheiden. Die staatliche Einflußnahme ist nach dem Prinzip der Subsidiarität auf eine (in erster Linie finanzielle) Sportförderung beschränkt.[14]

Diese Prinzipien sind in der Bundesrepublik Deutschland historisch gewachsen, politisch gewollt und werden durch elementare Gegebenheiten, wie z. B. die auf ehrenamtlicher Mitarbeit aufbauenden Organisationsstrukturen, festgeschrieben.[15]

Rechtlich basieren diese Prinzipien auf der in §§ 25 ff. BGB geregelten allgemeinen Vereinsautonomie. Sie ist das Recht des Vereins, sich in freier Selbstbestimmung eine eigene innere Ordnung zu geben, ist Ausfluß der allgemeinen Vertragsfreiheit und genießt als Teil der Vereinigungsfreiheit (Art. 9 I GG) verfassungsrechtlichen Schutz.[16]

Das Selbstbestimmungsrecht des organisierten Sports schließt auch die sportmoralische und sportmedizinische Beurteilung von Doping im Sport ein. Es ist mithin Aufgabe der Sportvereine und ihrer Verbände, zu bestimmen, welche leistungserhaltenden oder -fördernden Maßnahmen ihren Mitgliedern erlaubt bzw. verboten sind. Sie haben den Begriff des Dopings zu definieren, das Dopingverbot verbindlich zu regeln und seine Einhaltung zu überwachen.[17]

---

14 Vgl. Ahlers, Doping und strafrechtliche Verantwortlichkeit, S. 20 f.

15 Zur Autonomie des Sports sowie zur Sportförderung vgl. Steiner, NJW 1991, S. 2729 ff.

16 Vgl. Turner, MdR 1991, S. 569 ff.; Vieweg, NJW 1991, S. 1511 ff.; Steiner, NJW 1991, S. 2729 ff.

17 Vgl. Ahlers, Doping und strafrechtliche Verantwortlichkeit, S. 20.

Da mit der Ermächtigung, eigenes Recht zu setzen, notwendig die Befugnis zu seiner Durchsetzung verbunden ist, d. h. zur Verhängung von Vereinsstrafen gegenüber den Mitgliedern durch eine interne Vereinsgerichtsbarkeit, sind die Sportverbände ermächtigt, Zuwiderhandlungen gegen das Dopingverbot mit Sanktionen zu belegen. Allerdings wird die Vereinsgewalt durch die allgemeinen Gesetze begrenzt, so daß das Vereinsrecht einer gewissen Inhaltskontrolle durch die Zivilgerichte unterliegt, wie auch die einzelnen Maßnahmen des Vereins grundsätzlich zur gerichtlichen Nachprüfung gebracht werden können.[18]

Die Anti-Doping-Bestimmungen der einzelnen deutschen Sportfachverbände sind uneinheitlich. Zumeist wird auf die Dopingregelungen des entsprechenden internationalen Fachverbandes oder auf die DSB-Rahmen-Richtlinien zur Bekämpfung des Dopings Bezug genommen.[19]

Trotzdem sind die Anti-Doping-Bestimmungen vieler Fachverbände mit höherrangigem staatlichen Recht nicht vereinbar und würden einer gerichtlichen Überprüfung nicht standhalten. Dies hat vor allem auch der Rechtsausschuß des Deutschen Leichtathletikverbandes in seinem Beschluß vom 4./5. April 1992 im "Fall Krabbe" besonders hervorgehoben.[20]

---

18 Zu den Mindestvoraussetzungen, die an das Recht der Verbände im Hinblick auf die Ahndung von Dopingverstößen zu stellen sind, insbesondere auch bezüglich der Vereinbarkeit mit höherrangigem staatlichen Recht und der Nachprüfbarkeit durch die Gerichte (Stichwort: Verhältnismäßigkeit der Sanktionen, Eingriff in die Berufsfreiheit, Art. 12 GG) vgl. Ahlers, Doping und strafrechtliche Verantwortlichkeit, S.20 und Turner, MdR 1991, S.569 ff.

19 Vgl. mit Beispielen Vieweg, NJW 1991, S. 1511 ff.

20 Beschluß des Rechtsausschusses des DLV, NJW 1992, S. 2588 ff., und vgl. Vieweg, NJW 1992, S. 2539 ff.

b) Definitionen für "Doping"

Die Dopingdefinition der unterschiedlichen nationalen und internationalen Sportverbände sowie der Sportmedizin sind uneinheitlich und die vielen in diesen Definitionen enthaltenen Begriffe (z. B. abnormal, unfair) machen sie unpraktikabel.

Der Bestimmtheitsgrundsatz erfordert es, daß die Voraussetzungen der Strafbarkeit im gesetzlichen Tatbestand so konkret umschrieben sind, daß sich Tragweite und Anwendungsbereich des Straftatbestands erkennen oder durch Auslegung ermitteln lassen.[21]

Es ist also zunächst erforderlich, zu definieren, was unter Doping zu verstehen ist.

aa) Definitionen in der Rechts- und Sportwissenschaft

In der Wissenschaft wird Doping definiert als "jeder Versuch einer Leistungssteigerung mit Mitteln, die normalerweise nicht oder nicht in solchen Dosen zugeführt werden, wobei die Art der Zufuhr grundsätzlich bedeutungslos ist"[22], oder als "eine künstliche Steigerung der Leistungsfähigkeit im Sport".[23] Die Definition ermöglicht allerdings keine genaue Abgrenzung der nicht erforderlichen und damit verbotenen von der notwendigen, erlaubten Substitution. Deshalb gehen die neueren Definitionen den pragmatischen Weg, in einer allgemeinen Erklärung das Doping zu verbieten und anschließend Wirkstoffgruppen aufzuzählen, deren Einsatz als Doping gilt. Zur Präzisierung des Dopingverbots werden ständig aktualisierte Dopinglisten erstellt, in denen Beispiele für die jeweilige verbotene Wirkstoffgruppe oder Methode aufgezählt werden.[24]

---

21 Vgl. Dreher, Eduard/Tröndle, Herbert, Strafgesetzbuch und Nebengesetze, Kommentar, 48. Aufl., München 1997, § 1 Rdnr. 5.

22 Schneider-Grohe, Doping, S. 149 f.

23 Linck, NJW 1987, S. 2545 (2546), Spann, Wolfgang, Sport und Recht, Berlin 1972, S. 42.

24 Ahlers, Doping und strafrechtliche Verantwortlichkeit, S. 22.

bb) Definition der Dopingkommission des Europarates

Die allgemeinen Definitionen bedürfen jedoch der Konkretisierung.[25] Grundlegend sind die Aussagen der Internationalen Dopingkommission des Europarates aus dem Jahre 1963:

> "Doping ist die Verabreichung oder der Gebrauch körperfremder Substanzen in jeder Form und physiologischer Substanzen in abnormaler Form oder abnormalem Weg an gesunde Personen mit dem einzigen Ziel der künstlichen und unfairen Steigerung der Leistung für den Wettkampf. Außerdem müssen verschiedene psychologische Maßnahmen zur Leistungssteigerung des Sportlers als Doping angesehen werden."[26]

Die Definition des Europarates ist sicher von einem hohen ethisch-moralischen Anspruch geprägt und versucht alle Aspekte des Doping zu erfassen, sie ist jedoch nicht praktikabel. Im Jahre 1963 spielte die Verwendung von anabolen Steroiden noch keine Rolle, so daß in dieser Definition der Bezug auf Kontrollen im Training fehlt.[27]

cc) Rahmenrichtlinien zur Bekämpfung des Dopings des Deutschen Sportbundes

Die "Rahmen-Richtlinien zur Bekämpfung des Doping" des Deutschen Sportbundes (DSB) aus dem Jahre 1977 definieren Doping wie folgt:

"§ 1 (1) Doping ist der Versuch einer unphysiologischen Steigerung der Leistungsfähigkeit des Sportlers durch Anwendung (Einnahme, Injektion oder Verabreichung) einer Dopingsubstanz durch den Sportler oder eine Hilfsperson (z. B. Mannschaftsleiter, Trainer, Betreuer, Arzt, Pfleger oder Masseur) vor einem Wettkampf oder während eines Wettkampfs und für die anabolen Hormone auch im Training.

---

25 Linck, NJW 1987, S. 2546

26 Zit. nach Donike, Manfred/Rauth, Susanne, Dopingkontrollen, 2. Aufl., Köln 1996, S. 1.

27 Vgl. ebenda, S. 1.

(2) Dopingsubstanzen im Sinne dieser Richtlinien sind insbesondere Phenylethylaminderivate (Weckamine, Ephedrine, Adrenalinderivate), Narkotika, Analeptika (Kampfer und Strychninderivate) und anabole Hormone. Sportartenspezifisch können weitere Substanzen, z. B. Alkohol, Sedativa, Psychopharmaka, unter den Dopingsubstanzen aufgeführt werden."[28]

Im Hinblick auf die Problematik einer allgemein verbindlichen, umfassenden Definition mit ihren zahlreichen unbestimmten Begriffen werden Umschreibungen dieser Art im deutschen und internationalen Sport durch sog. Dopinglisten präzisiert, in denen Wirkstoffgruppen aufgezählt werden, deren Einsatz als Doping gilt; verboten sind außerdem alle "verwandten Verbindungen" dieser Wirkstoffgruppen.[29]

c) Stellungnahme

Das Problem von Dopinglisten besteht nun zum einen darin, daß sich ein Athlet ohne Risiko der Ahndung dopen kann, wenn eine Methode (oder ein Mittel) angewendet wird, die (oder das) (noch) nicht auf der Verbotsliste steht.

Problematisch sind zum anderen auch die Fälle, in denen einem kranken Sportler von einem Arzt Medikamente aus therapeutischen Gründen verabreicht werden, die auf der Dopingliste stehen. Nach der "Rahmen-Richtlinie zur Bekämpfung des Dopings" liegt auch hier ein Fall verbotenen Dopings mit der Folge einer verbandsrechtlichen Ahndung (Sperre) vor, wenn dieser Sportler einen Wettkampf bestreitet. Eine strafrechtliche Verfolgung dieses Sportlers wäre jedoch unverhältnismäßig, ein solcher Sportler wäre außerdem keine Gefahr für das Ansehen des Sports.

---

28 Donike/Rauth, Dopingkontrollen, S. 2; vgl. Anlage 6: DSB-Rahmen-Richtlinien zur Bekämpfung des Dopings.

29 Vgl. Linck, NJW 1987, S. 2546. Zur aktuellen, von der medizinischen Kommission des IOC am 21.04.1986 beschlossenen Doping-Liste für die Olympiade 1988, Vgl. Donike/Rauth, Dopingkontrollen, S. 2 f.

Eine mögliche strafrechtliche Dopingdefinition müßte ausdrücklich festlegen, daß nur dann eine Straftat vorliegt, wenn ein gesunder Athlet ausschließlich zum Zweck der künstlichen Leistungssteigerung Dopingmittel einnimmt oder verabreicht bekommt.

Die Abgrenzung zwischen medizinisch indizierter Verabreichung von Pharmaka und Doping können im konkreten Einzelfall, insbesondere bei der Beweisführung, problematisch sein, grundsätzlich ist die Trennungslinie jedoch eindeutig zu ziehen: Setzen sich Sportler extremen Leistungsanforderungen aus, die zu Gesundheitsgefährdungen oder -schädigungen führen, so ist auch die Medizin gefordert. Werden hingegen einem gesunden Sportler Mittel zur Leistungssteigerung verabreicht, wird gedopt, oder mit anderen Worten: mit Hilfe von Pharmaka darf ein Verlust an - individuell normaler Leistung - ausgeglichen werden, ein Zuwachs jedoch nicht gefördert werden.[30]

Sinnvoll wäre eine Definition entsprechend den Aussagen des Europarates und den Rahmenrichtlinien des DSB unter Einbeziehung einer in der Anlage zum Gesetz beigefügten Verbotsliste (ähnlich wie bei dem Betäubungsmittelgesetz[31] - BtMG -, dessen § 1 Abs. 2 Betäubungsmittel im Sinne dieses Gesetzes als die in den Anlagen I bis III aufgeführten Stoffe und Zubereitungen definiert) wohl auch für ein Anti-Doping-Gesetz eine durchführbare Lösung.

Der Tatbestand des Dopings im Sinne der satzungsrechtlichen Definitionen nationaler oder internationaler Sportverbände indiziert dessen verbandsrechtliche Rechtswidrigkeit. Doping ist demgemäß von der Sportgerichtsbarkeit zu ahnden.[32] Dopingtatbestände, die nach dem Satzungsrecht von Sportverbänden rechtswidrig sind, brauchen dies jedoch nach staatlichem Recht durchaus nicht zu sein.[33] Es muß somit jeweils in differenzierter Weise untersucht werden, welche Fälle sportrechtlich verbotenen Dopings auch nach staatlichem Recht

---

30 Vgl. Linck, NJW 1987, S. 2547.

31 Vgl. unten Teil D. Kap. IV. 1. a.

32 Vgl. dazu §§ 16 ff. der o.a. Rahmen-Richtlinien des Deutschen Sportbundes.

33 Vgl. Linck, NJW, S. 2547.

widerrechtlich sind. Mit anderen Worten: Es muß die sportwissenschaftliche Sichtweise des Dopings von der juristischen getrennt werden.

Bei der strafrechtlichen Betrachtung "kann es nur darum gehen, ob bestimmte Handlungen, die im Zusammenhang mit dem sportlichen Phänomen 'Doping' stehen, als Körperverletzung, Betrugshandlung [...] usw. im Sinne der Tatbestände des StGB (und anderer Strafgesetze) aufzufassen sind. Wird diese Frage bejaht, dann stellen diese Handlungen kein Doping (mehr) dar, sondern eben diese spezielle Straftat."[34]

Werden daher im folgenden Tathandlungen als Doping bezeichnet, ist darunter, entsprechend der in der juristischen Literatur gebräuchlichen Umschreibung[35], jede Anwendung von Mitteln und Methoden zum Zwecke der künstlichen Steigerung der Leistungsfähigkeit im Sport zu verstehen, unabhängig von einem etwaigen verbandsrechtlichen Verbot.

Linck schreibt zu Recht in diesem Zusammenhang: "Wenn im folgenden von Doping die Rede ist, so wird darunter jede Zufuhr von Substanzen, insbesondere von medizinisch nicht indizierten Pharmaka zum Zwecke künstlicher Leistungssteigerung verstanden, sofern mit ihnen - auch z. B. infolge von Neben- oder Folgewirkungen - in die körperliche Integrität von Sportlern eingegriffen wird; ob diese Substanzen in den Dopinglisten der Sportverbände enthalten sind, ist dabei unbeachtlich."[36]

Dieser Definition schließt sich der Autor an.

Seit 1988 gibt es weltweit Bestrebungen, Dopingkontrollen bei Wettkämpfen und insbesondere im Training in einem notwendig erscheinenden Umfang durchzusetzen.

---

34 Schild, Rechtliche Fragen des Dopings, S. 19.

35 Vgl. Linck, NJW 1987, S. 2546; Turner, MdR 1991, S. 569; Körner, BtMG § 29, Rz. 77; Ahlers, Doping und strafrechtliche Verantwortlichkeit, S. 27.

36 Linck, NJW 1987, S. 2547.

Eine Voraussetzung, unerläßlich insbesondere für internationale Kontrollen, sind einheitliche Regeln - Vorschriften für die Abnahme der Dopingproben, für die Analysen und für die gegebenenfalls notwendigen Sanktionen.[37]

Eine immer wieder vorgebrachte berechtigte Forderung ist die der Harmonisierung und Standardisierung der Dopingkontrollverfahren und Dopingbeweise.

2. *Beweisführung zum Nachweis von Doping*

Beim Mißbrauch von anabolen Steroiden wie Metandienon, Nadrolon oder Stanozolol lassen sich in der Urinprobe Abbauprodukte dieser Substanzen, die sogenannten Metaboliten, aufspüren. Das ist ein ziemlich direkter Dopingbeweis. Schwieriger und langwieriger ist es, Manipulationen mit dem männlichen Sexualhormon Testosteron nachzuweisen, weil dies ein natürlicher Stoff ist, der im menschlichen Körper vorkommt. In welcher Menge, das ist individuell unterschiedlich. Anormale Werte versucht man auf indirektem Weg zu erfassen: z. B. durch den Testosteron-Epitestosteron-Quotienten. Das normale Verhältnis der beiden Steroidhormone, die gleiche analytische Eigenschaften aufweisen, wird mit 1 : 1 angenommen. Steigt der Testosteron-Anteil über 6, also der Quotient beispielsweise auf 7 : 1, dann gilt das gemeinhin als Dopingbeweis. Es gibt allerdings Frauen und Männer, deren Testosteronkonzentration generell höher liegt und denen die Dopingfahnder natürlich kein Unrecht tun dürfen. Deshalb überprüft etwa der Internationale Leichtathletikverband das Umfeld der vermeintlich positiven Probe. Um die beanstandete Urinprobe herum wird aus alten Testergebnissen und neuen Kontrollresultaten derselben Person ein Steroidprofil gebildet. Damit will man herausfinden, ob der "positive" Wert die Ausnahme war oder eher die Regel.

---

37 Vgl. Donike/Rauth, Dopingkontrollen, S. 2 f.

3. Dopingklassen, Wirkungen und Gefahren

Seit Anfang der sechziger Jahre konnten die Funktionäre die Augen vor dem Dopingproblem nicht mehr verschließen. Während der Olympischen Spiele 1964 schlug die Medizinische Kommission des IOC vor, die Anwendung von Drogen bei Olympiateilnehmern zu verbieten. Außerdem wurde eine Liste mit verbotenen Substanzen erstellt und die Einrichtung von formalen Drogentests beschlossen. Dabei unterschied die IOC-Kommission auf seiner Liste von 1990 sechs verbotene Dopingklassen[38]:

a) Stimulantien

Amphetamine, Koffein und Kokain zählen zu den gebräuchlichsten Stimulantien für das Zentralnervensystem, die von Sportlern benutzt werden. Sie reduzieren die Müdigkeit, steigern die Aggressivität und damit die Kampfbereitschaft. In den 60er und 70er Jahren gab es geradezu eine Amphetamin-Epedemie unter Profi-Fußballmannschaften und Radfahrern. Todesfälle durch Einwirkung dieses Aufputschmittel sorgten für schreckliche Schlagzeilen. Da in manchen Präparaten gegen Erkältungskrankheiten und Heuschnupfen häufig geringe Dosen z. B. an Ephedrin vorhanden sind, läuft der Sportler Gefahr, sich unwissentlich des Dopings strafbar zu machen.

b) Narkotika

Narkotika und Analgetika dienen der Schmerzlinderung, spielen im Sport aber keine große Rolle.

c) Anabolika

Anabole Steroide wurden in den 50er Jahren entwickelt. Es handelt sich um das männliche Geschlechtshormon (Testosteron) oder seinen Derivaten (Anabolika). Zusammen mit regelmäßigem Training führt die Einnahme zu einer Zunahme des Muskelgewichtes und -volumens sowie einer Förderung des Proteinaufbaus. In psychischer Hinsicht

---

[38] Vgl. ebenda, S. 10 ff.; vgl. Sehling/Pollert/ Hackfort, Doping im Sport, S. 53 ff.

wird zudem die Wettkampfbereitschaft gesteigert. Die Anwendung von anabolen Steroiden ist seit den Olympischen Spielen 1976 in Montreal verboten, während Testosteron-Doping erst 1984 vor den Sommerspielen in Los Angeles auf den IOC-Index gesetzt wurde.

d) Betablocker

Sportschützen, Golfspieler und Bogenschützen haben Betablocker - sie vermindern den Blutdruck und die Herzfrequenz - benutzt, um ihre Hände ruhig halten zu können und vor Wettkämpfen besser zu schlafen.

e) Diuretika

Diuretika wurden erst 1986 als verbotene Dopingklasse deklariert. Sie bewirken eine erhöhte Urinausscheidung und eine Elektrolytverschiebung im Blut. Besonders in Sportarten wie Ringen, Boxen, Judo und Gewichtheben werden sie zur schnellen Gewichtsabnahme ("Abkochen") eingenommen. Außerdem werden Diuretika dazu benutzt, um der Entdeckung verbotener Substanzen zu entgehen, indem deren Konzentration im Urin reduziert wird.

f) Wachstumshormone

Bei den sogenannten Peptidhormonen handelt es sich um körpereigene Hormone oder ihre Abkömmlinge (Analoga), die aus Aminosäuren zusammengesetzt sind (Peptide). Am häufigsten im Zusammenhang mit Doping genannt werden das HCG (Humanes Choriongonadotropin) und das HGH (Human Growth Hormon). Das HCG stimuliert die Bildung von Sexualhormonen bei Männern und Frauen und wird vorwiegend zur Maskierung von Anabolika-Doping verwendet. Das gentechnologisch hergestellte HGH ist ein sehr wirksames Anabolika und soll angeblich seit 1984 auf dem Markt sein.

Als eine Art "Wunderdroge" wird das EPO (Erythropeitin) genannt. Diese ebenfalls körpereigenen Hormone aus der gentechnologischen Herstellung bewirkt einen Anstieg der roten Blutkörperchen und verschafft damit vor allem Ausdauersportlern einen Vorteil.

g) *Blutdoping und Urinmanipulation*

Zudem gibt es verbotene Methoden der Leistungssteigerung, wie das Blutdoping und Manipulationen mit Urin, um Dopingkontrollen zu verfälschen. Das Blutdoping ist eine sehr effektive Methode für Ausdauersportler. Sie erhalten durch Transfusion mit roten Blutkörperchen angereichertes Blut, das den Sauerstofftransport fördert.

Urinmanipulationen können durch illegales Vertauschen, Verdünnen oder Verzögern der Ausscheidung durch Medikamente sowie Katheterisierung vorgenommen werden.[39]

Spätestens bei den Olympischen Spielen 1996 in Atlanta werden Bluttests zum Nachweis des manipulierten Sauerstoffaustausches oder anaboler Steroide vom IOC eingesetzt. 1992 in Barcelona mußte das IOC noch darauf verzichten, um rechtlichen Problemen - Blutabnahme ist rein rechtlich eine Körperverletzung - aus dem Weg zu gehen.

---

39 Vgl. dpa Doping im Sport Nr. 3401 vom 3. Juli 1992, insb. S. 8-10.

B. Doping im Leistungssport der DDR

I. Sport und Sportwissenschaft in der DDR und die Einflüsse des Ministeriums für Staatssicherheit (MfS)

1. Aufbau, Struktur und Wirkung der MfS-Kontrolle im Sport

a) Der Bereich des Sports als Bestandteil des diktatorischen Systems in der DDR

Das totalitäre Regime der umfassenden Überwachung, Kontrolle und Einschüchterung in der DDR bestimmte auch den Sport und seine auf Effektivität ausgerichteten Strukturen und Aktivitäten. Die im Sport tätigen politisch eingeschworenen Führungskader - einschließlich Wissenschaft und Medien - gehörten ausnahmslos der herrschenden Nomenklatura[40] an.

Auch das Ministerium für Staatssicherheit (MfS) setzte seine Kräfte auf allen Ebenen aktiv bei der Kontrolle aller sicherheitsrelevanten und geheimen Institutionen sowie beim Kampf gegen die "politisch-ideologische Diversion" ein - in enger Kooperation mit dem Sport. Die Durchsetzung wichtiger Institutionen (Sportmedizinischer Dienst [SMD], Forschungsinstitut für Körperkultur und Sport [FKS], Deutsche Hochschule für Körperkultur [DHfK] Leipzig, das Zentrale Doping-Kontroll-Labor [ZDKL] in Kreischa, die Sportverbände und die Sportclubs) und der "Reisekader" mit hauptamtlichen und eigens dafür geschulten "Inoffiziellen Mitarbeitern" (IM) des MfS gehörte

---

40 Der Begriff "Nomenklatura", der aus dem Lateinischen kommt und Namensverzeichnis bedeutet, erlangte in deutscher Sprache politische Bedeutung auf dem Umweg über das Russische. "Nomenklatura" stand im sowjetisch-kommunistischen System für die Kontrolle und Steuerung der gesamten Kaderpolitik durch die KPdSU. Vgl. Woslenskij, Michael, Nomenklatura. Die herrschende Klasse der Sowjetunion, Wien/München/ Zürich/Innsbruck 1980. Die SED übernahm das sowjetische Nomenklatursytem 1949 für ihren Parteiapparat und dehnte es später auf alle Bereiche des DDR-Regimes aus. Mit "Nomenklatura" wurde die Liste von Führungspositionen der regierenden kommunistischen Partei der SED, des Staates und der Wirtschaft bezeichnet.

ebenso zur Praxis wie die bewußte "Zersetzung"[41], Verunsicherung, Einschüchterung und Diskreditierung beim "Unschädlichmachen" politisch nicht genehmer Sportler oder von DDR-Flüchtlingen (im SED-Sprachgebrauch "Sportverräter") einschließlich ihrer Verwandten und ihres Umfeldes. Die Furcht vor prestigeschädigenden Enthüllungen - nicht zuletzt der durchgängigen Dopingpraxis, die auch vom MfS genau überwacht wurde - bestimmte das Klima. Diese kontinuierliche politische Kontrolle setzte bereits bei den Kindern und Jugendlichen in den Trainingszentren (TZ) und dann verstärkt in den Kinder- und Jugendsportschulen (KJS) ein.[42]

b) Verzahnung der Strukturen des Leistungssports in der DDR

Die Strukturen des DDR-Leistungssports waren eng miteinander verzahnt: Von den Trainingszentren über die Kinder- und Jugendsportschulen bis zu den Leistungszentren der Sportclubs, von der konsequenten wissenschaftlichen und medizinischen Betreuung, einschließlich des systematischen Einsatzes unerlaubter Pharmaka (Doping) bis zur Leistungskontrolle und der sicherheitspolitischen und ideologischen Kontrolle. Die jeweiligen Planungsziele wurden im olympischen Vier-Jahres-Rhythmus von der Parteispitze, namentlich dem Politbüro und dem ZK der SED, festgelegt, mit klaren Vorgaben, wieviele Medaillen zu erringen seien.[43] Die propagandistische Begleitung durch die parteiischen, staatseigenen Medien als "Teil des Teams" war ebenfalls gesichert.

---

41 Vgl. Ministerrat der Deutschen Demokratischen Republik, Ministerium für Staatssicherheit, Der Minister, Geheime Verschlußsache MfS 008 Nr. 100 76, Richtlinie Nr. 1/76 zur Entwicklung und Bearbeitung Operativer Vorgänge (OV), Berlin 1976, insb. Kapitel 2.6. "Die Anwendung von Maßnahmen der Zersetzung", S. 46-49.

42 Vgl. Hartmann, Grit, Wie das Gold geschmiedet wurde. Auslese, Ausbildung, Erziehung, in: Hartmann, Grit, Goldkinder, Leipzig 1997, S. 109-126; Spitzer, Giselher, Gläserne Sportler. Nachwuchsleistungssport als "Sicherheitsrisiko", in: Hartmann, Goldkinder, S. 127-131.

43 Zu den Beschlüssen des Politbüros vgl. BStU, ZA, unerschlossener Bestand der ZAIG 2, Beschluß des Politbüros des ZK der SED vom 11. Dezember 1984, Anlage.

c) *Menschenbild des DDR-Systems in bezug auf den Leistungssport*

Von welcher Art muß das Menschenbild eines politischen Systems sein, das Dopingmanipulationen nicht nur zuließ, sondern sogar staatlich organisierte?

Mißbrauch entsprechender Präparate wurde und wird überall in der Welt festgestellt, aber in den meisten Staaten entspringt er persönlichem Ehrgeiz der Sportler selbst oder ihrer Trainer und Verbandsfunktionäre. In der DDR aber war es die Staats- und Parteiführung selbst, die solche Praktiken einsetzte, ihren Einsatz geradezu verlangte, sogar bei Kindern und oft ohne Wissen der Sportler. Zwar wurde in der DDR ständig vom "sozialistischen Humanismus" gesprochen, der alles staatliche und gesellschaftliche Handeln bestimmte oder bestimmen sollte, aber gerade diese Maxime steht ja offenkundig im Widerspruch zur illegalen körperlichen Manipulation von Menschen, teilweise Kindern noch, die oft schwere gesundheitliche Schäden zur Folge hatten; ein klarer Verstoß gegen die Bürger- und Menschenrechte und die Verfassung der DDR, insbesondere Art. 4, 19 und 30 der DDR-Verfassung.[44]

d) *Ministerium für Staatssicherheit (MfS) und Leistungssport*

aa) *Das MfS als Herrschaftsinstrument der SED*

Das Ministerium für Staatssicherheit (MfS) war konstitutives Herrschaftsinstrument der SED, "Schild und Schwert der Partei". Seine Gefährlichkeit lag in der Bündelung umfassender Kompetenzen als politische Geheimpolizei, als Untersuchungsbehörde bei sog. Staatsverbrechen und anderen politischen Delikten sowie als geheimer Nachrichtendienst, ohne daß sein Wirken gesetzlich definiert oder parlamentarisch kontrolliert worden wäre.[45] Gerade die Verbindung von Abwehr- und Sicherheitsdienst im Innern der DDR mit der offensiven ("operativen") Aufklärung nach außen war es, die das MfS für

---

[44] Vgl. unten Teil C. Kap. I.

[45] Vgl. Fricke, Karl Wilhelm, MfS intern. Macht, Strukturen, Auflösung der DDR-Staatssicherheit, Köln 1991, S. 7 f.

die Führung der SED und ihre Herrschaftszwecke so nützlich machte - zu Zeiten Walter Ulbrichts nicht grundsätzlich anders als zu Zeiten Erich Honeckers.

Seit seiner Gründung 1950 war das Ministerium für Staatssicherheit streng und konspirativ abgeschirmt. Alles war geheim. Strukturen und Personalbestand waren sogar Staatsgeheimnis.

Erstmals ist offiziell eine realistische Vorstellung vom MfS am Runden Tisch in Berlin am 15. Januar 1990 vermittelt worden, als Manfred Sauer, damals Stellvertretender Leiter des Sekretariats des Ministerrats, für die Regierung des damaligen Vorsitzenden des Ministerrats Hans Modrow einen Überblick gab. Zum ersten Mal wurde klar ausgesprochen, welche Ausmaße der Apparat des MfS im 40. Jahr der DDR erreicht hatte. Sauer nannte die Zahl von 85.000 hauptamtlichen Mitarbeitern des MfS.

Die Zentrale des MfS gliederte sich in 13 Hauptabteilungen und 20 selbständige Abteilungen, ferner in mehrere zentrale Arbeitsgruppen, Stäbe und Verwaltungen sowie nicht zuletzt in die Hauptverwaltung Aufklärung. Diese Organisationsstruktur des MfS im Jahre 1989 ist in der Abbildung 1 dargestellt.

Abbildung 1:

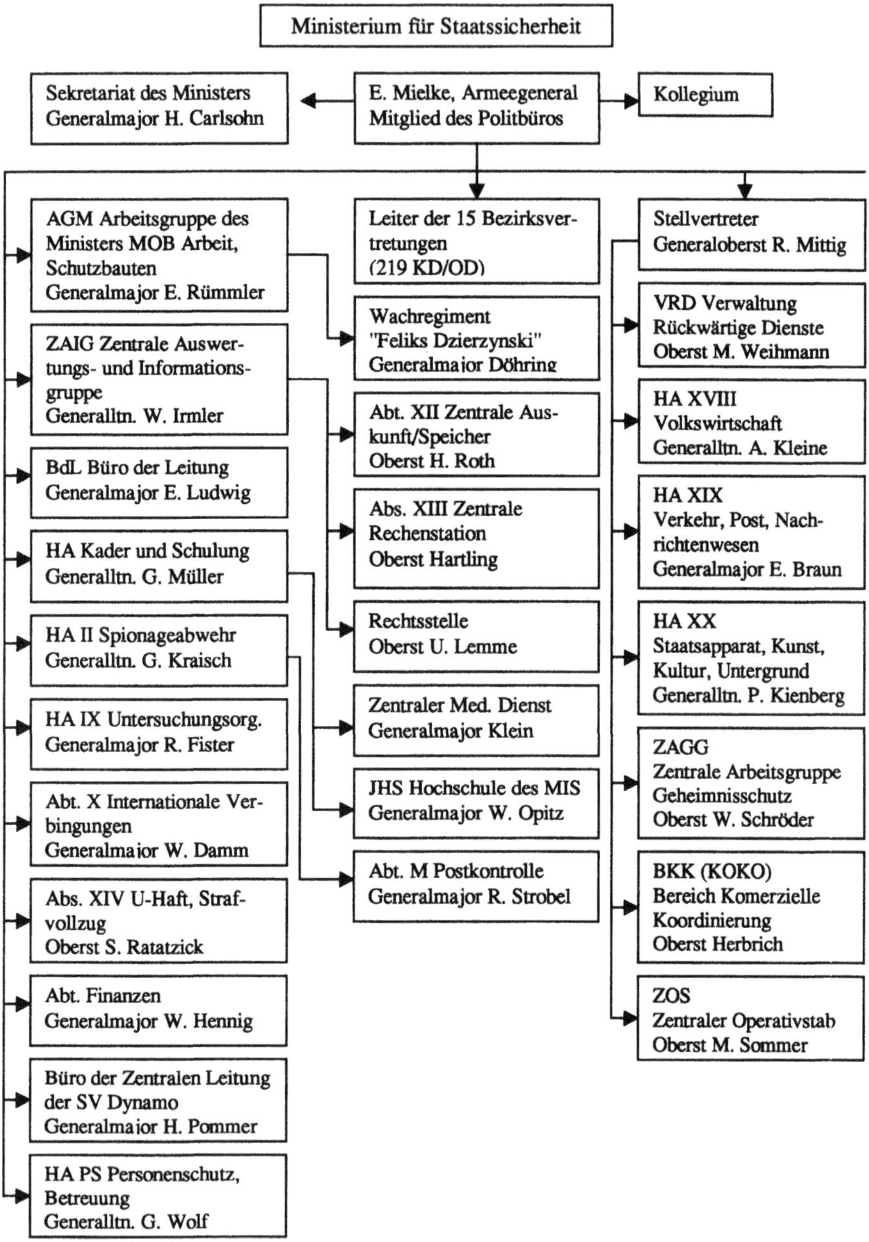
Ministerium für Staatssicherheit
Sekretariat des Ministers Generalmajor H. Carlsohn
E. Mielke, Armeegeneral Mitglied des Politbüros
Kollegium
AGM Arbeitsgruppe des Ministers MOB Arbeit, Schutzbauten Generalmajor E. Rümmler
ZAIG Zentrale Auswertungs- und Informationsgruppe Generalltn. W. Irmler
BdL Büro der Leitung Generalmajor E. Ludwig
HA Kader und Schulung Generalltn. G. Müller
HA II Spionageabwehr Generalltn. G. Kraisch
HA IX Untersuchungsorg. Generalmajor R. Fister
Abt. X Internationale Verbingungen Generalmajor W. Damm
Abs. XIV U-Haft, Strafvollzug Oberst S. Ratatzick
Abt. Finanzen Generalmajor W. Hennig
Büro der Zentralen Leitung der SV Dynamo Generalmajor H. Pommer
HA PS Personenschutz, Betreuung Generalltn. G. Wolf
Leiter der 15 Bezirksvertretungen (219 KD/OD)
Wachregiment "Feliks Dzierzynski" Generalmajor Döhring
Abt. XII Zentrale Auskunft/Speicher Oberst H. Roth
Abs. XIII Zentrale Rechenstation Oberst Hartling
Rechtsstelle Oberst U. Lemme
Zentraler Med. Dienst Generalmajor Klein
JHS Hochschule des MIS Generalmajor W. Opitz
Abt. M Postkontrolle Generalmajor R. Strobel
Stellvertreter Generaloberst R. Mittig
VRD Verwaltung Rückwärtige Dienste Oberst M. Weihmann
HA XVIII Volkswirtschaft Generalltn. A. Kleine
HA XIX Verkehr, Post, Nachrichtenwesen Generalmajor E. Braun
HA XX Staatsapparat, Kunst, Kultur, Untergrund Generalltn. P. Kienberg
ZAGG Zentrale Arbeitsgruppe Geheimnisschutz Oberst W. Schröder
BKK (KOKO) Bereich Komerzielle Koordinierung Oberst Herbrich
ZOS Zentraler Operativstab Oberst M. Sommer

(Fortsetzung:)

- Stellvertreter Generalltn. G. Neiber
  - HA I Abwehrarbeit in NVA und Grenztruppen Generalltn. M. Dietze
  - HA VI Paßkontrolle, Tourismus, Interhotel Generalmajor H. Fiedler
  - HA VII Abwehrarbeit Mdi/DVP Generalmajor J. Büchner
  - HA VIII Beobachtung/Ermittlung Generalmajor K. Coburger
  - HA XXII Terrorabwehr Oberst H. Franz
  - ZKG Zentrale Koordinierungsgruppe Übersiedlung Generalmajor Niebling
  - AG XVII Besucherbüro Westberlin Oberst H. Janßen
- Stellvertreter Generalltn. W. Schwanitz
  - HA III Funkaufklärung Generalmaior Männchen
  - OTS Operativ-Technischer Sektor Generalmajor Schmidt
  - Abt. Nachrichten (Sicherstellung) Generalmajor Zukunft
  - Abt. XI Chiffrierwesen Generalmajor H. Birke
  - BCD Bewaffnung Chemischer Dienst Oberst Schwager
  - Abt. 26 Telefonüberwachung Generalmajor Leben
- Stellvertreter und Leiter der HVA Generaloberst W. Großmann
  - Politische Aufklärung I – Vorrangig BRD
  - Politische Aufklärung II – EG/Integration – NATO – Übrige Welt
  - Wissenschaftlich-technische Aufklärung – Wirtschaftsaufklärung – Operative Technik - EDV
  - Geheimdienste/operative Dokumente
  - Rückwärtiger Dienst/ finanziell-materielle Sicherstellung – Funk- und Chiffrierdienst

Aufgezeigte Struktur war grundsätzlich auch in allen Bezirksverwaltungen gegeben.
Abt. II unterstand in den Bezirksverwaltungen einem Stellvertreter des Leiters.
Wenn auch strukturell nicht etabliert, hatten die Linien aufgabenbezogen ihre "Endpunkte" ebenfalls in den Kreisdienststellen, generell z. B. die I, II, VI, VII, XVIII, XIX und XX.

bb) Rolle und Funktion der Hauptabteilung XX des MfS

Die Hauptabteilung XX[46] des MfS, die zuletzt von Generalleutnant Paul Kienberg geleitet wurde, ist zu Recht als das "eigentliche Zentrum der Staatssicherheit" charakterisiert worden. Bei ihr waren alle Aktivitäten konzentriert, die auf die Bekämpfung "politisch-ideologischer Diversion" und "politischer Untergrundtätigkeit" gerichtet waren. Mit anderen Worten: Die Hauptabteilung XX war in der Hauptsache für die Überwachung und Unterdrückung politisch Andersdenkender, für jedwedes widerständige und oppositionelle Verhalten zuständig. Ihre Aufgabenstellung umfaßte konkret die Abschirmung und Überwachung des staatlichen und gesellschaftlichen Überbaus, einschließlich der Kontrolle der sogenannten "Reisekader", die Überwachung von Führungsstrukturen der Blockparteien und Massenorganisationen sowie der Sportvereinigungen, die "operative Bearbeitung" von Kirchen und Religionsgemeinschaften, die Überwachung der Massenmedien sowie zentraler Einrichtungen von Kultur, Sport und Literatur, des Bildungswesens und der Wissenschaft sowie nicht zuletzt die zielgerichtete "operative" Bekämpfung der Opposition.

In der Hauptabteilung XX waren knapp 400 hauptamtliche Mitarbeiter und weit über 1000 inoffizielle Mitarbeiter tätig. Vertikal war sie in Abteilungen und Referate gegliedert, mit Dienststellen des MfS auf Bezirks- und Kreisebene. So war die Hauptabteilung XX in jeder Bezirksverwaltung (BV) der DDR eigenständig vertreten.

Zuständig für den Sport war die Abteilung 3 in der Hauptabteilung XX (HA XX/3). Vergleichbare Zuständigkeiten gab es in den Bezirksverwaltungen, so daß eine durchgängige "Linie Sport" vorhanden war. Nach einem Dokument[47] zur Organisationsstruktur des Mini-

---

46 Zur Hauptabteilung XX des MfS vgl. Protokoll der 23. Sitzung der Enquete-Kommission "Aufarbeitung von Geschichte und Folgen der SED-Diktatur in Deutschland", Bd. VIII, S. 19-31 und S. 48-72; StASI intern. Macht und Banalität, hrsg. vom Bürgerkomitee Leipzig, Leipzig 1991, S. 100-132 und 154-180; Fricke, MfS intern, S. 21-37 und 43-47.

47 Der Bundesbauftragte für die Unterlagen des Staatssicherheitsdienstes der ehemaligen Deutschen Demokratischen Republik (BStU): "Dokumente. Die Organisationsstruktur des Ministeriums für Staatssicherheit 1989", Reihe A Nr. 2/93, Berlin 1993, S. 110.

steriums für Staatssicherheit 1989 des Bundesbeauftragten für die Unterlagen des Staatssicherheitsdienstes der ehemaligen Deutschen Demokratischen Republik (BStU) können wir die Struktur und die personelle Zusammensetzung der Berliner Zentrale der Hauptabteilung XX/3 nachzeichnen:

HA XX/3: Sicherung zentraler Sporteinrichtungen und Sportverbände sowie abwehrmäßige Sicherung und Kontrolle des Leistungssports und der Reisekader
30 Mitarbeiter

- Referat 1:
  Sicherung zentraler Sporteinrichtungen und Sportverbände, des Staatssekretariats für Körperkultur und Sport, des Deutschen Turn- und Sportbundes (DTSB) der DDR und dessen Mitglieds- bzw. angeschlossenen Verbände, des Nationalen Olympischen Komitees (NOK) der DDR
  8 Mitarbeiter

- Referat 2:
  Sicherung von Sportgemeinschaften und -vereinen, insbesondere der eigenen MfS-Sportvereinigung (SV) "Dynamo"
  7 Mitarbeiter

- Referat 3:
  Sicherung der Gesellschaft für Sport und Technik (GST)
  4 Mitarbeiter

- Referat 4:
  Reisekaderaufklärung, insbesondere Aufklärung, Sicherung und Kontrolle von Sport-, GST- und Flugkadern; Sicherung von sportlichen Großveranstaltungen
  6 Mitarbeiter

cc) Wesentliche Aufgabenstellungen des MfS bei der Durchsetzung staatlicher Sportpolitik

Handlungsgrundlage waren für das MfS in erster Linie die Beschlüsse der SED und des Politbüros. So bezog sich z. B. die letzte Sicherungskonzeption der Hauptabteilung XX/3 zum Sport, gedacht für den Zeitraum 1989 - 1994, auf den Beschluß des Politbüros der SED zur Vorbereitung auf die Olympischen Spiele 1992 und die Olympischen Winterspiele 1992 und 1994. Aus dem Beschluß des Politbüros der SED leiten sich die Schwerpunktaufgaben für das MfS ab: "Es ist zu gewährleisten, daß die operativen Aufgaben [...] stets der Durchsetzung der Parteibeschlüsse dienen und deren Realisierung nicht gestört wird."[48]

Das MfS diente nicht nur zur Kontrolle und Überwachung - so war die Olympiamannschaft und deren Begleiter für die Winterspiele in Lake Placid 1980 zu 20 % mit MfS-Mitarbeitern durchsetzt -, sondern auch zur defensiven Abwehr und aktiven Aufklärung. Daran wirkten auch andere Abteilungen des MfS wie die Hauptverwaltung Aufklärung (HV A) mit. Im Vordergrund standen Informationen aus internationalen Sportgremien, sportpolitische Konzeptionen "zur Feststellung und Präzisierung der Angriffsrichtung der Gegner" sowie das Eindringen in genau präzisierte "Gegenobjekte der Leistungssportforschung" vor allem in der Bundesrepublik Deutschland. Von besonderem Interesse waren Informationen über politisch unzuverlässige Personen im DDR-Sport, über mögliche oder wirkliche Vorbereitungen zur Republikflucht (RF) und über republikflüchtige ("Sportverräter") Sportler, Sportärzte, -funktionäre, Physiotherapeuten und Trainer, die auch im "Westen" weiter bespitzelt wurden. Natürlich war das MfS auch in das Hochsicherheitssystem der Dopingmanipulationen entscheidend integriert.

Die HA XX/3 war federführend verantwortlich für die Organisierung und Koordinierung der Fragen, die mit der "Sicherung" der Sportpolitik durch das MfS zusammenhingen. Darüber hinaus hatte sie eine Reihe zentraler Einrichtungen und Verbände zu überwachen. Dazu gehörten unter anderem

---

48 BStU, Zentralarchiv (ZA), unerschlossener Bestand der Hauptabteilung XX/3: "Konzeption zur politisch-operativen Sicherungsarbeit auf dem Gebiet des Leistungssports der DDR für den Zeitraum 1989-1994", S. 3.

- der Bundesvorstand des DTSB, besonders der Bereich Leistungssport,
- die im DTSB integrierten bzw. ihm angeschlossenen Sportverbände,
- die Sportschulen des DTSB z. B. in Kienbaum und Berlin-Grünau,
- im Staatssekretariat für Körperkultur und Sport der Bereich Leistungssport und Wissenschaft sowie die Leitung des Sportmedizinischen Dienstes,
- eine Reihe von Berliner Einrichtungen der Sportvereinigung (SV) Dynamo,
- das Nationale Olympische Komitee der DDR und die Gesellschaft zur Verbreitung des Olympischen Gedankens in der DDR,
- die Redaktion der Zeitschrift "Sportecho" und der Sportverlag.[49]

Seit 1976 gab es einen Sicherungsvorgang "Zur Sicherung des Bereiches Sport und zur Erfassung aller Reisekader und Geheimnisträger in diesem Bereich".[50] Die Personalien der Betreffenden wurden im sogenannten Speicher XX/02 gesammelt, aus dem auch andere Diensteinheiten des MfS Auskunft erhalten konnten. Ferner sorgte die HA XX/3 für die geheimdienstliche Kontrolle der Sportler, Funktionäre und Begleiter bei Reisen in das nicht-sozialistische Ausland sowie bei sportlichen Großveranstaltungen.

---

49 Vgl. Geiger, Hansjörg: Protokoll der 35. Sitzung des Sportausschusses und der Enquete-Kommission des Deutschen Bundestages "Aufarbeitung von Geschichte und Folgen der SED-Diktatur in Deutschland", Rolle des Sports in der DDR, Bd. III/1, S. 664 ff.

50 BStU, Zentralarchiv (ZA), Reg.-Nr. 1832/60, ursprünglich 1960 als Sondervorgang angelegt und 1976 auf der Grundlage der Ordnung des Ministers "über die Erfassung von Personen in der Abteilung XII auf der Grundlage von Sicherungsvorgängen" vom 1. Juni 1976 als Sicherungsvorgang weitergeführt.

Nicht zum Aufgabenbereich der HA XX/3 gehörte die Kontrolle der Armeesportvereinigung Vorwärts (ASV), der Sportorganisation der Nationalen Volksarmee (NVA). Diese Aufgabe übernahm die HA I des MfS, die für die NVA und die Grenztruppen zuständig war.[51]

Die Rolle des MfS bei der Durchsetzung der Sportpolitik umfaßte somit die Aufgabenfelder: Die Arbeit mit den IM, Personenüberprüfung, Geheimnisschutz, Überwachung von Sportveranstaltungen, Sportveranstaltungen in nicht-sozialistischen Staaten sowie "Aufklärung" des westdeutschen Sports.

dd) Inoffizielle Mitarbeiter des MfS und deren Rolle bei der Durchsetzung der Sportpolitik

Das MfS bediente sich bei der Durchsetzung der Sportpolitik eines Netzes "Inoffizieller Mitarbeiter" (IM). Auch für den Sportbereich galt: Die Arbeit mit Inoffiziellen Mitarbeitern (IM) war die "Hauptwaffe" des MfS. Den Einsatz von IM, speziell im Sportbereich, regelte die MfS-Dienstanweisung Nr. 4/71.[52]

In der MfS-Dienstanweisung 4/71 heißt es, daß folgende Personenkreise als Inoffizielle Mitarbeiter gewonnen werden sollten: "Personen aus Sportclubs, Sportschulen, Trainingszentren, Internaten und Sportmedizinischen Zentren sowie Personen aus den Wohngebieten und Arbeitsstellen der Leistungs- und Nachwuchssportler, die entsprechend ihren Voraussetzungen und Möglichkeiten in der Lage sind, die Leistungs- und Nachwuchssportler allseitig aufzuklären, einzuschätzen sowie unter operativer Kontrolle zu halten."[53] Desweiteren sollten als Inoffizielle Mitarbeiter gewonnen werden: Trainer, Ärzte, Masseure, Sportjournalisten und technische Mitarbeiter, die aufgrund ihrer "Funktion und beruflichen Stellung enge Verbindung

---

51 Vgl. BStU: "Zur Tätigkeit des Ministeriums für Staatssicherheit im Leistungssport der DDR", S. 5.

52 Dienstanweisung Nr. 4/71 des Ministers für Staatssicherheit: "Über die politisch-operative Arbeit im Bereich Körperkultur und Sport", Dezember 1971 mit Durchführungsbestimmung, BStU, Zentralarchiv (ZA), Dokumentenstelle 10 06 60.

53 Dienstanweisung Nr. 4/71 des MfS, S. 3 f.

zu einem zahlenmäßig großen Kreis von Leistungs- und Nachwuchssportlern in der DDR hatten." Schließlich noch ein weiterer höchst wichtiger Personenkreis: Funktionäre, Sportärzte, Sportwissenschaftler und Sportjournalisten, die aufgrund ihrer "Funktion im internationalen Sport und ihrer Teilnahme an Tagungen, Kongressen und Sportveranstaltungen im internationalen Maßstab sowie ihrer engen Verbindung zu führenden Persönlichkeiten des Sports in nichtsozialistischen Ländern in der Lage waren, operativ wertvolle Informationen zu erarbeiten." Schließlich sollten aus dem Kreis der Leistungs- und Nachwuchssportler selbst Inoffizielle Mitarbeiter gewonnen werden, die sich gegenseitig aufklären und insbesondere bei Auslandsaufenthalten unter "operativer Kontrolle" halten sollten, also: Kameraden-Überwachung und Überwachung der Sportfreunde untereinander.

In Forschungseinrichtungen des Sports setzte das MfS sogenannte Führungs-IM-Netze ein. Einer der Schwerpunkte war die Gewinnung und Qualifizierung von Funktionären in Schlüsselpositionen als geeignete IM. Besonders in diesen Bereichen hat sich das MfS nicht mit Inoffiziellen Mitarbeitern begnügt, sondern hat z. B. zum Teil Offiziere im besonderen Einsatz (OibE) eingesetzt oder sogenannte Hauptamtliche inoffizielle Mitarbeiter. Diese Offiziere im besonderen Einsatz wurden als persönliche Referenten oder als Beauftragte mit Sonderstatus getarnt.[54]

Eine Übersicht der Hauptabteilung XX/3 aus dem Jahre 1989 zeigt, daß sie insgesamt 169 inoffizielle Mitarbeiter hatte, außerdem noch 52 Mitarbeiter, die ihre Wohnungen konspirativ zur Verfügung stellten und 17 gesellschaftliche Mitarbeiter der Staatssicherheit. Dazu kamen noch die Hauptamtlichen IM, die Offiziere im besonderen Einsatz und die Mitarbeiter aus anderen Abteilungen des MfS wie der Abteilung XVIII und der Hauptverwaltung Aufklärung.

---

[54] Vgl. Geiger, Protokoll der 35. Sitzung des Sportausschusses und der Enquete-Kommission, Bd. III/1, S. 663-674 und S. 701 f.

ee) Dopingforschung als Bestandteil des Staatsplanthemas 14.25

Die Abwehrarbeit und Organisierung eines wirksamen Geheimnisschutzes durch das MfS konzentrierten sich in den achtziger Jahren vor allem auf die Staatsplanthemen der Sportforschung. Allein für die Abt. XX der BV Leipzig z. B. leiteten sich daraus die folgenden Schwerpunkte [55] ab:

Im Forschungsinstitut für Körperkultur und Sport (FKS)
Staatsplanthema 14.25 "Unterstützende Mittel/Komplex 08" mit den Hauptaufgaben:

- Ermittlung individueller Abklingraten bei ca. 80 Olympiakadern aus 12 Sportarten
- Ausreisekontrollen (Dopingtests)
- Methodenvervollkommnung und Methodenvergleich
- Entwicklung und Einsatz neuer Präparate
- Staatsplanthema 14.26, Teilthema "Belastung des Binde- und Stützgewebes"
- Staatsplanthema 14.28, "Bildmeßverfahren" und Teilthema "Funktelemetrie"
- Erarbeitung individueller Trainings- und Wettkampfprogramme im Schwimmen und Turnen
- Weiterentwicklung der dynamometrischen Plattform und des Krafttrainingsgerätes

In der Deutschen Hochschule für Körperkultur (DHfK)

- die Hochleistungssportforschung im Kanu-Rennsport, Fußball, Volleyball und Handball

Im wissenschaftlich-technischen Zentrum für Sportbauten und Technischen Zentrum für Geräte und Anlagen

- Projektierung und technische Ausrüstung des Kanu-Rennkanals

---

55 Vgl. BStU: "Zur Tätigkeit des Ministeriums für Staatssicherheit im Leistungssport der DDR", S. 15-17.

- Projektierung des Doping-Kontroll-Labors in Kreischa
- Lungenmeßgerät
- Dynamografischer Schlittschuh

In der Sportärztlichen Hauptberatungsstelle

- Steigerung der Wirksamkeit der Sektionsärzte im Bereich der Trainingssteuerung
- praktische Anwendung von "unterstützenden Mitteln" bei ausgewählten Spitzensportlern der 3. Förderstufe.

Die zuständigen MfS-Dienststellen hatten vor allem dank des dichten Netzes von inoffiziellen Mitarbeitern einen ständigen Überblick über alle an den jeweiligen Forschungen beteiligten Mitarbeiter - auch diejenigen, die nicht als Geheimnisträger eingestuft waren -, über den Stand der Forschungen und eventuelle Schwierigkeiten. Sie bezogen auch alle Kooperationspartner der Forschungseinrichtungen in die Aufklärung ein, vor allem in Zusammenarbeit mit der die Betriebe der Volkswirtschaft sichernden "Linie XVIII" des MfS.

Dabei wurden nicht nur OibE, sondern auch die vielen IM je nach ihrer Bedeutung und Spitzelleistung zu besonderen Anlässen geehrt und belohnt, etwa zu Geburtstagen - des IM oder des MfS - oder zu staatlichen Feiertagen wie dem Begehen des Jahrestages der Gründung der DDR oder der NVA, aber auch mit Anerkennungen und Aufmerksamkeiten. Das Spektrum dieser Belohnungen reichte von staatlichen Orden und Verdienstmedaillen bis zu Geldüberreichungen, - meist kleinen - Geschenken, Blumen oder Konzertkarten.

ff) Die Rolle der staatlichen Sportführung im staatlichen Dopingprogramm der DDR

Die Dopingforschung war Bestandteil des Staatsplanthemas 14.25 "Zusätzliche Leistungsreserven/Komplex 08 - Unterstützende Mittel (UM oder uM)".[56]

---

56 Vgl. Anlage 5.

Ihrer sportlichen wie politischen Bedeutung entsprechend, galt für die Dopingforschung und -anwendung eine verstärkte Geheimhaltungspraxis. Manfred Höppner (IMV "Technik"), stellvertretender Leiter des Sportmedizinischen Dienstes der DDR, führt dazu aus: "Ein großer Teil erhält zwar Kenntnis darüber, daß etwas gegeben und untersucht wird, nicht aber über die gewonnenen Erkenntnisse."[57]

Informiert über den Dopingmißbrauch waren nach einer MfS-internen Einschätzung vom Juni 1975 neben den damals betroffenen "ca. 2000" Leistungssportlern "mindestens weitere 300 Personen aus dem Kreis der Ärzte, Trainer und Funktionäre".[58] Über die Jahre muß die Zahl der Eingeweihten noch deutlich zugenommen haben. Selbst FDJ-Funktionäre wurden durch Unachtsamkeit zu Mitwissenden.[59] Umso erstaunlicher ist es, daß darüber nicht mehr nach außen drang. Freilich wird man dabei auch den gedopten Sportlern ein gesteigertes Eigeninteresse unterstellen dürfen, ihre Leistungen nicht durch solche Geständnisse zu schmälern und sich so ihre berufliche Zukunft zu verbauen. Bis ins Zentralkomitee (ZK) der SED hinein wußte man von dieser Praxis und neigte offenbar dazu, das Doping noch zu verstärken.[60]

1989, gegen Ende der DDR, wurde - wohl unter dem Eindruck der Dopingskandale bei den Olympischen Spielen in Seoul - der Kreis der mit "unterstützenden Mitteln" Behandelten in der DDR enger gezogen. Im Juniorenbereich sollten sie ganz abgesetzt werden. Im Spitzensport blieben aber immerhin noch etwa 600 Athleten und Athletinnen systematisch gedopt, weil sonst die vom Politbüro bis 1994 gesteckten Ziele nicht hätten erreicht werden können.[61]

---

57 BStU, Zentralarchiv (ZA), AIM A 637/79, Band 3, S. 24

58 Vgl. BStU: "Zur Tätigkeit des Ministeriums für Staatssicherheit im Leistungssport der DDR", Dokumentenanhang: Dokumente zur Doping-Problematik im Leistungssport der DDR, Blatt 119.

59 Vgl. ebenda, Blatt 118.

60 Vgl. ebenda, Blatt 168.

61 Vgl. ebenda, Bericht der HA XX/3 vom 23. Mai 1989.

e) Zwischenergebnis

Das Ministerium für Staatssicherheit, die Sportführung, d. h. der DTSB-Bundesvorstand sowie das Staatssekretariat für Körperkultur und Sport, trugen die politische Hauptverantwortung für die Planung, Durchsetzung und Kontrolle des Dopingprogramms, aber auch das ZK und mehrere Ministerien waren oft direkt an den Entscheidungen und Durchführungsmaßnahmen beteiligt.[62] Die staatliche Organisation und Bedeutung wird allein schon durch die Einstufung als Staatsplanthema deutlich.

In der Sportpraxis liefen alle Fäden des systematischen Dopings in der Hand eines Mannes zusammen, des Stellvertretenden Direktors des Sportmedizinischen Dienstes der DDR (SMD), Obermedizinalrat Dr. Manfred Höppner, zugleich inoffizieller Mitarbeiter des MfS (IMV, später IMB "Technik").

2. Hormondoping als Regierungsprogramm der DDR

a) Entwicklung des Dopings in der DDR

Spätestens seit 1965/66 wurden Athleten wie Athletinnen im DDR-Sport mit Oral-Turinabol (OT) und anderen Hormonen für Höchstleistungen im staatlichen Auftrag präpariert. Das galt - entgegen allen Beteuerungen - auch für Minderjährige.[63]

Anfang der 70er Jahre war das anabole Programm ergänzt worden, überwiegend bei Frauen. Zusätzlich wurden männliche Hormone injiziert, z. B. Nandrolon, häufiger Testosteron sowie Oxytocin.[64] Von letzteren versprach man sich zentralnervale Unterstützung, etwa die Verbesserung von Reaktionsschnelligkeit oder die Eindämmung koordinativer Störungen nach Anabolika-Doping.[65]

---

62 Vgl. auch Spitzer, Giselher, Doping in der DDR. Ein historischer Überblick zu einer konspirativen Praxis, Wissenschaftliche Berichte und Materialien des Bundesinstituts für Sportwissenschaft, Bd. 3, Köln 1998, S. 109 ff. und S. 123 ff.

63 Vgl. Berendonk/Franke, Hormondoping als Regierungsprogramm, S. 170 f.

64 Vgl. Anlage 1: Die wichtigsten systematisch angewandten Dopingsubstanzen in der DDR.

65 Vgl. Berendonk/Franke, Hormondoping als Regierungsprogramm, S. 170.

Am 3. März 1977, knapp zehn Jahre nach Einsatzbeginn, faßte OMR Manfred Höppner, stellvertretender Direktor des SMD, die Bedeutung der androgenen Hormone für die DDR-Sporterfolge zusammen: "Den Hauptanteil unter den bisher angewandten Präparaten haben die anabolen Hormone, auch als anabole Steroide bezeichnet. Sie wurden im DDR-Leistungssport seit 1966 angewandt. Insbesondere und in verstärktem Maße während der Vorbereitung der Olympischen Spiele 1972 und 1976 [...] Die Anwendung der Mittel erfolgte nach bestätigten Grundkonzeptionen, wobei individuelle Besonderheiten einzelner Sportler berücksichtigt wurden. Der positive (leistungssteigernde) Effekt der anabolen Steroide für die Leistungsentwicklung ist unbestritten. Sportliche Spitzenleistungen sind allein durch trainingsmethodische Maßnahmen heute nicht mehr möglich [...]".[66]

1974 sahen sich die Sportfunktionäre und die Regierung der DDR einem zusätzlichen Problem gegenüber. Das IOC und die Internationalen Sportverbände hatten 1974 die Einführung von Dopingkontrollen bei großen Wettkämpfen beschlossen.

Positive Dopingtests bei ihren erfolgreichen Sportlern fürchtete die SED-Führung, da sie nicht nur das Ansehen der DDR als Sportnation gefährden könnten, sondern das gesamte Konzept der "Überlegenheit des Sozialismus als das bessere und menschlichere System" in Frage stellten.

Deshalb wurden ein zentral organisiertes Forschungsprogramm und ein Kontrollsystem entwickelt, um insgeheim weiter dopen zu können und sicherzustellen, daß keine Restsubstanzen im Urin der Sportler nachweisbar wären.[67]

Die politische Brisanz des Doping machte es notwendig, eine Entscheidung auf höchster Ebene zu treffen, in diesem Fall durch die beim ZK der SED angebundene Parteikommission, die Leistungssportkommission (LSK).

---

66 BStU, IMV "Technik", XV 2672/65, Bd. 2, S. 146 f.

67 Vgl. Berendonk/Franke, Hormondoping als Regierungsprogramm, S. 172 f.

Die als "vertraulich" eingestufte "Vorlage für den Vorsitzenden der Leistungssportkommission der DDR" vom 14. Juni 1974 wurde am 23. Oktober 1974 abschließend diskutiert und gebilligt.[68]

Unter Ewalds Leitung (Manfred Ewald - Präsident des DTSB und des NOK der DDR) entschied die LSK, daß der Einsatz von Dopingsubstanzen, vor allem von androgenen-anabolen Steroiden bei Männern und Frauen[69]:

1. systematischer Bestandteil des Trainingsprozesses und der Vorbereitung auf internationale Wettkämpfe sein solle;
2. streng und zentral organisiert, die erzielten Ergebnisse und die Erfahrungen der Sportärzte regelmäßig ausgewertet werden sollen;
3. direkt vom SMD zu kontrollieren, zentral zu steuern und zu dokumentieren sei;
4. weiterentwickelt und durch Forschungsarbeiten verbessert werden solle, mit besonderer Betonung auf der Entwicklung neuer Substanzen und den wirkungsvollsten Anwendungsmustern, unter Berücksichtigung der jeweiligen Sportveranstaltung, des Zeitraums der Einnahme und des Zeitpunkts des Absetzens wie der Methoden zum Vermeiden von positiven Tests bei internationalen Wettkämpfen;

   [...]

6. Höppner ab 1. Januar 1975 hauptamtlich die Leitung einer "Arbeitsgemeinschaft Unterstützende Mittel"[70] übernimmt, deren Tätigkeit aber vom FKS in Leipzig mit besonderer finanzieller Unterstützung des Staatssekretariats für Körperkultur und Sport koordiniert werden soll.[71]

---

68 Vgl. die Hinweise von Berendonk/Franke, Hormondoping als Regierungsprogramm, S. 172 ; BStU, IMV "Technik", XV 2672/65, Bd. 2 XV, S. 78-88.

69 Vgl. Berendonk/Franke, Hormondoping als Regierungsprogramm, S. 172.

70 Abkürzung u.M. ... unterstützende Mittel, war in der DDR ein Umschreibungsbegriff für Dopingmittel, in der Regel Anabolika oder Neuropeptide.

71 Vgl. Berendonk/Franke, Hormondoping als Regierungsprogramm, S. 172.

Dieser Beschluß hatte den Charakter einer Regierungsvorlage und mündete in das Forschungsprogramm "Komplex 08", das umgehend als "Vertrauliche Verschlußsache" (VVS) deklariert und als Staatsgeheimnis eingestuft wurde.

Wenig später nannte man es "Staatsplanthema 14.25" - denn die Dopingforschung avancierte zum Plan "Wissenschaft und Technik" der DDR.[72] Im Namen der Regierung koordinierte das Staatssekretariat als "verantwortliches zentrales Organ" das finanziell großzügig ausgestattete und ressortübergreifende Förderwerk. Die inhaltliche Federführung für all diese Forschungen über anabole Hormone lag beim Forschungsinstitut für Körperkultur und Sport (FKS) Leipzig.

b) Das Staatsplanthema 14.25

Schematisch gesehen ist die Einordnung von Staatsplanthemen in eine Pyramide zu verstehen. Die Spitze bildet dabei der Volkswirtschaftsplan als Gesamtdokument mit seinem Bestandteil Staatsplan Wissenschaft und Technik (SPWT).

Die Ermittlungen der ZERV ergaben insgesamt die Feststellung, daß es sich bei dem Staatsplanthema 14.25 nicht um eine Numerierung eines Staatsplanthemas handelt, sondern 14.25 steht für einen Aufgabenkomplex.

Danach lautet eines der Themen im Komplex 14.25: ZF.14.25.20516 Unterstützung bei Erzeugnisentwicklung von STS 646[73].

Anhand des Nummerncodes sind die einzelnen Positionen wie folgt zu belegen:

ZF = Zentrale Forschungsaufgabe
14 = Hauptrichtung 14, Sportkomplex
25 = Aufgabenkomplex, Erhöhung der Leistungskraft im Spitzensport
20516 = Konkretes Staatsplanthema, Unterstützung bei Erzeugnisentwicklung von STS 646.

---

72 Vgl. Anlage 5.

73 STS = Steroidsubstanz.

Am 23.10.1974 wurde von ausgewählten Mitgliedern der Leistungssportkommission der Beschluß gefaßt, eine sog. "Arbeitsgruppe Unterstützende Mittel" im Sportmedizinischen Dienst (SMD) zu bilden (Hauptverantwortlicher: OMR Manfred Höppner).

Am 05.01.1975 wurde die "Arbeitsgruppe Unterstützende Mittel" konstituiert. Die Einsetzung dieser Arbeitsgruppe und später des Leistungssportbereichs II geschah in Abstimmung mit dem Staatssekretariat für Körperkultur und Sport und der Abteilung Sport beim ZK der SED.

Mitglieder der "Arbeitsgruppe Unterstützende Mittel" waren:

- OMR Dr. Manfred Höppner (stellvertretender Leiter des SMD)
- Prof. Dr. Hans Gürtler (Sportmediziner an der Universität Greifswald)
- Prof. Dr. Alfons Lehnert (Dopingmittelforschungsabteilung FKS Leipzig
- Prof. Dr. Rüdiger Häcker (Ärztlicher Direktor FKS Leipzig)
- Dr. Thümmler (SV Dynamo)
- Frau Dr. Schramm (Mitarbeiterin von Dr. Höppner).

Auf der Grundlage des Beschlusses war Höppner damit für den Einsatz von "unterstützenden Mitteln" als auch für die nationalen und internationalen Dopingkontrollen verantwortlich.

Auftraggeber für das Staatsplanthema 14.25 war der Vizepräsident des DTSB für Wissenschaft, Prof. Horst Röder.

Der Verantwortliche des zuständigen Ministeriums des Staatssekretärs für Körperkultur und Sport war der stellvertretende Staatssekretär Prof. Edelfried Buggel.

Der Auftrag für die Forschung wurde 1975 dem FKS durch Manfred Ewald schriftlich erteilt.[74] Es wurde ein Leistungsvertrag zwischen den Parteien abgeschlossen und die getroffenen Vereinbarungen dann über das Staatssekretariat in Abstimmung mit dem Ministe-

---

74 Vgl. dazu unveröffentlichter Abschlußbericht der ZERV vom 3. Juni 1997.

rium für Wissenschaft und Technik in die zentrale Planung der Ministerien eingebracht.

c) *Doping unter Kontrolle der Partei- und Staatsführung und des MfS*

Die Kommandostrukturen in bezug auf Doping verliefen wie folgt:

- ZK der SED/Regierung
- Leitung DTSB/Staatssekretariat
- Generalsekretäre/Verbandstrainer
- Zentrales Labor des Forschungsinstituts für Körperkultur und Sport/biochemisches Labor Kreischa, ausgewählte Personen in den methodischen Forschungsgruppen des FKS
- Clubtrainer/Clubärzte
- Sportler.

Im DDR-Sport gab es eine weitere Richtlinie für die Anwendung von Dopingpräparaten, die vom FKS Leipzig und den Mitgliedern der "Arbeitsgruppe Unterstützende Mittel" des SMD erstellt wurde. In dieser Richtlinie wurden die Vorausbedingungen und die Art und Weise der Anwendung "unterstützender Mittel" (u.M.) festgelegt.

Die Aufgabe des Bereiches Leistungssport II war die Überwachung der Umsetzung dieser Richtlinie in der Sportpraxis.

Die Trainer haben zusammen mit den Verbandstrainern und den Verbands- und Sektionsärzten für jeden einzelnen Sportler einen Vorschlag für die Anwendung von "unterstützenden Mitteln" unterbreitet.

Einbezogen in die Anwendung von u.M. waren alle Sportarten außer Segeln und künstlerische Gymnastik. Nach der Richtlinie waren die Kaderkreise[75] 1, 2 und 3 in die Konzeption u.M. einbezogen.

---

[75] Zum Kaderkreis 1 gehörten die Sportler, die in ihren Disziplinen zu den 50 weltbesten Sportlern gehörten. Zum Kaderkreis 2 gehörten Sportler, die erstmalig an Juniorenweltmeisterschaften teilnehmen sollten, und zum Kaderkreis 3 gehörten Sportler, die aufgrund von Verletzungen und Trainingsausfällen nicht mehr in den Kaderkreis 1 aufgenommen werden konnten.

Ab 1976 wurde im Rahmen der Forschung überprüft, ob die u.M. eine leistungssteigernde Wirkung erzielen konnten. Vom FKS wurde die hormonelle Substanz STS 646 als anwendungsreif für die Praxis vorgestellt[76] und 1978 bis 1980 in der Sportpraxis angewandt. Im Arzneimittelbuch der DDR war das Präparat STS 646 nicht ausgewiesen.

Die regierungsamtliche Leistungssportkommission, hauptverantwortlich für die Erforschung und Anwendung der Dopingpräparate, wurde von der SED-Parteiführung benannt. Es war das höchste Gremium, welches für den Leistungssport zuständig war.

Mitglieder der Leistungssportkommission bis 1989 waren:

- Manfred Ewald als Vorsitzender
- alle Vizepräsidenten des DTSB (Röder, Köhler und Grünwald)
- ein Vertreter der Armeesportvereinigung (ASV) und der Dynamo
- Prof. Hans Schuster als Vertreter des FKS
- Dr. Hannemann als Direktor des SMD
- Prof. Erbach als Staatssekretär für Körperkultur und Sport
- Prof. Buggel als Stellvertreter
- Hellmann als Leiter der Abt. Sport im ZK und ein Vertreter des Ministeriums für Volksbildung.[77]

Die Struktur des DDR-Leistungssports war - wie aus der folgenden Abbildung hervorgeht - von der Struktur des DDR-Staates in enger Verbindung mit der staatstragenden Partei der SED nicht zu trennen.

Zur Organisation und Struktur des DDR-Leistungssports und Staats-Doping vgl. nachfolgende Abbildung 2.

---

76 Vgl. dazu Abschlußbericht der ZERV vom 3. Juni 1997.

77 Vgl. ebenda.

Abbildung 2:

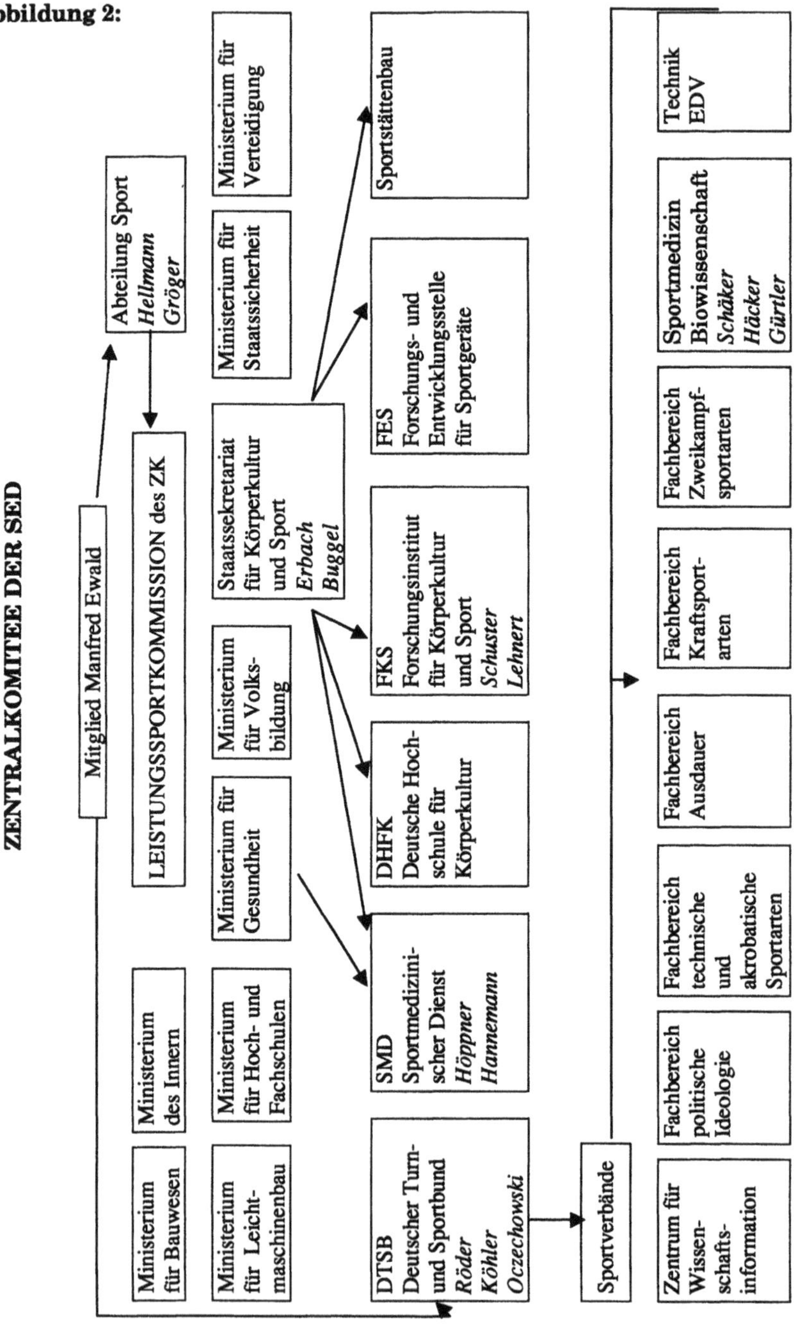
ZENTRALKOMITEE DER SED
Mitglied Manfred Ewald
Abteilung Sport
Hellmann
Gröger
LEISTUNGSSPORTKOMMISSION des ZK
Ministerium für Bauwesen
Ministerium des Innern
Ministerium für Leichtmaschinenbau
Ministerium für Hoch- und Fachschulen
Ministerium für Gesundheit
Ministerium für Volksbildung
Staatssekretariat für Körperkultur und Sport
Erbach
Buggel
Ministerium für Staatssicherheit
Ministerium für Verteidigung
DTSB
Deutscher Turn- und Sportbund
Röder
Köhler
Oczechowski
SMD
Sportmedizinischer Dienst
Höppner
Hannemann
DHFK
Deutsche Hochschule für Körperkultur
FKS
Forschungsinstitut für Körperkultur und Sport
Schuster
Lehnert
FES
Forschungs- und Entwicklungsstelle für Sportgeräte
Sportstättenbau
Sportverbände
Zentrum für Wissenschaftsinformation
Fachbereich politische Ideologie
Fachbereich technische und akrobatische Sportarten
Fachbereich Ausdauer
Fachbereich Kraftsportarten
Fachbereich Zweikampfsportarten
Sportmedizin
Biowissenschaft
Schäker
Häcker
Gürtler
Technik
EDV

Zu den Aufgaben des MfS gehörte auch die Abschirmung der illegalen Dopinganwendung, zumal die DDR-Sportfunktionäre in den internationalen Gremien lautstark für die Bekämpfung des Dopings eintraten. Im Interesse des politischen Auftrags, der Vormachtstellung der DDR im Weltsport, mußten wissenschaftlicher Vorlauf vor der Konkurrenz im Ausland gehütet, neu entwickelte Sport- und Meßgeräte geschützt und vor allem die Geheimhaltung des Dopings einschließlich der "Menschenversuche im Experimentaltraining"[78] gewährleistet werden. Dazu bediente sich das MfS zahlreicher Inoffizieller Mitarbeiter.

In den 70er und 80er Jahren arbeiteten im Spitzensport pro Jahr bis zu 3.000 IM für das MfS. Als IM arbeiteten z. B. Prof. Dr. Hans Schuster, FKS-Direktor zwischen 1969 und 1990, Verbandsarzt Dr. Lothar Kipke (IM "Rolf"), Dr. Claus Clausnitzer (IM "Meschke"), Dr. Hans-Henning Lathan (IM "Klaus Müller"), Prof. Dr. Hans Gürtler (IM "H.-G. Meier") und Dr. Bernd Pansold (IM "J. Wendt"). Ihr Auftrag lautete: Sicherung des Staatsplanthemas 14.25.

Im Olympiajahr 1984 berichtete Verbandsarzt Dr. Lothar Kipke dem MfS über eine "Ergebniskonferenz bei der Anwendung von u.M. mit VVS-verpflichteten Verbandsärzten und Wissenschaftlern des FKS am 07.12.1983", bei der die "Erfahrungen, Wirkungsweisen und Anwendungsmethoden anaboler Steroide wie Oral-Turinabol, Testosteron, Epitestosteron, Clomifen und STS 646" ausgewertet wurden.[79] Kipke thematisierte ebenso negative Folgen der Anabolika-Verabreichung bei Kindern und Jugendlichen - ohne Folgen.[80]

Immer wieder werden in den IM-Berichten die Dosierungen mit Hormonpräparaten und die "Erfolge" im Frauensport und die Verträglichkeit/Nebenwirkungen von Dopingpräparaten erwähnt.

---

78 Vgl. Spitzer, Inoffizielle Mitarbeiter im Sport: Fallstudie Leipzig, in: Hartmann, Goldkinder, S. 188-204 (189).

79 Vgl. Spitzer, Inoffizielle Mitarbeiter im Sport, S. 201.

80 Vgl. ebenda, S. 201.

Einer der hochkarätigen Inoffiziellen Mitarbeiter aus dem Dopingbereich war der Leiter des Zentralen Doping-Kontroll-Labors (ZDKL) in Kreischa, der Chemiker Dr. Claus Clausnitzer (IM "Meschke").[81] Das Analytiklabor, vom IOC für internationale Dopingkontrollen anerkannt, gewann nach Anlaufen des staatlich sanktionierten Forschungs- und Anwendungsprogramms an Bedeutung im DDR-Spitzensport.

Unmittelbar nach dem positiven Befund der Kugelstoßerin Ilona Slupianek beim Europacup 1977 wurde beschlossen, daß jeder DDR-Athlet vor der Abreise zu internationalen Wettkämpfen, bei denen es Dopingtests geben würde, eine Urinprobe zur Ausreisekontrolle abzuliefern habe. Das Zentrale Doping-Kontroll-Labor (ZDKL) in Kreischa gab die Ergebnisse schriftlich an Manfred Höppner. Athleten mit positiven Befunden wurden ausgeschlossen, mit Ausnahme der Sportler, die sich im Überbrückungsdoping mit Testosteron-Estern befanden.[82]

Diese Kontrolle war bemerkenswert effektiv, gelegentlich kam es zu Ausschlüssen prominenter Athleten in letzter Minute, so bei den Schwimmerinnen Petra Thümer und Christian Knacke vor der Weltmeisterschaft 1978.

Innerhalb des über den SMD abgewickelten Anwendungsprogramms erhielten jedes Jahr mehr als 2.000 ausgewählte Sportler für sie individuell bestimmte Dopingsubstanzen und -mengen.[83]

1981/82 drohte dem Überbrückungsdoping das Ende. Eine Nachweismethode war entwickelt worden, das IOC kündigte die Bestimmung des Testosteron-Epitestosteron-Quotienten (T:E) im Urin an. Wenn der Quotient dieser beiden körpereigenen Substanzen höher als 6 lag, sollte das fortan als Zeichen künstlicher Testosteron-Zufuhr gelten und eine Sperre nach sich ziehen.[84]

---

81 Vgl. Berendonk/Franke, Hormondoping als Regierungsprogramm, S. 173 f.

82 Vgl. ebenda, S. 173 und 177-180.

83 Vgl. ebenda, S. 173.

84 Vgl. ebenda, S. 178.

Um den Erfolg des Betrugsmanövers sicherzustellen, wurde das T:E-Verhältnis der DDR-Spitzenathleten regelmäßig vor Abreise zu internationalen Sportveranstaltungen im ZDKL Kreischa überprüft. Die Aussagekraft der Ausreisekontrollen war so zuverlässig, daß man es riskieren konnte, die Athleten bis zum letzten möglichen Tag mit Testosteron zu spritzen. Abbildung 3 (n. S.) zeigt beispielsweise die Ergebnisse einer typischen Ausreisekontrolle vor der Europameisterschaft im Schwimmen in Bonn 1989.

Vier der weiblichen Schwimmerinnen, Kristin Otto, Heike Friedrich, Daniela Hunger und Dagmar Hase, waren mit T:E-Werten zwischen 8,8 und 17 noch deutlich positiv. Einer Wettkampfteilnahme stand trotzdem nichts im Wege, da ihre SMD-Ärzte berechnet hatten, daß die Werte bis zum eigentlichen Wettkampf zwei, drei Tage später wieder unter 6 liegen würden. Die Echtheit des Dokuments ist eindeutig von Höppner und Clausnitzer bestätigt.[85]

Werner Franke dokumentierte Dosierungen des anabolen Steroids Oral-Turinabol bekannter Leichtathletinnen und ihrer darauf beruhenden "größten Erfolge".

---

85 Vgl. ebenda, S. 179-180.

Abbildung 3:

ZENTRALINSTITUT DES SPORTMEDIZINISCHEN DIENSTES
8216 Kreischa, August-Bebel-Str. 17

Leitung des SMD der DDR, Außenstelle II, Berlin

09.08.89

Analyseprotokoll

Wir untersuchten nachstehende Urinproben der Sportart Schwimmen auf anabole Steroide.

Ergebnis:	Code	Resultat	Q	T	E
	07 08 101	negativ			
	07 08 102	negativ			
	07 08 103	negativ			
Otto, Chr.	07 08 104	positiv x)	17	34	2
	07 08 105	negativ			
	07 08 106	negativ			
	[...]				
Friedrich, H.	07 08 111	positiv x)	8,8	35	4
	07 08 112	negativ			
	07 08 113	negativ			
	[...]				
Hunger, D.	07 08 121	positiv x)	12,5	50	4
	07 08 122	negativ			
	07 08 123	negativ			
	[...]				
Hase, D.	07 08 128	positiv x)	10	20	2
	07 08 129	negativ			
	07 08 130	negativ			
		x) Testosteron			

Befunde wurden Kolln. Bismark am B.B. tel. mitgeteilt.

Dr. C. Clausnitzer
Leiter des Zentralen
Dopingkontroll-Labors

Positiv zur EM nach Bonn: Kristin Otto, Daniela Hunger, Heike Friedrich und Dagmar Hase. Originalprotokoll der "Ausreisekontrolle" aus Kreischa, unterzeichnet von Laborleiter Clausnitzer. Die Analyse ging an Höppner, dessen Sekretärin die Code-Nummern der positiven Schwimmerinnen an den Rand schrieb – mit zwei Fehlern.

(Quelle: Berendonk/Franke, Hormondoping als Regierungsprogramm, 1997, S. 180.)

Abbildung 4:

Virilisierende Hormonpräparate und der Erfolg im Frauensport. Einige der dokumentierten Dosierungen des anabolen Steroids Oral-Turinabol bekannter Leichtathletinnen und ihre darauf beruhenden größten Erfolge. Zusätzliche Injektionen von Testosteronesterin sind hier nicht aufgeführt.

Jahresdosis	Name	Disziplin und Haupterfolge
3680 mg	Ines Müller-Reichenbach	Kugelstoßen: OS 1988 4. Platz; WM 1987 Bronze, EM 1986 Silber
3190 mg	Irina Meszynski	Diskus: EM 1986 4. Platz; WR 1984
2900 mg	Helma Knorscheidt	Kugelstoßen: WM 1983 Silber
2615 mg	Ilona Slupianek-Briesenick	Kugelstoßen: OS 1980 Gold; EM 1978, 1982 Gold; WR 1980
2590 mg	Heidi Krieger	Kugelstoßen: EM 1986 Gold
1670 mg	Bärbel Wöckel-Eckert	200 m, Sprintstaffel: OS 1976, 1980 4x Gold; WR 1980 (Staffel)
1560 mg	Bettine Jahn	100 m Hürden: WM 1983 Gold; EM 1982 4. Platz
1480 mg	Cornelia Oschkenat-Riefstahl	100 m Hürden, Sprintstaffel: WM 1987 Silber, Bronze; EM 1986 Silber; EM 1990 4. Platz; WR 1988 (50 m Hürden, Halle)
1474 mg	Kerstin Behrendt	100 m, Sprintstaffel: OS 1988 Silber; WM 1987 Silber; EM 1990 Gold, Bronze
1460 mg	Marita Koch-Meier	100, 200, 400 m, Sprint- und 4 x 400 Staffel: OS 1980 Gold, Silber; WM 1983 3 x Gold, Bronze; EM 1978 3 x Gold; EM 1982 2 x Gold; EM 1986 2 x Gold; WR 4 x 1978-1988 (200 m); WR seit 1985 (400 m); WR 1979 (Sprintstaffel); WR 2 x 1982-1988 (4 x 400 m)
1450 mg	Margitta Gummel	Kugelstoßen: OS 1968 Gold; OS 1972 Silber; EM 1969 Silber
1405 mg	Marlies Göhr	Sprint, Sprintstaffel: OS 1976 Gold; OS 1988 Silber; WM 1983 2 x Gold; WM 1987 Silber; EM 1978 Gold, Bronze; EM 1982 2 x Gold; EM 1986 Gold; WR 1977, 1982, 1983; WR seit 1985 (Staffel)
1380 mg	Anke Behmer-Vater	Siebenkampf: OS 1988 Bronze; WM 1983 Bronze; EM 1986 Gold
1375 mg	Ingrid Auerswald	100 m, Sprintstaffel: OS 1980 Gold, Bronze; OS 1988 Silber; WM 1983 Gold; EM 1986 Gold; WR seit 1985 (Staffel)
1340 mg	Ramona Neubert	Siebenkampf: OS 1980 4. Platz; WM 1983 Gold; EM 1982 Gold; WR 1981, 1982, 1983
1255 mg	Martina Hellmann-Opitz	Diskus: OS 1988 Gold; WM 1983, 1987 2 x Gold; WM 1991 4. Platz; EM 1986, 1990 2 x Bronze (inoff. WR: 78,14 m)
1230 mg	Sabine John-Paetz-Möbius	Siebenkampf: OS 1988 Silber; WM 1983 Silber; EM 1982 Silber; WR 1984
1230 mg	Sabine Busch	400 m Hürden, 4 x 400-m-Staffel: OS 1988 Bronze, 4. Platz; WM 1987 2 x Gold; EM 1982 Gold; EM 1986 Gold, Silber; WR 1982, 1984-1988 (Staffel); WR 1985 (Hürden)
1185 mg	Petra Felke-Meier	Speerwurf: OS 1988 Gold; WM 1987, 1990 Silber; EM 1986, 1990 Silber, Bronze; WR 1985, 1987, 1988 bis heute

Quelle: Berendonk/Franke, Hormondoping als Regierungsprogramm, S. 186-187.

d) Nebenwirkungen des Dopings

Zu den nachgewiesenen Nebenwirkungen des Anabolikakonsums zählen:

- Leberschäden
- Muskelkrämpfe
- Akne verschiedener Schweregrade
- erhöhtes Risiko für Hirnblutungen
- Arteriosklerose, speziell der Herzkranzgefäße
- Veränderungen von Libido und Potenz
- Menstruationsstörungen, Unfruchtbarkeit
- Zysten an den Eierstöcken
- Stimmveränderungen bei Frauen ("Männerbaß")
- verstärkte Körperbehaarung bei Frauen
- vergrößerte Brust bei Männern (Gynäkomastie)
- Hodenatrophie
- Stopp des Körperwachstums bei Kindern.[86]

Unumstritten ist, daß die Einnahme von Anabolika größere Wirkung bei Frauen zeigt, bei denen männliche Sexualhormone zu vermehrterem Muskelzuwachs als bei Männern führen.

Wie sich der Anabolika-Konsum konkret auf die Gesundheit einer Frau auswirkt, schilderte die ehemalige US-Sprinterin und Weltmeisterschaftsdritte von 1983, Diane Williams, vor einer Untersuchungskommission des Justizsenats der Vereinigten Staaten: "Ich hatte keine Menstruationen mehr, Vermännlichungserscheinungen traten auf, wie z. B. ein Schnurrbart und Flaum am Kinn. Meine Klitoris [...] wuchs auf peinliche Ausmaße an. Ich habe einige der möglichen schädlichen Nebenwirkungen an meinem eigenen Körper erfahren, z. B. starkes Körperjucken, Heiserkeit, erhöhter Sexualtrieb, Depressionen, Vaginalblutungen und vor allem Schmerzen im Unterleib."[87]

---

86 Vgl. zu den Nebenwirkungen Franke, Funktionen und Instrumentalisierung des Sports in der DDR, S. 987-989.

87 dpa Doping im Sport, S. 8.

Bei Männern sind Störungen bei der Spermienproduktion bis zur Unfruchtbarkeit, Entwicklung einer weiblichen Brust und Gefäßveränderungen festgestellt worden. Nicht abgesichert ist, ob langfristige Anabolika-Einnahmen zu Krebs und Leberschäden führen können.

e) *Vernichtung der Dopingdokumente und geheime Dissertationen ostdeutscher Wissenschaftler*

Im Jahr 1989 trugen Funktionäre, Sportmediziner und Wissenschaftler dafür Sorge, daß alle kompromittierenden Dokumente vernichtet oder wenigstens nicht auffindbar sein würden. Insbesondere Manfred Höppner trieb die Vernichtung von Unterlagen und Dokumenten voran, auf noch immer ungeklärte Weise verschwand Schriftgut aus Bibliotheken, vor allem des FKS und der DHfK.[88]

Jedoch ist es nicht gelungen, alle Spuren des staatlich gesteuerten Dopingmißbrauchs zu verwischen.

Nach dem Ende der DDR konnten trotz umfangreicher Dokumenten-Vernichtungsaktionen bisher noch über 180 eindeutige und in ihrer Qualität unanfechtbare Schriftstücke sichergestellt werden, meist als "Vertrauliche Verschlußsachen" (VVS) bzw. "Vertrauliche Dienstsachen" (VD) geführt, die ein umfangreiches, staatlich angeordnetes und gelenktes Dopingsystem des DDR-Sports - spätestens seit 1966 - beweisen. Darunter befinden sich auch geheime Dissertationen A (Doktorarbeiten) und B (Habilitationsarbeiten) sowie umfangreiche wissenschaftliche Berichte, die zum Teil in einem VVS-Tresor der Medizinischen Akademie der NVA in Bad Saarow eingelagert die Säuberungsaktion im Herbst/Winter 1989/1990 überstanden hatten.[89]

---

88 Vgl. Franke, Funktionen und Instrumentalisierung des Sports in der DDR, S. 909-913; Berendonk/Franke, Hormondoping als Regierungsprogramm, S. 167.

89 Vgl. die Hinweise von Franke, Funktionen und Instrumentalisierung des Sports in der DDR, S. 909-913; Berendonk, Brigitte, Doping. Von der Forschung zum Betrug, 2. Aufl., Reinbek b. Hamburg 1992, S. 81 ff.

Darunter sind beispielsweise die Habilitationen von Prof. Dr. Winfried Schäker, Hormonforscher am FKS, von Dr. Hartmut Riedel, Chef-Verbandstrainer der Leichtathleten, zwei Jahre nach seiner Flucht 1987 schon Professor an der Universität Bayreuth, oder von Dozent Dr. Günter Rademacher.

In der Einleitung seiner Dissertation B zum Thema: "Zur Wirkung anaboler Steroide auf die sportliche Leistungsentwicklung in den leichtathletischen Sprungdisziplinen" schreibt Hartmut Riedel[90]: "In einer klinisch-epidemiologischen Studie wurde die Anwendung anaboler Steroide bei 191 männlichen und 174 weiblichen Sportlern der leichtathletischen Sprungdisziplin über einen Zeitraum von sieben Jahren im Hinblick auf die Verbesserung der Leistungsfähigkeit untersucht. Im experimentellen Teil wurde die Wirkung mehrerer Steroide (Oral-Turinabol, Mestanolon, Testosteronpropionat, Human-Choriogonadotropin) auf leistungsvoraussetzende konditionelle Fähigkeiten, anthropometrische Parameter, Substrate und anabole/katabole Hormone unter den Bedingungen eines sprungspezifischen Trainings und kontrollierter Ernährung überprüft. Anhand der ermittelten anabolen Wirkungen werden für eine wissenschaftliche begründete Verordnung in der sportmedizinischen Betreuungspraxis Empfehlungen zur Dosierung, Ernährungsgestaltung und zur Einordnung in das Tagesregime der Sportler gegeben."[91]

Zur Praxis des Anabolikadopings im DDR-Sport bemerkt Riedel in seiner Dissertation B weiter: "In den leichtathletischen Sprungdisziplinen werden anabole Steroide seit 1969 im Trainingsprozeß zur Vorbereitung von Wettkampfhöhepunkten angewendet. In Verbindung mit ständig erhöhten Trainingsanforderungen hat ihre Anwendung dazu beigetragen, die sportliche Leistungsfähigkeit vieler Sportlerinnen und Sportler [...] zu erhöhen, so daß zu den sportpolitischen Höhepunkten wie Olympische Spiele, Welt- und Europameisterschaften u.a. sehr gute Erfolge teilweise mit Weltrekordleistungen erreicht wurden. In der sportmedizinischen Betreuungspraxis

---

90 Vgl. Anlage 3.

91 Einleitung der Dissertation B von Riedel, in: Berendonk, Doping. Von der Forschung zum Betrug, S. 401-402.

wird vorwiegend mit empirischen Kenntnissen gearbeitet. Eine sog. Anwendungskonzeption empfiehlt für namentlich bekannte Sportler verschiedener Disziplinen Dauer und Dosierung der Steroide. Im Rahmen dieser allgemeingültigen Empfehlung 'individualisiert' der betreuende Arzt in Zusammenarbeit mit Trainer und Sportler die (Therapie)-Empfehlung aufgrund individueller Erfahrungen, der konkreten Trainingsplanung und bekannter Nebenwirkungen. Im Zeitraum bis 1980 wurden z. T. zu hohe Dosierungen von Oral-Turinabol (OT) pro Jahr oder im Einzelzyklus, ungeeignete Kombinationstherapie von OT und Testosteronestern, nach 'Suppressionstherapie' mit OT verschiedene sog. 'Überbrückungstherapien' mit hCG, Testo-Tropin und Testosteronestern [...] angewendet."[92]

Im ersten Teil seiner Dissertation B führt Riedel voller Stolz die großen Erfolge seiner Star-Doper auf erhöhte OT-Dosierung zurück, vor allem die Medaillen und Finalplätze bei den Olympischen Spielen 1980 in Moskau, die durchweg nach gewaltiger Erhöhung der Jahresdosis gegenüber dem Vorjahr erreicht wurden. So stellt er in seiner Habilitationsschrift Heike Drechsler-Daute zentral und empfehlend vor: "Verdeutlicht wird der Zusammenhang zwischen der Entwicklung der konditionellen Fähigkeiten und der Gesamtdosierung am Beispiel einer Sportlerin der Disziplin Weitsprung [...] Bei der Sportlerin (Heike Drechsler-Daute) [...] wird ein jährlicher Anstieg der Wettkampfleistung dokumentiert, der durch die parallele Erhöhung konditioneller Fähigkeiten, Fähigkeitspotential und Gesamtdosierung a.S. (anaboler Steroide) bedingt ist."[93]

Riedel betont übrigens mehrfach, daß eine deutliche Dosissteigerung von Jahr zu Jahr eine wichtige Voraussetzung für eine Leistungsstei-

---

92 Schilderung der Praxis des Anabolikadoping im DDR-Sport in der Einleitung der Dissertation B von Dr. Hartmut Riedel. Vertrauliche Verschlußsache VVS-DRI/181/6-86, zitiert nach: Berendonk Brigitte, Doping-Dokumente. Von der Forschung zum Betrug, 1991, S. 76; vgl. dazu auch die Einleitung der Dissertation B von Dr. Günter Rademacher, gespeichert als VVS-LRI/122-1, Rademacher 1989.

93 Dissertation B, Hartmut Riedel, zitiert nach: Berendonk, Doping, 2. Aufl., S. 177.

gerung sei: "Nur bei einer deutlichen Erhöhung der Gesamtdosis über 15 % der applizierten Steroide ist eine Verbesserung der mittleren Wettkampfleistung zu verzeichnen."[94]

f) Zwischenergebnis

Die Dokumente belegen den systematischen Mißbrauch von Medikamenten und nicht zugelassenen Substanzen bei hunderten Athleten, die Anwendungs- und Absetzzeiten, die jährliche und tägliche Dosierung sowie die schädlichen Nebenwirkungen.

Die meisten Nebenwirkungen, Schäden und Krankheiten als Folgen des Mißbrauchs der Dopingpräparate waren auch zu DDR-Zeiten schon bekannt, wie auch der Verbandsarzt Riedel in seiner Dissertation B darlegt.[95]

Auch das MfS nahm Berichte von Sportmedizinern über Todesfälle und über schwere Leberschäden, Eierstockzysten, Stopp des Körperwachstums bei Kindern aus dem Spitzensport entgegen.[96]

Trotz dieser Erkenntnisse blieb der Dopingmißbrauch Bestandteil der staatlichen Planung und stellte damit nicht zuletzt auch einen Verstoß gegen die Bürger- und Menschenrechte dar.

Seit Anfang der 70er Jahre wurden Dopingmittel von der DDR-Regierung und ihrem Sportmedizinischen Dienst sowie vom MfS Jahr für Jahr in den meisten Sportarten und bei Tausenden von Sportlern zur Leistungssteigerung benutzt. Schädliche Nebenwirkungen wurden billigend in Kauf genommen und zum Teil sogar in den MfS-Berichten verzeichnet. In der Regel erfolgte keine Aufklärung der Sportler über die Natur der Dopingmittel und die Nebenwirkungsrisiken; sie mußten sich vielmehr zu strenger Geheimhaltung verpflichten. Die durch Doping erzielten Leistungszuwächse wurden systematisch aus-

---

94 Ebenda, S. 179.

95 Vgl. Dokument in Anlage 3.

96 Vgl. u.a. die Berichte des IMB "Technik" (Höppner) und des IMS "Klaus Müller" (Hans-Henning Lathan).

gewertet. Besondere Forschungsprojekte befaßten sich mit der Entwicklung von Methoden zum 'Unterlaufen' der internationalen Dopingkontrollen; einige dieser Betrugsmethoden sind dann routinemäßig eingesetzt worden.

Der systematische Verstoß gegen die Regeln des internationalen Sports sowie der ärztlichen und wissenschaftlichen Ethik, aber auch gegen Gesetze der DDR wurde durch Sprachregelungen verschleiert und mit der politischen Zielsetzung und der weltanschaulich-moralischen Überlegenheit des eigenen politischen Systems begründet.[97]

II. Rechtstatsächliche und rechtsempirische Gesichtspunkte strafrechtlicher Verfolgung von DDR-Doping im wiedervereinigten Deutschland

"Doping in der DDR war Regierungskriminalität." Mit dieser Feststellung hat der Heidelberger Biologe Prof. Dr. Werner Franke auf die jetzt vorliegende Urteilsbegründung des Oberlandesgerichts Dresden im Fall des ehemaligen Gewichthebers Roland Schmidt reagiert. Dieser hatte mit Hilfe Frankes, der das systematische Doping in der DDR untersucht, die Sportmediziner Theodor Härtel und Hans-Henning Lathan sowie die Bundesrepublik Deutschland verklagt und war abgewiesen worden.[98]

Der Heidelberger Dopingbekämpfer nahm die Urteilsbegründung zum Anlaß, die Zentrale Ermittlungsstelle für Regierungs- und Vereinigungskriminalität (ZERV) in Berlin zu besonderem Engagement aufzufordern. Zu den Zielen der Ermittlungen der Berliner Staatsanwaltschaft gehörte im Mai 1996 auch die Praxis des Sportarztes Dr. Jochen Neubauer im Potsdamer Olympiastützpunkt, der zu den mutmaßlichen Verantwortlichen des DDR-Dopingsystems zählte. Im Zentrum der Ermittlungen gegen Ärzte, Funktionäre und Trainer

---

97 Vgl. Bericht der Enquete-Kommission "Aufarbeitung von Geschichte und Folgen der SED-Diktatur in Deutschland" des Deutschen Bundestages, Drucksache 12/7820, S. 84 f.

98 Vgl. unten Teil G. Kap. II. und III.

steht auch Manfred Ewald, einer der Architekten des DDR-Dopingstaatsplanthemas 14.25.

Doping lag im Interesse der staatlichen Organe der DDR. Über die Medikamentenvergabe zum Zwecke des Dopings heißt es im Schriftsatz des Oberlandesgerichts Dresden: "Daß dies vor der Öffentlichkeit, dem westlichen Ausland und möglicherweise auch vor einigen Mitgliedern des ZK der SED geheimgehalten wurde, ändert nichts daran, daß es sich bei der Dopingmittelvergabe um ein Staatsziel handelte. Dies ergibt sich zusätzlich daraus, daß die führenden Mitglieder des ZK Honecker, Mielke, Krenz sowie Ewald und Verner nicht nur Kenntnis von der Dopingvergabe hatten, sondern diese unterstützten und Hilfe sowohl in personeller wie in sachlicher Hinsicht leisteten."[99]

Bereits im August 1992 hatte Werner Franke Anzeige wegen Körperverletzung und Verstöße gegen das Arzneimittelgesetz der DDR und die Menschenrechte gegen einige Wissenschaftler erstattet: Zu ihnen gehören der als Leiter der geheimen Arbeitsgruppe "Unterstützende Mittel" und als Mitarbeiter des Staatssicherheitsdienstes (IM "Technik") tätige Manfred Höppner; Prof. Hansgeorg Hüller, der als klinischer Pharmakologe an der Berliner Charité arbeitete, Prof. Rüdiger Häcker, der an der Forschungsstelle für Körperkultur und Sport in Leipzig für Hormondoping verantwortlich war; der aus dem Sportmedizinischen Dienst der DDR an die Universität Bayreuth gewechselte Prof. Hartmut Riedel sowie Hans-Henning Lathan, Verbandsarzt im DDR-Gewichtheberverband.

Doping in der DDR beschäftigte auch den Bundesgerichtshof. In einem Präzedenzfall mußten sich die Bundesrichter erstmals mit einem Fall auseinandersetzen, in dem ein ehemaliger DDR-Sportler wegen gesundheitlicher Schäden aufgrund einer Dopingbehandlung nicht nur gegen seine damaligen Sportärzte, sondern auch gegen die Bundesrepublik Deutschland klagte. Das sächsische Oberlandes-

---

99 Urteil des Oberlandesgerichts Dresden, Aktenzeichen: 4 U 1226/95 vom 29.02.1996, S. 12, abgedruckt in: SpuRt 1997, S. 132-134, DtZ 1997, S. 291-294.

gericht (OLG) wies am 28. Februar 1996 zwar die Schmerzensgeldklage des Gewichthebers Roland Schmidt ab, gleichzeitig gaben die Richter aber dem Revisionsantrag des Klägers statt und damit den Weg zum Bundesgerichtshof frei.[100] Das Urteil des OLG Dresden ist durch Rücknahme der Revision nach mehrfacher Verlängerung der Revisionsbegründungsfrist rechtskräftig geworden.

Der ehemalige Gewichtheber Schmidt hatte in dem Verfahren gegen den Sportarzt des SC Einheit Dresden, Theodor Härtel, und den damaligen Chefarzt des DDR-Gewichtheberverbandes, Hans-Henning Lathan, geklagt. Außerdem sollte die Bundesrepublik für die Gesundheitsschäden inklusive des erhöhten Krebsrisikos haften. Der Sportler hatte während seiner aktiven Zeit das Anabolikum Oral-Turinabol erhalten. Daraufhin waren ihm weibliche Brüste gewachsen (Gynäkömastopathie), die 1983 operativ entfernt werden mußten und zwei fünf Zentimeter lange Narben hinterließen. Schmidt stritt ab, von den Nebenwirkungen gewußt zu haben.

Die beiden Ärzte wiesen die Vorwürfe zurück. Sie hätten den Sportler ordnungsgemäß aufgeklärt. Nach dem abschlägigen Urteil des Landesgerichtes Dresden[101] in erster Instanz war Schmidt mit seinen Anwälten in Berufung gegangen. Dopende DDR-Sportärzte können aber auch nach Auffassung des Oberlandesgerichtes nicht haftbar gemacht werden, da für sie DDR-Recht gelte.[102] Die Sportärzte hätten im staatlichen Einvernehmen gehandelt und seien in diesem Fall von der Haftung freigestellt. Auch die Bundesrepublik könne nicht in die Verantwortung genommen werden, da weder das Völkerrecht noch der Einigungsvertrag eine Verpflichtung zur Übernahme der DDR-Schulden aus Anlaß zur Einigung begründeten. Eine Übernahme staatlicher Schulden sei auf schwerwiegende Sonderfälle beschränkt, für die die Länder eintreten müßten.

---

100 Vgl. unten Teil G. Kap. III.

101 Urteil des Landgerichts Dresden, Geschäftszeichen: 6-0-2436/94 vom 21.06. 1995, S. 3 f.

102 Gemäß Art. 315 Abs. 1 EGStGB i.V.m. § 2 StGB ist auf in der DDR vor dem 3. Oktober 1990 begangene Straftaten grundsätzlich das Strafrecht der DDR anzuwenden, es sei denn, das bundesdeutsche Recht ist milder.

Eine die Haftung begründende Funktionsnachfolge liege ebenfalls nicht vor, da die Bundesrepublik das staatlich gelenkte Sportsystem der DDR nicht fortgeführt habe, hieß es in der Begründung des Oberlandesgerichts Dresden[103] weiter.[104]

III. Über das Ende der DDR hinausreichende Wirkungen und Folgen der Praktiken pharmakologischer Leistungssteigerung (Doping) und Situation der damaligen Trainer

Nach den üblichen Kriterien der Öffentlichkeit für sportlichen Erfolg (Siege, Medaillen) war der Sport der DDR international erfolgreich.

Nach dem Kollaps des SED-Staates 1989 ist zwar bekannt und dokumentarisch belegt worden, daß die Erfolge des DDR-Sports nicht nur auf einer umfassenden staatlichen Talentselektion und einem quasi-militärischen Drill von Kind an beruhte, sondern vor allem auch auf dem rigorosen Einsatz von diversen Dopingmitteln, besonders männlichen Hormonen und Aufputschmitteln.[105]

Die hierzu von Sportmedizinern und Pharmakologen in der DDR entwickelten Techniken der Anwendung und besonders auch der Umgehung der internationalen Dopingkontrollen sind jedoch mit dem Ende der DDR nicht verschwunden, sondern haben sich in zum Teil noch verfeinerter Form ausgebreitet, nicht nur in Deutschland, sondern auch in anderen Ländern.[106]

Besonders auffällige Beispiele sind etwa positive Dopingbefunde von ursprünglich nur in der DDR hergestellten und eingesetzten anabolen Steroiden wie Oral-Turinabol (etwa 1995 bei der in den USA

---

103 Urteil des Oberlandesgerichts Dresden, Aktenzeichen: 4 U 1226/95 vom 29.02.1996.

104 Vgl. unten Teil G. Kap. III.

105 Vgl. Franke, Funktionen und Instrumentalisierung des Sports in der DDR, S. 966-969.

106 Vgl. ebenda.

lebenden deutschen Weitspringerin Susen Tiedtke) oder "STS 646" (etwa 1993 bei dem USA-Kugelstoß-Olympiasieger Mike Stulce) bzw. der von DDR-Biochemikern entworfene Einsatz von Dihydrotestosteron (etwa 1994 bei acht chinesischen Spitzensportlerinnen, darunter zwei Schwimmweltmeisterinnen, bei den Asienspielen in Japan).

Auch sind nicht nur viele der bekanntermaßen im Dopingsystem der DDR tätig gewesenen Trainer, sondern auch Sportmediziner erstaunlich schnell wieder in lukrative Stellungen des Sports übernommen worden, so am FKS-Nachfolge-Institut für Angewandte Trainingswissenschaften (IAT) in Leipzig (z. B. Frau Dr. Gudrun Fröhner), beim Landessportbund Berlin (z. B. Dr. Hans-Joachim Wendler), an Universitäten (z. B. Prof. Dr. Hans Gürtler in Greifswald) oder in sportnahen Institutionen (z. B. Dr. Jochen Neubauer in Potsdam) und bei den diversen Sportverbänden in Deutschland, aber auch in vielen anderen Staaten. Auffällig ist auch eine zunehmende Verbreitung DDR-typischer, jetzt national formulierter Argumente für eine Fortführung DDR-typischer, weil "erfolgreicher" Praktiken in der deutschen Sportöffentlichkeit.

Abbildung 5:

Einige der wichtigsten Inoffiziellen Mitarbeiter des MfS unter den Sportmedizinern und Sportwissenschaftlern und ihr Beschäftigungsverhältnis nach 1989:

Deckname	Bürgerlicher Name / Funktion
IMB »Technik«	OMR Dr. Manfred Höppner Stellvertretender Dir. des SMD, Mitglied medizinischer Kommissionen und Dopingkontrollausschüsse mehrerer internationaler Sportverbände
IM »Wolfgang Heinze«	Dr. Wolfgang Rockstroh Stellvertretender Dir. des SMD, Mitglied medizinischer Kommissionen mehrerer internationaler Sportverbände
IME »Meschke«	Dr. Claus Clausnitzer Direktor des Zentralen Doping-Kontroll-Labors in Kreischa, Mitglied der Medizinischen Kommission des IOC
IMS »Klaus Müller«	Dr. Hans-Henning Lathan Arzt und Forscher am FKS, Chefarzt des Gewichtheber-Verbandes, Mitglied der Medizinischen Kommission des Internationalen Gewichtheber-Verbandes
IM »Rolf«	Dr. Lothar Kipke Chefarzt des Schwimm-Verbandes der DDR, Mitglied der Medizinischen Kommission des Internationalen Schwimm-Verbandes
IMS »Hans Georg Meier«	Prof. Dr. Hans Gürtler Chefarzt und Medizinischer Direktor des FKS
IM »Hartmut Schuster«	Dr. Hartmut Riedel Sportmediziner in Jena, Chefarzt der DDR-Leichtathletik-Auswahl
IM »Till Kramer«	Dr. Jochen Neubauer Sportarzt beim ASK Potsdam
IM »Peter Wilke«	Dr. Hans-Joachim Wendler Sportarzt beim SC Dynamo Berlin

Zur Abhängigkeit der Rekorde von androgenen Hormonen bemerken die Sachverständigen Brigitte Berendonk und Werner Franke zu Recht: "Die Abhängigkeit der Rekorde von androgenen Hormonen in den kraftabhängigen Disziplinen der Männer und in fast allen Frauendisziplinen läßt sich heute im Umkehrschluß an den weltweit deutlich gesunkenen Spitzenleistungen belegen. Seit der Einführung von - verbesserungswürdigen - Trainingskontrollen 1989 ist der 'Niedergang' vor allem im Kugelstoßen, Diskus- und Speerwurf der

Frauen deutlich - Disziplinen, die seit jeher als aussagekräftige Indikatoren für Hormondoping gelten. So wäre Kugelstoßerin Astrid Kumbernuß mit ihrer Goldmedaillen-Leistung bei den Olympischen Spielen von Atlanta 1996 vier Olympiaden früher, 1980 in Moskau, nur auf Platz sechs gekommen. Bei jenen Spielen stieß die mit Oral-Turinabol und Nandrolon gedopte Ilona Slupianek fast zwei Meter weiter, gewann Gold und stellte mit 22,45 m den noch heute gültigen deutschen Rekord auf."[107]

Der Trend beweist allerdings nicht, daß die besten Athleten heute dopingfrei sind. Studien von DDR-Wissenschaftlern weisen zudem darauf hin, daß bei Mädchen und Frauen nach Beginn der Virilisierung ein erhöhtes Kraftniveau auch nach Absetzen der Hormone erhalten bleibt. So ziehen manche Spitzenathletinnen der ehemaligen DDR noch heute "Vorteile" aus der systematischen pharmakologischen Manipulation ihres Körpers.[108]

In den Jahrbüchern der Verbände stehen ohnehin die alten Rekorde als gültige Bestmarken, und daran wird sich so schnell wenig ändern. So bleibt es wohl auch in naher Zukunft eher Sache der Gerichte und der Wissenschaft, das Hormon-Doping und seine Folgen aufzuklären, wenn Sportfunktionäre weiterhin in Schweigen verharren.

IV. Zusammenfassung

Als verantwortliche staatliche Organe der Dopingforschung und -anwendung zeichnen das Staatssekretariat für Körperkultur und Sport, die Leistungssportkommission, die Akademie der Wissenschaften der DDR, das Ministerium für Gesundheitswesen und das Ministerium für Chemische Industrie.[109]

Die Feststellung der Unabhängigen Doping-Kommission des DSB unter dem Vorsitz von Heinrich Reiter, daß die systematische Anwendung von Dopingmitteln im Trainingsprozeß, insbesondere von Ana-

---

107 Berendonk/Franke, Hormondoping als Regierungsprogramm, S. 184.

108 Vgl. ebenda, S. 184 f.

109 Vgl. auch Spitzer, Doping in der DDR, S. 109 ff. und 123 ff.

bolika, und ihr kontrolliertes Absetzen vor bedeutenden internationalen Wettkämpfen in das Gesamtkonzept des staatlich organisierten Leistungssports in der ehemaligen DDR eingeordnet war, wird anhand ausgewerteter Unterlagen des BStU und der ZERV belegt.

Festzustellen ist weiter, daß im Gebiet der ehemaligen DDR der Dopinggebrauch zur Entwicklung sportlicher Höchstleistungen systematisch und spartenspezifisch differenziert eingesetzt wurde. Er war staatlich-zentralistisch verordnet - siehe oben Staatsplanthema 14.25 - und kontrolliert sowie wissenschaftlich begründet.

Die Dopingkontrolle fand im ZDKL Kreischa statt, die Erforschung im FKS Leipzig, die Einsetzung und Genehmigung erfolgte durch den Leistungssportbereich II, Hauptverantwortlicher: OMR Dr. Manfred Höppner.

Durch Doping-Ausreisekontrollen wurde das Risiko im Hinblick auf internationale Wettkämpfe minimiert. Um auf die Ausreisekontrollen (Urinproben) in Zukunft verzichten zu können, regten verschiedene Verantwortliche im Dopingsystem die Anwendung von Testosteron anstelle von Oral-Turinabol an.

Anhand der ausgewerteten Unterlagen dürfte feststehen, daß insbesondere im Schwimmverband der DDR **systematisch** mit Dopingpräparaten, auch an minderjährigen Schwimmerinnen, gearbeitet wurde und damit den Straftatbestand der vorsätzlichen Körperverletzung erfüllt.[110]

Gemäß Art. 315 Abs. 1 EGStGB i.V.m. § 2 StGB ist auf in der DDR vor dem 3. Oktober 1990 begangene Straftaten grundsätzlich das Strafrecht der DDR anzuwenden, es sei denn, das bundesdeutsche Recht ist milder.[111]

---

110 Vgl. unten Teil D. Kap. III. 2.

111 Vgl. unten Teil D. Kap. II. 3.

C. Staatlich organisiertes Doping - ein Verstoß gegen die DDR-Verfassung

I. Das Menschenbild und die Grundrechte in der DDR-Verfassung

Es soll in diesem Kapitel der Frage nachgegangen werden, ob die staatlichen Dopingprogramme in der DDR Verstöße gegen das Menschenbild und die Grundrechte in der Verfassung der DDR waren.

Das Menschenbild der DDR-Verfassung wird durch die Grundlagen des Marxismus-Leninismus geprägt.[112] Aus dieser Sicht liegt das Wesen des Menschen nicht in der jedem Individuum innewohnenden Fähigkeit, sich in sittlich gebundener Freiheit selbst zu entfalten, sondern es bestimmt sich nach dem, was die Menschen in ihrer Gesamtheit als Gattung in der Praxis ihres sozialen Zusammenlebens und im Wechsel der geschichtlichen Zustände jeweils hervorbringen. Insoweit besitzt der einzelne keine substantielle Eigenständigkeit, sondern er gilt lediglich als Produkt der sozialen Verhältnisse.[113]

---

[112] Vgl. Poppe, Eberhard, Der Verfassungsentwurf und die Grundrechte und Grundpflichten der Bürger, StuR, 1968, S. 532 ff.; ders., Zum sozialistischen Menschenbild in der Verfassung der DDR, StuR 1969, S. 1451 ff.; Burens, Peter-Claus, Die politische Funktion der Grundrechte in der DDR, Der Staat, 1974, S. 169 ff.; Autorenkollektiv, Grundrechte des Bürgers in der sozialistischen Gesellschaft, Berlin (Ost) 1980.

[113] Vgl. Autorenkollektiv, Staatsrecht der DDR, 2. Aufl., Berlin (Ost) 1984; Klenner, Hermann, Marxismus und Menschenrechte, Berlin (Ost) 1982, S. 18 ff.; Luchterhand, Otto, Allgemeiner Status des Staatsbürgers in der Deutschen Demokratischen Republik, in: Klein, Eckart, Bürger und Staat. Materialien zur Lage der Nation, hrsg. vom Bundesministerium für innerdeutsche Beziehungen, 1990, S. 15-22; Brunner, Georg, Einführung in das Recht der DDR, 2. Aufl., München 1979, S. 85 ff.; Sontheimer, Kurt/Bleek, Wilhelm, Die DDR. Politik – Gesellschaft - Wirtschaft, 5. Aufl. 1979, S. 124 ff.; Gornig, Gilbert-Hanno, Meinungsäußerungsrecht und Pressefreiheit nach marxistisch-leninistischem Grundrechtsverständnis, in: ROW, 31 (1987), S. 79-90; ders., Äußerungsfreiheit und Informationsfreiheit als Menschenrechte, zugl.: Würzburg, Universität, Habil.-Schr., 1986, Berlin 1988, S. 125 ff. m.w.N.; Mampel, Siegfried, Die sozialistische Verfassung der Deutschen Demokratischen Republik, Kommentar, 2. Aufl. Frankfurt a.M. 1982.

Die Würde des Bürgers in der DDR leitet sich somit aus dem erreichten Entwicklungsstand des Staates ab. Mit anderen Worten: Die "sozialistische Persönlichkeit" ist eine Funktion der zu gestaltenden "sozialistischen Gesellschaft". Nicht absolut, sondern nur in diesem relativen Bezug und nur als "sozialistische Lebensweise der Bürger" schützt die DDR-Verfassung die "freie Entwicklung des Menschen", seine "Würde" und "Freiheit der Persönlichkeit" (Art. 4, Art. 19 Abs. 2 und 3, Art. 30 Abs. 1). Art. 35 Abs. 1 garantiert das Recht jedes Bürgers auf Schutz seiner Gesundheit.[114]

Vor diesem ideologischen Hintergrund wird zugleich die soziale Funktion der Grundrechte in der DDR sichtbar. Die Grundrechte sollten keine "Freiheit vom Staat", sondern eine "Freiheit zum Staat" gewähren, die inhaltlich auf der "Einsicht in die Notwendigkeiten der gesellschaftlichen Entwicklung" beruht.

Weil die Mitgestaltung in der sozialistischen Gesellschafts- und Staatsordnung sich nach der Notwendigkeit richten muß, die sich aus der angeblich "objektiven Gesetzmäßigkeit der gesellschaftlichen Entwicklung" ergibt, und diese "Gesetzmäßigkeit" nur von der marxistisch-leninistischen Parteiführung erkannt werden kann, muß eine kritische Betrachtung zum Ergebnis gelangen, daß die von den sozialistischen Grundrechten verlangte Betätigung der Bürger sich nur innerhalb der Grenzen bewegen darf, die ihr von der Parteiführung gesetzt sind. Die sozialistischen Grundrechte werden durch die Suprematie der marxistisch-leninistischen Parteiführung immanent beschränkt und sind auf dieser Grundlage beliebig einschränkbar. Eine verfassungsrechtliche Wesensgehaltssperre besteht nicht.[115]

In der DDR gab es weder eine Verfassungsgerichtsbarkeit noch eine Verwaltungsgerichtsbarkeit. Die Frage, ob die Gerichte der DDR als Organe angesehen werden können, die im Falle einer eventuellen

---

[114] Verfassung der Deutschen Demokratischen Republik vom 6. April 1968 in der Fassung des Gesetzes zur Ergänzung und Änderung der Verfassung der Deutschen Demokratischen Republik vom 7. Oktober 1974, GBl. I, 432. Auszüge aus der DDR-Verfassung siehe Anlage 9.

[115] Vgl. auch Gornig, Äußerungsfreiheit und Informationsfreiheit als Menschenrechte, S. 128 f. m.w.N.

Erweiterung der Zulässigkeit des Rechtsweges auf Grundrechtsverletzungen einen Rechtsschutz gewähren könnten, der die sozialistischen Grundrechte zu subjektiven Rechten im hergebrachten Sinne machen würde, braucht daher nicht erörtert zu werden. Sie wäre aber zu verneinen. Denn die Gerichte in der DDR sind als Bestandteile der einheitlichen sozialistischen Staatsmacht vor allem mit dem obersten Machtorgan nach dem Prinzip der Gewalteneinheit untrennbar verbunden, nicht Organe, die mit den Attributen der Unabhängigkeit ausgestattet sind. Es fehlt also damit eine unabdingbare Voraussetzung des subjektiven Rechts.[116] Der persönliche Rechtsschutz des einzelnen rangiert hinter den gesamtgesellschaftlichen Interessen. Nur wo diese nicht entscheidend tangiert werden, haben die Grundrechte eine begrenzte Schutzfunktion auch für das Individuum.[117]

II. Ergebnis

In Anbetracht dieser sozialistischen Grundrechtskonzeption ist es nicht weiter verwunderlich, daß die Grundrechte in der Praxis der Rechtsanwendung in der DDR kaum eine Rolle spielten. Die Partei fühlte sich in der DDR berufen zu bestimmen, was im Gesellschaftsinteresse liege und inwieweit die Rechte des einzelnen zugunsten des Gesellschaftsinteresses eingeschränkt werden mußten. Aus dieser Grundrechtskonzeption ergibt sich, daß der gesellschaftliche Zweck die immanente Schranke aller Grundrechte war. Ein Wesensgehalt der Grundrechte, in den nicht eingegriffen werden darf, gab es nicht.

Die Bedeutung der Grundrechte lag vornehmlich auf propagandistischem Gebiet. Die Grundrechte standen unter einem Verfassungsvorbehalt, der sich praktisch in den vage gehaltenen Bestimmungen des politischen Strafrechts und in den durch Sondergesetze festgelegten Einschränkungen auswirkte.

---

116 Vgl. Mampel, Die sozialistische Verfassung, S. 552 f.; Brunner, Einführung in das Recht der DDR, S. 88 ff.

117 Sontheimer/Bleek, Die DDR, S. 125.

Das staatsrechtliche Schrifttum der DDR war darum bemüht, die Vereinbarkeit der Menschenrechte mit der sozialistischen Grundrechtskonzeption nachzuweisen und die Menschenrechte für außenpropagandistische Zwecke nutzbar zu machen.[118] Der Internationale Pakt über bürgerliche und politische Rechte geht von der Vorstellung angeborener, vorstaatlicher und unveräußerlicher Menschenrechte im klassischen[119] Sinne aus, die vom Marxismus-Leninismus zurückgewiesen wurde.[120] Die sozialistische Grundrechtslehre betonte, daß nicht die grundrechtliche Sicherung einer staatsfreien Sphäre des Bürgers Sinn und Zweck der Grundrechte sei, sondern die bewußte Einfügung in die Gesellschaft.[121]

Die Grundrechte der DDR standen unter einem Verfassungs- und Gesetzesvorbehalt. Dennoch wurde durch das Dopingprogramm als staatliches Handeln gegen das in der DDR-Verfassung festgeschriebene Menschenbild und die Grundrechte im klassischen Sinne verstoßen und damit gegen die Art. 4, 19 Abs. 2 und 3, Art. 30 Abs. 1 sowie Art. 35 Abs. 1 der DDR-Verfassung.

In der DDR ergab sich die Berechtigung des Bürgers, sich auf die Grundrechte zu stützen, aus Art. 105 der Verfassung, der bestimmte, daß die Verfassung "unmittelbar geltendes Recht" ist.[122]

---

118 Vgl. Süss, Herbert, The GDR and Human Rights, in: The German Democratic Republic - 10 Years United Nations Membership, Dresden 1983; Poppe, Eberhard, Zur Entwicklung sozialistischer Menschenrechte - Rückbesinnung und Ausblick, in: DDR-Komitee für Menschenrechte, Schriften und Informationen, Heft 1/89, Berlin (Ost) 1989, S. 17 ff.; Ipsen, Knut, Die Selbstdarstellung der DDR vor internationalen Menschenrechtsorganisationen, in: Materialien der Enquete-Kommission "Aufarbeitung von Geschichte und Folgen der SED-Diktatur in Deutschland", hrsg. vom Deutschen Bundestag, Bd. IV, Baden-Baden 1995, S. 547-583.

119 Zu der Vorstellung angeborener, vorstaatlicher und unveräußerlicher Menschenrechte vgl. Gornig, Äußerungsfreiheit und Informationsfreiheit, S. 6 ff. und S. 101 ff. m.w.N.

120 Vgl. Gornig, Äußerungsfreiheit und Informationsfreiheit, S. 125 ff.; siehe auch unten Teil E. Kap. II. und III.

121 Vgl. so z. B. Poppe, Eberhard, Die Selbstbestimmung der Deutschen und die Menschenrechte in der DDR, in: Deutsche Außenpolitik, 1968, S. 548 ff.

122 Vgl. auch Mampel, Die sozialistische Verfassung, S. 1329 ff. m.w.N.

D. Strafrechtliche Sanktionen bei Manipulationen zur Leistungssteigerung im Sport (Doping)

I. Probleme des Dopings in strafrechtlicher Hinsicht und Erfordernis einer "Anti-Doping-Gesetzgebung"

Nachdem in der jüngeren Vergangenheit immer häufiger über Doping, "sauberen Sport" und die Sanktionierung von schädlichen Folgewirkungen der bekanntgewordenen Manipulationen zur Leistungssteigerung im Sport berichtet worden ist, wird auch über eine spezielle "Anti-Doping-Gesetzgebung" diskutiert.[123]

Während etwa in Frankreich, Belgien und Griechenland spezielle Anti-Doping-Gesetze erlassen wurden, die auch Strafbestimmungen beinhalten, hat der bundesdeutsche Gesetzgeber bisher auf ein spezielles Dopinggesetz bzw. bestimmte Dopingvorschriften im StGB verzichtet. Dies bedeutet jedoch nicht, daß dieser Komplex vom deutschen Recht nicht erfaßt wäre. Im staatlichen Recht sind - anders als im Verbandsrecht - Bestimmungen aus dem Strafgesetzbuch, dem Betäubungsmittelgesetz (BtMG) und dem Arzneimittelgesetz (AMG) zu beachten.

Zweck der Aufnahme eigener "Dopingvorschriften" in das Strafgesetzbuch (StGB) oder eines eigens zu schaffenden Spezialgesetzes ("Anti-Doping-Gesetz")[124] wäre neben dem Schutz der Gesundheit des Athleten, die bereits schon durch die Körperverletzungstatbestände des StGB geschützt ist, die Verhinderung von Chancenungleichheit im Sport und die Erhaltung des Ansehens der Sportart (Stichwort: "Sauberer Sport").

Die Errichtung eines eigenen Anti-Doping-Gesetzes, das allein auf den Schutz der Gesundheit als Rechtsgut abstellt, erscheint allerdings nicht zweckmäßig. Denn die Gesundheit wird - wie noch zu zeigen ist - hinreichend durch die §§ 223 und 230 StGB (Körperverletzung bzw. fahrlässige Körperverletzung) geschützt. Außerdem dürften dann von allen Maßnahmen, die geeignet sind, die sportliche Lei-

---

[123] Vgl. auch Turner, ZRP 1992, S. 121 ff.

[124] Vgl. dazu Wagner, ZRP 1992, S. 369 ff (370).

stung zu beeinflussen, nur diejenigen verboten werden, die für die Gesundheit tatsächlich schädlich sind. Es entstünden Abgrenzungsprobleme, die im Lichte des Bestimmtheitsgrundsatzes im Strafrecht vom Gesetzgeber kaum praxisgerecht lösbar sein dürften. Im übrigen wäre nicht einzusehen, warum Maßnahmen gegen den Medikamentenmißbrauch nur im Sport ergriffen werden, während dem Alkohol-, Nikotin- oder Medikamentenmißbrauch allgemein in der Bevölkerung eine größere Rolle zukommt.

Es wird aber zu erwägen sein, die bestehenden Strafnormen im StGB sowie im Betäubungsmittelgesetz (BtMG) und im Arzneimittelgesetz (AMG) in geeigneter Weise zu ergänzen.

Der Unrechtsgehalt von Dopingverstößen im Sport ist maßgebend durch sport-ethische Aspekte zu begründen. Dem Gesetzgeber steht es frei, den Sport, insbesondere den Leistungssport, der eine gewichtige öffentliche, kulturelle und soziale Dimension in unserer Gesellschaft hat, auch als ein strafrechtlich zu schützendes Rechtsgut zu bestimmen. Er muß jedoch bei der Schaffung von speziellen Strafrechtsnormen die rechtsstaatlichen Prinzipien des Bestimmtheitsgebots und des Verhältnismäßigkeitsgrundsatzes beachten.

Es ist deshalb zu prüfen, ob ein so einschneidendes Mittel wie die Schaffung spezieller Strafrechtsnormen zur Eindämmung des gesundheitsschädlichen Dopings im Leistungssport erforderlich ist oder ob bereits die allgemeinen Strafrechtsnormen den Komplex des Dopings hinreichend erfassen.

In der Literatur[125] wird dazu die Ansicht vertreten, auch angesichts derzeit unzulänglicher gesetzlicher Regelungen sei ein eigenständiges staatliches Anti-Doping-Gesetz mit strafbewehrtem Dopingverbot ein unverhältnismäßiger Eingriff in das Autonomierecht des Sports. Die Freiheitsrechte der Sportler und der weiteren Beteiligten, wie etwa der Trainer und Betreuer, würden unverhältnismäßig eingeschränkt.

Sinnvoll und erforderlich wäre ein entschiedeneres Einschreiten gegen die Verwendung von gefährlichen Dopingmitteln, insbesondere

---

[125] Vgl. Linck, MedR 1993, S. 55 ff. (62); Ahlers, Doping und strafrechtliche Verantwortlichkeit, insb. S. 204-219; Turner, ZRP 1992, S. 122 f. m.w.N.

der anabolen Steroide. Durch staatliche Gesetzgebung sollten die Anti-Doping-Bemühungen des Sports unterstützt werden, wo die Mittel und Instrumente des autonomen Sports nicht mehr ausreichen.[126] In diesem Sinne ist es erwägenswert, die anabolen Steroide in die Anlagen des BtMG aufzunehmen. Die mangelhafte Eindämmung der wohl noch steigenden Flut des Anabolikamißbrauchs liegt nicht zuletzt am Fehlen wirksamer zusätzlicher staatlicher Maßnahmen.[127]

II. Allgemeine Rechtsfragen

1. Rechtsordnung und Staatennachfolge - Folgerungen für den Beitritt der DDR zur Bundesrepublik Deutschland

Im Rahmen der Kodifikationstätigkeit der Vereinten Nationen wurden 1978 und 1983 die UN-Konventionen über die Staatennachfolge in völkerrechtliche Verträge (1978)[128] und in das Vermögen, die Archive und die Schulden (1983)[129] jeweils auf dazu einberufenen Staatenkonferenzen verabschiedet. Die beiden Regelwerke befassen sich mit wichtigen Aspekten der Staatensukzession.[130]

---

126 Vgl. unten Teil H.

127 Ahlers, Doping und strafrechtliche Verantwortlichkeit, S. 219. Es wäre sowohl für die Regierungen als auch für die Parlamente erforderlich, die Bekämpfung von Doping zu verstärken, insbesondere auch zu kontrollieren, was mit den staatlichen Mitteln der Sportförderung in der Praxis geschieht. Vgl. hierzu auch die "Entschließung des Rates der EG und der im Rat vereinigten Vertreter der Regierungen der Mitgliedsstaaten über eine Gemeinschaftsmaßnahme zur Bekämpfung von Doping im Sport" vom 03.12.1990, Amtsbl. der EG 1990, Nr. G 329, S. 4 f.

128 Text in: ILM 17, (1978), S. 1488 ff.

129 Text in: ILM (1983), S. 306 ff.

130 Vgl. Silagi, Michael, Staatsuntergang und Staatennachfolge mit besonderer Berücksichtigung des Endes der DDR, zugl.: Göttingen, Univ., Habil.-Schr., 1996, Frankfurt/a.M. 1996, S. 13 ff.; Poeggel, Walter, Kapitel 4 (Zu allgemeinen Bestimmungen beider Nachfolgekonventionen), in: Poeggel, Walter/ Meißner, Rolf, Staatennachfolge im Völkerrecht, Frankfurt a.M./Berlin 1986, S. 78 ff.

Das Ergebnis war die "Wiener Konvention über die Staatennachfolge in Verträge". Am 8. April 1983 wurde - wiederum aufgrund von Vorarbeiten durch die Völkerrechtskommission - am Ende einer sechswöchigen Konferenz das "Wiener Übereinkommen über Staatennachfolge in Staatsvermögen, Staatsarchive und Staatsschulden" verabschiedet.[131]

Die Rechtsordnung in dem von der Staatensukzession betroffenen Gebiet leitet sich nach der Statusänderung vom Sukzessor, d. h. Nachfolgestaat, ab. Die völkerrechtlichen Grenzen seiner Rechtsetzungsbefugnis hängen weitgehend mit der Frage der "wohlerworbenen Rechte"[132] zusammen und stehen damit in Zusammenhang mit der Behandlung der Nachfolge in die Aktiva und Passiva des Vorgängerstaates. Selbstverständlich sind fallweise Vereinbarungen über den Umfang der Rechtsangleichung möglich.

So hat beispielsweise die Bundesrepublik Deutschland am 3. Oktober 1990 grundsätzlich ihre Rechtsordnung auf die ehemalige DDR erstreckt. Nach Art. 9 Abs. 1 des Einigungsvertrags zwischen der DDR und der Bundesrepublik Deutschland[133] galt nach dem 3. Oktober 1990 solches DDR-Recht als Landesrecht weiter, welches nach der Kompetenzordnung des Grundgesetzes Materien der Länder oder nicht bundeseinheitlich geregelte Gegenstände betraf, die nach der Kompetenzordnung des Grundgesetzes Bundesrecht wären. Voraussetzung war, daß dieses Recht mit dem Grundgesetz (ohne Berücksichtigung des Art. 143 GG[134]), mit im Beitrittsgebiet in Kraft gesetzten Bundesrecht und mit unmittelbar geltendem EG-Recht vereinbar

---

131 Vgl. Silagi, Staatsuntergang und Staatennachfolge, S. 13 ff.

132 Vgl. zur Bedeutung der Rechtskontinuität für das Problem der "wohlerworbenen Rechte" Silagi, Staatsuntergang und Staatennachfolge, S. 15 ff.

133 Vertrag vom 31. August 1990 zwischen der Bundesrepublik Deutschland und der Deutschen Demokratischen Republik über die Herstellung der Einheit Deutschlands - Einigungsvertrag -, BGBl. II 1990, 889.

134 Art. 143 Abs. 1 und 2 GG in der Fassung des Art. 4 Nr. 5 EinigungsV erlaubte im Beitrittsgebiet für eine Übergangszeit Abweichungen von Bestimmungen des Grundgesetzes.

war.[135] Sonstiges DDR-Recht, das die Gesetzgebungszuständigkeit des Bundes betraf, galt nur insoweit fort, als es in Anlage II zum Vertrag angeführt wurde.[136] Gemäß Anlage II konnte auch Landesrecht aufrechterhalten werden, das nur unter Berücksichtigung des Art. 143 GG verfassungsgemäß war.[137]

Im übrigen dekretierte Art. 8 Einigungsvertrag die grundsätzliche Einführung des Bundesrechts im Beitrittsgebiet, soweit nicht durch den Vertrag, insbesondere dessen Anlage I, etwas anderes bestimmt war. In Anlage I finden sich Maßgaben zu einer zeitlich abgestuften, für einen Übergangszeitraum modifizierten Inkraftsetzung von einzelnen Normenkomplexen.[138]

2. *Völkerrechtliche Verträge beim Staatsuntergang*

Der Beitritt der DDR zur Bundesrepublik Deutschland am 3. Oktober 1990 stellte sich als Untergang durch Inkorporation in einen fortbestehenden anderen Staat dar.[139]

---

135 Art. 10 des Vertrags enthält dann Klarstellungen zu Geltung des EG-Rechts im Beitrittsgebiet.

136 Zum Rechtsrang der fortgeltenden DDR-Normen vgl. Lerche, Peter, Fortgeltung von DDR-Recht und Gesetzesvorbehalt, Festschrift Herbert Helmrich, 1994, S. 57 (69).

137 Vgl. auch Silagi, Staatsuntergang und Staatennachfolge, S. 16.

138 Vgl. Degenhart, Christoph, Deutsche Einheit und Rechtsangleichung - Öffentliches Recht, JuS 1993, S. 627 ff.; Fiedler, Wilfried, Zur rechtlichen Bewältigung von Revolutionen und Umbrüchen in der staatlichen Entwicklung Deutschlands, in: Der Staat 32 (1992), S. 436-453.

139 Vgl. Silagi, Staatsuntergang und Staatennachfolge, S. 87 f.; Blumenwitz, Dieter, Staatennachfolge und die Einigung Deutschlands (Teil 1), Kulturstiftung der deutschen Vertriebenen (Hrsg.), Berlin 1992; ders., Der Vertrag vom 12.09.1990 über die abschließende Regelung in bezug auf Deutschland, NJW 1990, S. 3041 ff.; Stern, Klaus, Der Staatsvertrag im völkerrechtlichen und verfassungsrechtlichen Kontext, in: Stern, Klaus/Schmidt-Bleibtreu, Bruno, Staatsvertrag zur Währungs-, Wirtschafts- und Sozialunion, Berlin 1990, S. 3 ff. Zum Schicksal völkerrechtlicher Verträge beim Staatsuntergang vgl. insb. Silagi, Staatsuntergang und Staatennachfolge, S. 89 ff.

Gewiß gab es Autoren, die den Beitritt der DDR zur Bundesrepublik nach Art. 31 der Wiener Konvention von 1978 behandelt sehen wollten und daher zunächst vom Fortbestand der DDR-Verträge ausgingen. Aber die herrschende Lehre und ihr folgend die überkommene Staatenpraxis[140] führt zu dem Ergebnis, daß bei einer Inkorporation die völkerrechtlichen Verträge des beitretenden Staates regelmäßig erlöschen.[141]

Wendet man auf den Beitritt der DDR zum freien Teil Deutschlands die Regeln des Völkergewohnheitsrechts an, so gilt folgendes: Beim Staatenuntergang durch Inkorporation erlöschen die Verträge des eingegliederten Völkerrechtssubjekts; die Verträge des Nachfolgestaates werden auf das Beitrittsgebiet erstreckt.[142]

3. *Strafanwendungsrecht*

Für sämtliche "Alttaten", d. h. vor Inkrafttreten des Einigungsvertrags[143] in der DDR begangene Delikte, stellte sich zunächst die Frage nach dem anzuwendenden Strafrecht. Während zur Tatzeit das DDR-Strafrecht Geltung beanspruchte, wurde mit dem 3. Oktober 1990 gemäß Art. 8 EinigungsV grundsätzlich das Strafrecht der Bundesrepublik Deutschland gesamtdeutsch verbindlich.[144] Das Recht der DDR konnte also "an sich" nicht mehr angewendet werden, zugleich wäre die ausschließliche Beurteilung nach dem bundesdeut-

---

140 Vgl. Wittkowski, Ralf, Die Staatensukzession in völkerrechtliche Verträge unter besonderer Berücksichtigung der Herstellung der staatlichen Einheit Deutschlands, Frankfurt/a.M. 1992, S. 59 ff. und die dort angeführten Beispiele.

141 Vgl. Frowein, Jochen, Deutschlands aktuelle Verfassungslage: Die Verfassungslage Deutschlands im Rahmen des Völkerrechts, in: VVDStRL 49, 1990, S. 27 ff.; Fastenrath, Ulrich, Der deutsche Einigungsvertrag im Lichte des Rechts der Staatennachfolge, ÖZöRV 44, (1992), S. 1 ff.

142 Vgl. auch Silagi, Staatsuntergang und Staatennachfolge, S. 135; näheres dazu Teil G. Kap. II.2.b.

143 BGBl. II 1990, 889.

144 Die gemäß Art. 9 Abs. 2 EinigungsV in Verbindung mit dessen Anlagen I und II fortgeltenden Bestimmungen des DDR-Strafrechts sind im Zusammenhang der hier behandelten Deliktsgruppen nicht relevant.

schen Strafgesetzbuch mit dem grundgesetzlichen Rückwirkungsverbot[145] kaum vereinbar gewesen. Art. 315 Abs. 1 EGStGB[146] ordnet deshalb an:

> "Auf vor dem Wirksamwerden des Beitritts in der Deutschen Demokratischen Republik begangene Taten findet § 2 des Strafgesetzbuches [...] Anwendung."

Der genannte § 2 StGB wiederum regelt den zeitlichen Geltungsbereich der Strafgesetze, das sogenannte intertemporale Strafrecht. Im hier einschlägigen Abs. 3 heißt es:

> "Wird das Gesetz, das bei Beendigung der Tat gilt, vor der Entscheidung geändert, so ist das mildeste Gesetz anzuwenden."

Über diese Verweisungstechnik hat der Gesetzgeber die weitgehende Ersetzung des DDR-Strafrechts durch das Strafrecht der Bundesrepublik einer nationalen Gesetzesänderung zwischen Tatbeendigung und Aburteilung gleichgestellt. Die Ahndung des SED-Unrechts ist dem Meistbegünstigungsprinzip des intertemporalen Strafrechts unterworfen. Daraus ergibt sich eine differenzierte Prüfungsfolge.[147] In einem ersten Schritt ist die Strafbarkeit nach dem Recht der DDR zu prüfen, da es im Falle ihrer Verneinung bei der Straflosigkeit als "mildester" Variante bleibt. Falls dagegen Strafbarkeit nach Maßgabe des DDR-Rechts bejaht wird, muß in einem zweiten Schritt das einschlägige Verhalten unter bundesdeutsches Strafrecht subsumiert werden. Ist auch hiernach die Strafbarkeit zu bejahen, stellt sich drittens die Frage nach der sogenannten Unrechtskontinuität zwischen alter und neuer Norm. Es muß sichergestellt sein, daß die lex posterior, also der entsprechende StGB-Tatbestand, trotz formaler Subsumierbarkeit des einschlägigen Verhaltens auch materiell an das zur Tatzeit im DDR-Strafrecht vertypte Unrecht anknüpft. Nur

---

145 Art. 103 Abs. 2 GG.

146 BGBl. II 1990, 889 (954).

147 Zum maßgeblichen Verständnis der Regelungstechnik des Art. 315 EGStGB grundlegend BGH, Urteil v. 03.11.1992 - Az. 5 StR 370/92, BGHSt 39, 1 (6 ff.); zu abweichenden Auffassungen im Schrifttum, die freilich mit Wortlaut und Systematik des Gesetzes kaum vereinbar sind, siehe den Überblick bei Dreher/Tröndle, Strafgesetzbuch, Rn. 46 vor § 3.

so lassen sich Kollisionen mit dem Verbot rückwirkender Bestrafung ausschließen.[148]

Bei Individualrechtsgütern wie dem Leben oder der körperlichen Integrität ist dieser Prüfungsschritt unproblematisch. Er bereitet aber für Delikte mit Bezug auf staatlich-politische Einrichtungen und Institutionen erhebliche Schwierigkeiten. Wird eine Kontinuität des Unrechtstyps bejaht, bestimmt abschließend die insgesamt mildere Strafdrohung das anzuwendende Strafrecht.

Ausnahmen von diesem Vorgehen ergeben sich gemäß Art. 315 Abs. 4 EGStGB für den - seltenen - Fall, daß das Strafrecht der Bundesrepublik bereits vor Wirksamwerden des Beitritts auch für in der DDR begangene Taten gegolten hat.

III. Straftatbestände

1. Tötungsdelikte

Nicht selten führt die Verabreichung leistungssteigernder Substanzen, die hier mit "Doping" gemeint ist, nicht nur zu schweren körperlichen Schäden, sondern führt zum Tod des so behandelten Sportlers. Schätzungen gehen von über 100 Fällen aus, in denen bislang Sportler den Dopingtod gestorben sind.[149]

Einer der ersten bekanntgewordenen tragischen Todesfälle war der dänische Radamateur Knut Enemark Jensen bei den Olympischen Spielen 1960 in Rom. Er wurde Opfer einer Überdosis aufputschender "Renicol"-Tabletten.

Weitere Fälle folgten. So verstarb am 19. April 1987 nach einem zweitägigen Martyrium mit rasenden Schmerzen die Siebenkämpferin Birgit Dressel an den Folgen eines toxisch-allergischen Schocks.

---

148 Zum Erfordernis der Unrechtskontinuität im Kontext der Aufarbeitung von SED-Unrecht grundlegend BGH, Urt. v. 26.11.1992 - Az. 3 StR 319/92, BGHSt 39, 54 (67 ff.).

149 Vgl. Linck, NJW 1987, S. 2545.

a) Selbsttötung und Beteiligungsformen — Übergang der Tatherrschaft als Kriterium

Zu differenzieren ist zwischen Fällen der Verabreichung von Dopingsubstanzen durch Ärzte und Trainer ohne (genaue) Kenntnis des einnehmenden Sportlers von Zusammensetzung und Wirkungsweise des Mittels einerseits und andererseits solchen Fällen, in denen der Sportler ein Dopingmittel, das an ihn abgegeben wurde oder welches er sich verschafft hat, mit der Kenntnis der Zusammensetzung oder zumindest grob umrissenen Wissen um dessen Wirkungen und Risiken sich selbst verabreicht.

aa) Straflose Selbsttötung

Tötungsdelikte gem. §§ 212, 211 sowie 226 StGB richten sich gegen einen anderen[150]; Selbsttötung fällt nicht darunter und bleibt daher straflos.

Nimmt ein Sportler in freier Verantwortung ein Dopingmittel, dessen Risiko einer möglicherweise tödlichen Wirkung ihm in vollem Umfang bewußt ist, und führt diese Einnahme zu seinem Tod, so liegt mithin kein Tötungsdelikt, sondern der Fall einer straflosen Selbsttötung vor.

bb) Straflosigkeit der Teilnahme an der Selbsttötung

Die Straflosigkeit umfaßt auch die Teilnahme an der Selbsttötung[151]. Wurde das Dopingmittel dem Sportler also von einem Dritten (Betreuer, Arzt) beschafft und hat der Dritte den Sportler über die Risiken der Einnahme des Mittels und dessen Wirkungsweise aufgeklärt, so hat sich dieser ebenfalls nicht strafbar gemacht; eine strafbare Beihilfehandlung liegt nicht vor, weil es am Tatbestand der Haupttat

---

150 BGHSt 2, 152 (154); 13, 167 ff.; Dreher/Tröndle StGB Vorb. § 211 Rdnr. 4.

151 BGHSt 2, 152 (154); 13, 167 ff.; Dreher/Tröndle StGB Vorb. § 211 Rdnr. 4 m.w.N. aus der Rspr.; Gropp, Hans Suizidbeteiligung und Sterbehilfe in der Rechtsprechung, NStZ 95, 97 (99); Rehbach, Wilfried, Bemerkungen zur Geschichte der Selbstmordbestrafung, DRZ 1986, S. 241 (243); Schönke, Adolf/ Schröder, Horst, Kommentar zum Strafgesetzbuch, 25. Aufl. München 1997, Vorb. § 211 Rdnr. 33.

fehlt.[152] Dogmatisch erklärt sich dies, weil den Mitverursacher, mithin den verabreichenden Dritten, bei einem eigenverantwortlichen Handeln des sich selbst Tötenden keine Sorgfaltspflicht trifft.

Allerdings ist hier sorgfältig abzugrenzen, denn der Sichbeteiligende könnte im Einzelfall kraft überlegenen Sachwissens um die Risiken der Medikamenteneinnahme das Risiko des Dopenden besser erfassen als dieser selbst. In diesem Fall käme eine täterschaftliche Beteiligung am Tötungsakt in Betracht, die strafbar wäre.[153]

cc) Übergang der Tatherrschaft auf den Betreuer bzw. Dritten

Allein eine fahrlässige Mitverursachung der durch Doping herbeigeführten Selbsttötung - etwa durch mangelhaft sichere Verwahrung der Dopingsubstanzen - bleibt straflos, soweit sie im Falle einer vorsätzlichen Begehungsweise als Anstiftung oder Beihilfe, §§ 26, 27 StGB, zu werten wäre[154], da in solchen Fällen eine Verletzung der Sorgfaltspflicht zu verneinen wäre.

Die Frage der Tatherrschaft ist anders zu beurteilen, wenn ein Dritter über ein Wissen bezüglich der verabreichten Substanz verfügt, das über das des Konsumenten hinausgeht. Dann handelt es sich nicht mehr um die bloße Förderung einer sonst frei verantworteten Selbsttötung[155] des Konsumenten; vielmehr liegt dann bereits ein Übergang zur täterschaftlichen Fremdtötung vor. Ein dopender Arzt wird aufgrund seines überlegenen Wissens über die Wirkungsweise und die Risiken des in seinem Besitz befindlichen Dopingmittels die Tatherrschaft besitzen, wenn er es dem Sportler kommentarlos oder mit verharmlosender bzw. unvollständiger Aufklärung über Risiken

---

152 Vgl. Linck, MedR 1993, S. 57 f.; Turner, MDR 1991, S. 569 (572); Linck, NJW 1987, S. 2548; Otto, SpuRt, 1994, S. 10 (11).

153 Vgl. Dreher/Tröndle, StGB Vorb. § 211 Rdnr. 4; BGHSt 32, 265; Roxin, Claus, Täterschaft und Tatherrschaft, 5. Auflage München, Berlin 1990, S. 572 m.w.N.

154 BGHSt 24, 342 ff.; Dreher/Tröndle, StGB Vorb. § 211 Rdnr. 4; Schönke/Schröder/Eser, StGB Vorb. § 211 Rdnr. 35 m.w.N.

155 mit dolus eventualis.

und Nebenwirkungen aushändigt, überläßt oder anderweitig zugänglich macht. Wenn in solcher Fallgestaltung der Sportler die Dopingmittel sich selbst zuführt, handelt er mangels genauer eigener Kenntnis nicht eigen(-frei-)verantwortlich[156]. In solchen Fällen behält der verordnende Arzt die Tatherrschaft.

dd) Zwischenergebnis zur Selbsttötung

Bei Doping mit Todesfolge im Leistungssport ist zwischen strafloser Selbsttötung, die freilich nur von bedingtem Vorsatz (dolus eventualis) des dopenden Sportlers umfaßt sein kann, der die "äußerste" Möglichkeit einer Selbstschädigung um des Erfolgs willen billigend in Kauf nimmt, und Fremdtötung zu unterscheiden. Eine Beteiligung an einer Selbsttötung wäre straflos. Entscheidendes Abgrenzungskriterium zur (strafbaren) Fremdtötung durch Dritte, etwa Betreuer oder Ärzte, ist der Übergang der Tatherrschaft, der in der Regel am Vorhandensein und der Weitergabe des Wissens über Risiken und Nebenwirkungen der Dopingsubstanzen an den konsumierenden Sportler zu prüfen sein wird.

Sämtliche in das Gesamtsystem des Dopings in der DDR eingebundenen Ärzte und Trainer hatten das Tatgeschehen in der Hand - Tatherrschaft der Trainer und der Ärzte - und konnten den Tatablauf nach ihrem Willen hemmen oder geschehen lassen.

Nicht nur die dopenden Ärzte, sondern auch die Trainer, die in ihrem Auftrag Dopingpräparate verabreichten, unterlagen in der DDR einer strengen Aufklärungspflicht über Risiken und Nebenwirkungen der Substanzen gegenüber den Sportlern. In der Praxis erfolgte aber keine bzw. keine ausreichende Aufklärung. Den Sportlern sind somit ohne ihr Wissen oder zumindest ohne die erforderliche Aufklärung Anabolika verabreicht worden.

---

[156] Der Begriff der Eigenverantwortlichkeit bzw. Freiverantwortlichkeit ist im Zusammenhang mit Suizid in der Literatur umstritten, vgl. m.w.N. Schönke/ Schröder/Eser, StGB Vorb. § 211 Rdnr. 36 ff.

b) *Fremdtötung*

aa) *Totschlag (§ 212 StGB) und Mordqualifikation*

(1) *Tatbestand des Totschlags durch die Verabreichung von Dopingmitteln an Sportler*

Werden einem Sportler die zum Tode führenden Dopingmittel durch einen über die Tatherrschaft verfügenden Dritten verabreicht, so liegt ein Fall einer Fremdtötung vor.

In Betracht kommt ein Totschlag, § 212 StGB. Neben dem erfüllten objektiven Tatbestand, der Verursachung des Todes des gedopten Sportlers, und dessen Zurechnung muß der subjektive Tatbestand des § 212 StGB erfüllt sein. Das ist der Fall, wenn der verabreichende Dritte von den möglicherweise tödlichen Folgen der Einnahme des verabreichten Mittels gewußt hat und die Todesfolge zumindest billigend in Kauf genommen hat.

Rechtfertigungs- und Entschuldigungsgründe sind in den einschlägigen Fällen regelmäßig nicht ersichtlich.

(2) *Mordqualifizierende Merkmale*

Eine Qualifikation des Totschlags, § 212 StGB, zum Mord erfolgt bei Vorliegen der in § 211 StGB genannten Mordmerkmale. Mord ist die besonders verwerfliche Tötung eines anderen Menschen.[157] Es kommt daher bei der Verabreichung (zum Tode führender) Dopingmittel an Sportler durch Dritte auf die Begehungsweise der Tat sowie auf die Motivation des die Tatherrschaft ausübenden Dritten an.

Dabei kann je nach den subjektiven Vorstellungen des Täters der Tatbestand des Totschlags (§ 212 StGB) oder des Mordes (§ 211 StGB) erfüllt sein.

Die Mordmerkmale werden in drei Gruppen unterteilt, nämlich

- die Verwerflichkeit des Beweggrundes,
- die Art der Begehung sowie
- die Verwerflichkeit des deliktischen Zieles,

---

157 Dreher/Tröndle, StGB § 211 Rdnr. 1 f.

von denen die erste und zweite Gruppe jeweils einschlägig sein können.[158]

Im Hinblick auf die Verwerflichkeit des Beweggrundes kommt allein das Mordmerkmal der Habgier, also einem noch über die Gewinnsucht hinaus gesteigerten Gewinnstreben[159], in Betracht. Hierbei geht es als tatbeherrschendes, nicht notwendig alleiniges Motiv um die rücksichtslose Erlangung von dem Opfer zustehenden Vermögensgegenständen[160].

Wenn etwa der dopende Betreuer oder Arzt am finanziellen Erfolg des Sportlers beteiligt ist und diesen (auch) im Eigeninteresse steigern will, wird in der Literatur zum Teil die Verwirklichung des Mordmerkmals der Habgier i.S.d. § 211 Abs. 2 StGB angenommen[161].

Die Rechtsprechung und der überwiegende Teil der Literatur wollen aber die Verwirklichung von Mordmerkmalen nicht in einem Automatismus zur Verurteilung nach § 211 führen lassen, sondern nehmen im Rahmen einer positiven Typenkorrektur eine Gesamtwürdigung von Tat und Täter vor, um die besondere Verwerflichkeit durch das Vorliegen des Mordmerkmals zu prüfen und ggf. zu relativieren.[162] Dabei geht es um die Analyse der Persönlichkeitsstruktur des Täters, des Hergangs der Tat und der Tatgeschichte ebenso wie um die Klärung des Verhältnisses zwischen Anlaß und Erfolg und die Ermittlung von Motivbündeln, die in ein Verhältnis zueinander zu setzen sind.[163] Die somit notwendige restriktive Auslegung der

---

158 Im Hinblick auf die dritte Gruppe - gemeingefährliche Mittel, Ermöglichung oder Verdeckung einer anderen Straftat, sind Begehungsformen des Dopings an Sportlern nicht ersichtlich.

159 OGHSt 1, 81; OLG Hamburg, NJW 1947/48 S. 350; vgl. Dreher/Tröndle, StGB § 211 Rdnr. 5.

160 BGHSt 29, 318.

161 Vgl. Otto, SpuRt 1-2/ 1994, S. 11; Turner, MDR 1991, S. 572; Linck, NJW 1987, S. 2548; ders., MedR 1993, S. 57 f.; unfassender dazu vgl. Ahlers, Doping und strafrechtliche Verantwortlichkeit, S. 146 ff. und S. 183 ff.

162 BVerfGE 45, 267 ff.; vgl. dazu Dreher/Dröndle, StGB § 211 Rdnr. 2 a f.

163 BGH NJW 1981, 1382; NStZ 1981, 399 (400); MDR 1975, 725; NJW 1967, 1140; MDR 1977, 809 ff.; StV 1981, 231.

Mordmerkmale läßt insbesondere die Annahme einer besonderen Verwerflichkeit der Tat durch das Vorliegen des Mordmerkmals der Habgier in der hier skizzierten Fallkonstellation als nicht naheliegend erscheinen, soweit der gedopte Sportler von seinem Doping gewußt hat; man muß annehmen, daß in solchem Fall dem Konsumenten von Dopingsubstanzen die mit der Einnahme verbundenen Gefahren zumindest in groben Umrissen bekannt sind und insofern eine - wenn auch nicht tatbestandsausschließende - Einwilligung in eine körperliche Schädigung angenommen werden darf. Zudem dürfte regelmäßig die tatbestandsmäßig erforderliche Rücksichtslosigkeit in der Person des Dritten nicht uneingeschränkt bejaht werden können.

Anders zu beurteilen sind sonstige niedrige Beweggründe i.S.d. § 211 Abs. 2 Art. 1 StGB, zu denen die Erfolgssucht des Trainers ebenso gezählt werden könnte wie - im Fall des Dopings im Auftrage des MfS - die wie "Nibelungentreue" erscheinende Ergebenheit von Ärzten und Trainern gegenüber den Weisungen des MfS. Hier wird zwar in eine Gesamtwürdigung der Wille der Täter einzubeziehen sein, den "Ruhm der DDR" auf internationalem sportlichen Parkett zu mehren, und sei es auf Kosten von Leben und Gesundheit der ihnen anvertrauten Sportler. Allerdings war mit erfolgreichem Doping auch ein Ansehensgewinn des Einzelnen und ein Aufstieg oder zumindest die Aufstiegschance innerhalb der Kadernomenklatur verbunden; diese wiederum hatte eine mittel- und langfristig deutliche Verbesserung der eigenen und familiären sozialen Situation zur Folge. In einer Gesamtwürdigung könnte sich dies aber nur dann zu Lasten des Täters im Sinne der Bejahung "niedriger Beweggründe" auswirken, wenn das Doping ohne Wissen des Sportlers, etwa in Fällen des Dopings an Kindern und Heranwachsenden, erfolgte und von entsprechender Rücksichtslosigkeit geprägt war.

In diesem Zusammenhang des Dopings an Kindern und Minderjährigen ist das der zweiten Gruppe zuzurechnende (die gefährliche unmenschliche Tatausführung umschreibende) Merkmal der Heimtücke zu betrachten. Heimtückisch handelt, wer die Arg- und Wehrlosigkeit des Opfers bewußt zur Tat ausnutzt.[164] Arg- und Wehrlosigkeit müs-

---

164 Stdg. Rspr. BGHSt 2, 251; 3, 183; 11, 139 (Gr. Senat).

sen in der Person des Opfers zusammentreffen. Die Begriffe der Arg- und Wehrlosigkeit sind von Rechtsprechung und Literatur nicht befriedigend geklärt worden.[165] Während etwa die Literatur für die Heimtücke die Voraussetzung eines besonderen Vertrauensbruchs voraussetzt[166], will die Rechtsprechung Heimtücke auch gegenüber einem Ahnungslosen für möglich halten.[167] Vor diesem Hintergrund erscheinen Fallkonstellationen denkbar, in denen kindliche (jugendliche) Unbefangenheit und Arglosigkeit sowie die durch das staatliche Trainingssystem bestehende Wehrlosigkeit im Sinne der Heimtücke bei der Verabreichung tödlicher Dopingsubstanzen ausgenutzt worden sind.

bb) Subjektiver Tatbestand

Die Tat muß vorsätzlich begangen werden, wobei es auch bei § 211 StGB ausreicht, wenn der Täter die tödliche Wirkung für möglich hält und in Kauf nimmt (dolus eventualis). Das voluntative Element bezüglich der Tötung muß indes vom Vorsatz umfaßt sein; die verabreichenden Betreuer müssen daher - bei Ärzten ist dies anzunehmen - von der Wirkung, den Risiken und Gefahren der Medikamente in bezug auf die Konstitution ihrer Sportler gewußt haben. Der Vorsatz muß sich auf den Erfolg, also die tödliche Wirkung der Tat, beziehen und die Mordmerkmale in ihren Voraussetzungen umfassen.[168]

cc) Keine Rechtfertigungs- und Entschuldigungsgründe

Rechtfertigungsgründe sind in den bekanntgewordenen Fallkonstellationen des Dopings an Sportlern regelmäßig nicht ersichtlich. Insbesondere eine etwaige Einwilligung des Sportlers in die Tötung oder ein tödliches, sich später realisierendes Risiko kann die Tat nicht rechtfertigen, da das Leben nicht seiner Verfügungsmacht unterliegt. Dies folgt aus § 216 StGB, wonach auch die Tötung auf Verlangen

---

165 Vgl. Dreher/Tröndle, StGB § 211 Rdnr. 6b ff. m.w.N. aus der Literatur.

166 Nachweise bei Dreher/Tröndle, StGB § 211 Rdnr. 6c.

167 BGHSt 7, 221; 28, 211.

168 Dreher/Tröndle, StGB § 211 Rdnr. 12 f.

strafbar ist. Außerdem fehlt eine dem § 226a StGB, nach der bei Einwilligung des Sportlers die Körperverletzung nicht rechtswidrig ist, entsprechende Vorschrift.

dd) Mittelbare Täterschaft durch Täuschung

Im Falle der Täuschung eines (erwachsenen) Sportlers, etwa durch die heimliche Zuführung von Substanzen, so kommt eine mittelbare Täterschaft nach § 25 Abs. 1 StGB in Frage[169], wenn der Sportler die Substanzen aus eigenem Willen zu sich nimmt und sich - unbewußt - selbst schädigt oder tötet.

ee) Zwischenergebnis zur Fremdtötung

Die restriktive Auslegung der Mordmerkmale, § 211 StGB, sowie die Erfordernisse des subjektiven Tatbestandes schränken die Fallkonstellationen von Doping im Sport mit Todesfolge, in denen nach §§ 212, 211 StGB sanktioniert werden könnte, erheblich ein. Neben Fällen der Gewinnsucht, deren Ausgestaltung freilich sehr "kraß" sein müßte, sind aber Fälle von Doping an Minderjährigen im staatlichen Sportsystem der DDR denkbar, die dem Mordmerkmal der Heimtücke zugeordnet werden könnten.

Für weitere Fallkonstellationen müssen deshalb die Anwendungsmöglichkeiten weiterer Tötungstatbestände und der Körperverletzungstatbestände sowie spezialgesetzliche Regelungen geprüft werden.

c) Fahrlässige Tötung (§ 222 StGB)

Denkbar ist, daß die Verabreichung von Dopingmitteln durch Dritte mit Todesfolge den Straftatbestand der fahrlässigen Tötung (§ 222 StGB) erfüllt. Die ungewollte Verwirklichung eines Erfolges im Sinne des Tatbestandes von § 222 bedingt eine pflichtwidrige Vernachlässigung der im Verkehr erforderlichen Sorgfalt.

---

169 Vgl. auch Sehling/Pollert/Hackfort, Doping im Sport, S. 141.

aa) Tatbestandsmäßigkeit

Voraussetzung einer fahrlässigen Tötung sind der Eintritt und die Verursachung des Todes als tatbestandlicher Erfolg des § 222 StGB. Als Tathandlung kommt jedwedes für den Tod ursächliche Tun oder pfichtwidrige Unterlassen in Betracht[170]. Dazu zählt die Verabreichung des Dopingmittels an den Sportler ebenso wie die Aushändigung oder das Zugänglichmachen des Präparates. Der Täterkreis ist nicht auf die unmittelbar Handelnden beschränkt, sondern umfaßt auch mittelbar Handelnde[171]. Dazu können neben Trainern und Betreuern, die Dopingmittel nicht selbst verabreichen, sondern nur aushändigen[172], auch die "Auftraggeber" von Trainern oder Betreuern im DDR-Sport gehören, die das Dopingsystem in der DDR steuerten. Voraussetzung ist allerdings, daß der Dritte Kraft überlegenen Sachwissens das Risiko besser erfaßt als das - selbst handelnde - Opfer oder das (jugendliche) Opfer, das das mit der Einnahme verbundene Risiko nicht erfassen kann.

Eben diese Fallkonstellationen sind im DDR-Doping jeweils nachgewiesen.

Eine fahrlässige Tötung nach § 222 StGB kann auch durch Unterlassen begangen werden, wenn z. B. ein Trainer von Jugendlichen die Verabreichung solcher lebensgefährdender Substanzen zuläßt oder der betreuende Sportarzt oder Trainer den Athleten nicht an der Einnahme hindert.

Die Ärzte und Trainer befinden sich den Sportlern gegenüber in einer Garantenstellung; diese ergibt sich aus § 13 StGB, der Unterlassen mit aktivem Tun gleichstellt, wenn eine Erfolgsabwendungspflicht besteht.[173] Die Garantenstellung für Ärzte folgt aus dem Gesetz, nämlich der ärztlichen Berufsordnung sowie der tatsächlichen

---

170 Schönke/Schröder/Eser, StGB § 222 Rdnr. 2a.

171 Schönke/Schröder/Eser, StGB § 222 Rdnr. 5.

172 Vgl. zum Zugänglichmachen von Drogen BGH MDR 1980, 985; BGH NJW 1981, 2015; Schönke/Schröder/Eser, StGB § 222 Rdnr. 5.

173 Vgl. Wessels, Johannes, Strafrecht, Allgemeiner Teil, 27. Auflage, Heidelberg 1997, § 16 II.4.

Gewährsübernahme im konkreten sportärztlichen Betreuungsverhältnis[174], zugleich aber auch aus Ingerenz, also vorangegangenen pflichtwidrigen Tun, wenn Ärzte sich durch eine längerfristige Dopingreihe bereits in das Risiko eingelassen haben. Trainer, die in das Dopingprogramm eingebunden sind und zumindest in den wesentlichen Umrissen von Erfolgschancen und Risiken wissen, sind in die gleiche Garantenposition einzuordnen. Aus ihr heraus kommt diesen betreuenden Autoritäten eine besondere, sie zur Aktivität aufrufende Sorgfaltspflicht[175] zu, die die Tatbegehung durch Unterlassung i.S.d. § 13 StGB strafbar werden läßt.

(1) Erfolgsverursachung

Die Erfolgsverursachung, der Tod des gedopten Sportlers, muß objektiv voraussehbar gewesen sein. Das ist dann der Fall, wenn aufgrund der Zusammensetzung des Präparates entweder dessen Risiken gar nicht bekannt waren (etwa bei Testreihen zum Doping im DDR-Sport, wie oben in Teil B dargelegt, denn dann mußte mit erheblichen Folgen zumindest gerechnet werden), oder wenn aus wissenschaftlicher Sicht eine tödliche Wirkungsweise unter hoher körperlicher Belastung zumindest nicht sicher auszuschließen war.

(2) Sorgfaltspflichtverletzung

Der Täter muß zudem die im Verkehr erforderliche Sorgfalt außer acht gelassen haben. Es muß eine rechtlich relevante Gefahr durch pflichtwidriges Tun oder Unterlassen (§ 13 StGB) durch den Täter geschaffen worden sein[176]. Dem Täter erwächst daher die Pflicht, aus dem konkreten Verhalten erwachsende Gefahren für das geschützte Rechtsgut zu erkennen und sich darauf einzustellen.[177] Trainer, Betreuer und Ärzte als mögliche Täter des § 222 StGB mußten daher

---

[174] vgl. Dreher/Tröndle, StGB § 13 Rdnr. 9 a.E.

[175] Vgl. Sehling/Pollert/Hackfort, Doping im Sport, S. 144.

[176] Roxin, Claus, Strafrecht, Allgemeiner Teil, Bd. I, 3. Auflage München 1997, § 24 A II.

[177] Wessels, Strafrecht, AT § 15 II 2, 3.

die in der Verabreichung von Substanzen liegenden Risiken in bezug auf Leben (und Gesundheit) der Sportler erkennen und die erforderlichen Sicherheitsvorkehrungen treffen; dazu gehört neben ständiger medizinischer Kontrolle unter Umständen auch das Unterlassen der Verabreichung von Mitteln, über deren Wirkungsweise sich die Täter nicht vollständig im klaren waren.

Art und Maß der anzuwenden Sorgfalt ergeben sich aus den Anforderungen an einen besonnenen und gewissenhaften Menschen in ex-ante-Betrachtung der Gefahrensituation[178]. Es ist daher immer zu prüfen, ob der Tod bei Anwendung der gebotenen Sorgfalt hätte vermieden werden können, wobei Voraussetzung ist, daß der Tod im Zusammenhang mit der Dopingmittelverabreichung voraussehbar war.

Der Maßstab für die Voraussehbarkeit des Erfolgs, hier der Tod des Sportlers, ist umstritten. Nach h.M. ist nach objektiven Kriterien auf Durchschnittsanforderungen abzustellen, somit darauf, was jedermann aufgrund seiner Ausbildung und den in seinem Beruf üblichen Standards aufzubringen vermag. Das Maß der Sorgfaltspflicht von Personen, die einem Sportler Dopingmittel verabreichen oder verschreiben, ist somit abhängig davon, ob es sich um einen einfachen Betreuer oder einen Arzt handelt.

Jeder, der aufgrund seiner persönlichen Fähigkeiten bei der Verschreibung oder Verabreichung von Dopingmitteln an Sportler deren tödliche Wirkung hätte voraussehen können, hat den Tod des Sportlers fahrlässig herbeigeführt[179].

Soweit Ärzte am Doping beteiligt sind, dürften diese Voraussetzungen eher erfüllt sein als in der Person von Trainern, die mitunter im DDR-Sport eine "Briefträger-Funktion" hatten. Letztlich ist hier die Einzelfallkonstellation entscheidend, die zumindest dann eine Voraussehbarkeit des Erfolges für Dritte möglich erscheinen läßt, wenn im Erscheinungsbild des gedopten Sportlers erhebliche Veränderun-

---

[178] BGH VRS 5, 368; BGH GA 1969, 246; BGHSt 20, 315 (321).

[179] Vgl. Linck, NJW 1987, S. 2548 f.; ders., MedR 1993, S. 58; vgl. Schönke/Schröder/Cramer, StGB § 15 Rdnr. 178 ff., 123 ff.; Turner, MDR 1991, S. 572 f.; Otto, SpuRt 1-2/ 1994, S. 11 ff.

gen[180] vonstatten gingen oder das Doping an Minderjährigen praktiziert wurde und die verabreichten Substanzen "sensationelle" Erfolge brachten, also offensichtlich erhebliche Wirkungen auf den Sportlerkörper entfalteten.

Wird das Dopingmittel von einem Arzt verabreicht, so muß von ihm erwartet werden, daß er zumindest die in der Wissenschaft allgemein anerkannten Wirkungsweisen und -folgen der auf dem Markt befindlichen Pharmaka kennt. Dies gilt auch dann, wenn sich die tödliche Wirkung eines Präparates erst durch die gleichzeitige Einnahme mit anderen Präparaten ergibt.

(3) Objektive Zurechnung

Zu einer Erfolgsverursachung und der Sorgfaltspflichtverletzung muß die objektive Zurechenbarkeit des Erfolges als normatives Kriterium hinzutreten.[181] Dies setzt einen Pflichtwidrigkeitszusammenhang voraus.[182] Dazu muß sich im konkreten Erfolg, mithin der tödlichen Folge der Verabreichung von Dopingmitteln, aufgrund eines tatbestandsadäquaten Kausalverlaufs gerade die Pflichtwidrigkeit des Täterverhaltens, also des Verabreichens oder des Zugänglichmachens der Substanzen, die Gefahr verwirklicht haben, die durch die Sorgfaltspflichtverletzung des Täters geschaffen worden ist und deren Eintritt nach dem Schutzzweck des § 222 StGB vermieden werden sollte.[183]

Das wird zu verneinen sein, wenn der Sportler als Opfer eigenverantwortlich gehandelt hat und der Dritte die eigenverantwortliche Selbstschädigung nur gefördert hat. Anders stellt sich die Situation dann dar, wenn der Sportler sich der Selbstschädigung oder Selbstgefährdung nicht bewußt war bzw. nicht bewußt sein konnte, weil ihm entweder das erforderliche Wissen fehlte, er von den verabreichenden

---

180 Zu den Nebenwirkungen von Dopingsubstanzen bei Sportlern vgl. oben Teil B. Kap. I. 2. d.

181 Roxin, Strafrecht AT § 24 A II.

182 Wessels, Strafrecht AT § 15 II 4.

183 Wessels, Strafrecht At § 15 II 4.

Dritten über die Folgen der Einnahme getäuscht wurde oder er - etwa aufgrund seiner Minderjährigkeit - die Folgen nicht hat erfassen können.

Soweit ein Sportler sich die Dopingmittel eigenverantwortlich verabreicht, liegt eine straflose Selbstgefährdung vor.[184] Dabei können die Mitwirkung bei einer vorsätzlichen Selbstgefährdung, die einverständliche Fremdgefährdung und die Zurechnung des Erfolges zu einem fremden Verantwortungsbereich unterschieden werden.

Die Selbstverletzung ist ebenso straflos wie die Mitwirkung daran als tatbestandliches Minus[185]. Folglich bleibt auch ein Dritter ohne Tatherrschaft straflos, der dem Sportler die Dopingsubstanzen beschafft hat. Insoweit gelten die oben gemachten Ausführungen zur straflosen Selbsttötung und straflosen Beteiligung daran.

Anders zu beurteilen ist es freilich, wenn der Dritte die Tatherrschaft, etwa kraft überlegenen Wissens, besitzt, was bei dopenden Ärzten - wie dargestellt - in aller Regel der Fall ist.

Auf die Differenzierung zwischen vorsätzlicher und fahrlässiger Begehungsformen wird hier nicht mehr näher eingegangen; sie ist im Zusammenhang mit der Erörterung der Tötungsdelikte bereits dargestellt worden.[186]

Bei fahrlässiger Begehungsweise wäre eine Mitwirkung an vorsätzlicher Selbstgefährdung des bewußt und verantwortlich handelnden Sportlers straflos, denn wenn bereits die Selbstverletzung straffrei ist, so muß es die geringere Selbstgefährdung[187] ebenfalls sein. Allerdings hatte ursprünglich der BGH die Strafbarkeit im Einzelfall von den konkreten Umständen abhängig[188] gemacht. In einer neueren

---

184 Zum Begriff Roxin, Strafrecht AT § 11 B I 4 a.

185 Roxin, Strafrecht AT § 11 B 1 a.

186 Vgl. Otto, SpuRt 1-2/ 1994, S. 13 f.; Linck, MedR 1993, S. 59; Turner, MDR 1991, S. 573.

187 Roxin, Strafrecht AT § 11 B I 4 a.

188 BGHSt 7, 112 (115) mit Kritik von Roxin, Strafrecht AT § 11 B I 4 a Rdnr. 92.

Entscheidung zur Selbstgefährdung durch Heroinmißbrauch hat der BGH allerdings klargestellt, daß eigenverantwortlich gewollte und verwirklichte Selbstgefährdungen nicht dem Tatbestand eines Körperverletzungsdeliktes unterfallen, wenn das mit der Gefährdung bewußt eingegangene Risiko sich realisiert.[189] So wäre die Unterstützung durch Trainer, die Dopingmittel beschaffen, im Hinblick auf fahrlässige Körperverletzung straflos, wenn der Sportler in Kenntnis der Gefährdung bewußt handelt. Anders beurteilt der BGH - abweichend von oben genanntem Grundsatz - das Handeln von Personen mit Garantenstellung für Leib und Leben des sich selbst gefährdenden Menschen, namentlich von Ärzten[190]. Diesen soll ein Verletzungserfolg durch von ihnen verschriebene Medikamente zugerechnet werden.[191] Der BGH macht in seinen Entscheidungen indes deutlich, daß eine Zurechnung des Verletzungserfolges für den Arzt jedenfalls dann in Betracht kommt, wenn der Veranlasser oder Förderer der Tat erkennt, "daß das Opfer die Tragweite seines Entschlusses nicht überblickt"[192].

Die einverständliche Fremdgefährdung beschreibt eine Konstellation, in der jemand sich im Bewußtsein des Risikos von einem anderen gefährden läßt.[193] Das ist der Fall, wenn ein Sportler einen Dritten zur Verabreichung von Dopingmitteln drängt, auf deren Gefahren der Dritte hinweist, sie aber schließlich gleichwohl verabreicht. Die Rechtsprechung in diesem Bereich ist uneinheitlich und behilft sich zum Teil mit der Figur der Einwilligung, zum Teil mit Verneinung der Sorgfaltspflichtverletzung[194]. Im Bereich des Dopings wird man von einer tatbestandsausschließenden Verneinung der Sorgfaltspfichtverletzung ausgehen müssen, wenn der Sportler umfassend

---

189 BGHSt 32, 262.

190 BGH JR 1979, 429; BGHSt 32, 264.

191 Mit Kritik von Roxin, der den Arzt lediglich zum Schutz vor Krankheiten, nicht aber vor Selbstschädigungen des Patienten verpflichtet sieht, Strafrecht AT § 11 B I 4 a.

192 BGH NstZ 1986, 266.

193 Roxin, Strafrecht AT § 11 B 4 1 b.

194 BGHSt 4, 93.

über Risiken und Nebenwirkungen informiert ist und der Dritte als Trainer oder Betreuer handelt. Bei einer Medikation durch Ärzte und in Fällen überlegenen Wissens des Dritten hingegen erfolgt eine Übernahme des "Risikos" durch den Dritten mit der Folge strafrechtlicher Relevanz wie bei der Selbstgefährdung.

Im Hinblick auf die Vermeidbarkeit des Erfolges ist in Dopingfällen jedenfalls festzustellen, daß die schädlichen Folgen, die damit fast immer einhergehen oder zumindest zu erwarten sind, vorhersehbar und durch Unterlassen des Dopings auch immer vermeidbar sind. Insoweit kommt eine gutachterliche Überprüfung fahrlässiger Tötung in Dopingfällen sowohl nach der Risikoerhöhungslehre, die auf die Steigerung des Risikos durch Tun oder Unterlassen abstellt[195], als auch nach der dazu ergangenen ablehnenden Rechtsprechung zu ärztlichen Kunstfehlern[196] zum gleichen Ergebnis.

Auch das Verhältnis zwischen im DDR-Sport agierenden MfS- und Sport-Funktionären, Ärzten und Trainern führt im Bereich der Fahrlässigkeitsdelikte nicht dazu, daß unter mehreren Nebentätern Verantwortlichkeiten abgeschoben werden können. Vielmehr haften alle Beteiligten für die in Betracht kommenden Tatbestände, wenn und soweit ihnen der Erfolg, also der Todeseintritt, zurechenbar ist.

bb) Rechtswidrigkeit und Schuld

Durch die Verwirklichung des Unrechtstatbestandes wird bei Fahrlässigkeitsdelikten die Rechtswidrigkeit indiziert.[197]

Auch bei Fahrlässigkeitstaten wie der fahrlässigen Tötung i.S.d. § 222 StGB sind jedoch Rechtfertigungsgründe anzuerkennen[198], denn auch bei unvorsätzlich begangenen Taten kann eine Rechtfertigungslage die Tatbegehung erklären.

---

195 Vgl. Wessels, Strafrecht AT § 6 II 3.

196 BGH NStZ 1985, 26.

197 Vgl. Wessels, Strafrecht AT § 15 III 2.

198 Roxin, Strafrecht AT § 24 B I.

Die Täter einer fahrlässigen Tötung i.S.d. § 222 StGB müssen jedoch in der Lage sein, nach ihren persönlichen Fähigkeiten und dem Maß ihres individuellen Könnens ihre Sorgfaltspficht zu erkennen. Das ist bei Ärzten uneingeschränkt zu bejahen, bei Trainern dürfte dies in der Regel gegeben sein, soweit sie von der Tatsache wußten, daß die von ihnen verabreichten oder ausgehändigten Substanzen dem Doping dienten, denn gerade dieser Personenkreis setzte die Mittel bewußt zur Leistungssteigerung ein oder "experimentierte" mit, indem Einschätzungen zur Wirksamkeit der Medikamente vorgenommen und "nach oben" zur Partei- und Sportführung weitergegeben wurden.

Rechtfertigungsgründe im Sinne der Notwehr, § 32 StGB, und der Nothilfe, § 34 StGB, im eigentlichen Sinne der Abwehr eines Angriffs sind in den entsprechenden Fallkonstellationen nicht ersichtlich. Die Möglichkeit einer (tatsächlichen oder mutmaßlichen) Einwilligung des Sportlers liegt aber bei sportärztlichem Handeln und bei der Handlung von Trainern im Zusammenwirken mit Sportärzten nahe und verdient eine gesonderte Betrachtung.

Ein Teil der Literatur versteht die Einwilligung nicht als Rechtfertigungselement, sondern als ein den Tatbestand ausschließendes Element[199]. Dem kann jedoch gerade in dem hier untersuchten Zusammenhang nicht gefolgt werden, denn in den Sportlern bewußten Dopingfällen erfolgt gerade die von dieser Ansicht bestrittene bewußte Selbstgefährdung der Opfer, die nicht mehr in den Bereich des "erlaubten Risikos" fallen.[200]

Eine fahrlässige Tötung könnte allenfalls dann durch eine Einwilligung gerechtfertigt werden, wenn mit der tödlichen Handlung ein besonders achtenswerter Erfolg bezweckt würde. Das kann zwar bei Nothilfe- und Notstandshandlungen der Fall sein (§§ 32, 34 StGB); in den hier untersuchten Dopingkonstellationen sind Beispiele freilich schwer vorstellbar, da nicht ersichtlich ist, was im Zuge einer Inter-

---

199 Roxin, Strafrecht AT § 24 B IV.

200 Dagegen Roxin, Strafrecht AT § 24 B IV.

essenkollision des (mittelbar) handelnden Dritten als geschütztes Interesse das Leben des Sportlers wesentlich[201] überwiegen könnte.

Auch eine Rechtfertigung unter dem Gesichtspunkt des "erlaubten Risikos" liegt eher fern. In der Literatur ist umstritten, ob das erlaubte Risiko als Rechtfertigungsgrund überhaupt in Betracht kommt[202]. Nach überwiegender Ansicht[203] bietet diese Rechtsfigur einen Sammelbegriff für Fallgestaltungen, in denen es zumeist bereits an einem strafrechtlich relevanten Verhaltensunwert fehlt[204].

Es ist zwar anerkannt, daß ein Arzt seine Sorgfaltspflicht bei der Verschreibung von gefährlichen Präparaten unter dem Gesichtspunkt des "erlaubten Risikos" dann nicht verletzt, wenn er das Mittel in Kenntnis seiner Gefährlichkeit verschreibt, um von dem Patienten die Gefahr schwerwiegender Schäden abzuwenden; insofern findet eine Güterabwägung statt.

Dieser Gesichtspunkt kann jedoch außerhalb des Bereichs der Heileingriffe bei der Verabreichung von Dopingmitteln keine Anwendung finden, da beim Doping die Interessenlage anders ist. Beim Doping geht es nur um eine künstliche Leistungssteigerung im Sport und nicht um die Sicherung oder Förderung eines höherrangigen Wertes. Insbesondere das Erringen von Medaillen im sportlichen (internationalen) Wettkampf mag zwar der Steigerung des Ruhmes und Ansehens des Vaterlandes dienen; ein höherrangiger Wert mag dies nach dem Verständnis der Staats- und Parteiführung der DDR gewesen sein. Bei strafrechtlicher Betrachtungsweise hat diese Einschätzung freilich keinen Bestand. Auf diese Weise kann das "Restrisiko" nicht auf den Sportler als den Patienten abgewälzt werden.[205]

---

201 Zum Erfordernis des wesentlichen Überwiegens siehe statt vieler: Dreher/ Tröndle, StGB § 34 Rdnr. 8 f. m.w.N.

202 Dagegen etwa Wessels, Strafrecht AT § 8 II.1.

203 Siehe Roxin, Strafrecht AT § 24 A I.

204 Jescheck, Hans-Heinrich/Weigend, Thomas, Lehrbuch des Strafrechts, Allgemeiner Teil (AT), 5. Auflage, Berlin 1996, § 36 I 1.

205 Mit weiteren Nachweisen und Beispielen Dreher/ Tröndle, StGB Vorb. § 32 Rdnr. 13.

Beim Doping handelt es sich keinesfalls um einen solchen Zweck, der zu dem dadurch verursachten Tod in einem auch nur annähernd legitimen Verhältnis steht, so daß eine etwaige Einwilligung des gedopten Sportlers in seine Tötung oder Lebensgefährdung keine rechtfertigende Wirkung hat[206].

Auch Entschuldigungsgründe sind nicht ohne weiteres aufzufinden. Ein Berufen auf "Befehlsnotstand" der handelnden Dritten unter Hinweis auf die Hierarchien im Sport und im MfS wird unter dem Gesichtspunkt der Unzumutbarkeit normgemäßen Verhaltens[207] kaum ein Entschuldigungsgrund sein können, denn eine Weigerung der betreffenden Dritten gegenüber in der Hierarchie Höherstehenden hätte allenfalls zumutbare Folgen, etwa die Ablösung des Betroffenen aus der Trainer- oder Arztposition und den Verlust entsprechender Privilegien, nicht jedoch unerträgliche Folgen wie Freiheitsentzug o.ä., zur Folge gehabt. Der durch das RG[208] entschiedene "Leinenfängerfall"[209], in dem das Gericht damals noch einen drohenden Arbeitsplatzverlust als Grund für ein unzumutbares Alternativverhalten ansah, wäre unter diesen Gesichtspunkten heute anders zu entscheiden. Das Interesse am Erhalt der Privilegien von Ärzten und Trainern und Karrieregesichtspunkte können die Gesundheitsinteressen der Sportler nicht überwiegen.

d) Rechtsfolgen

Die Verabreichung von Dopingsubstanzen im Leistungssport mit tödlichen Folgen ist im StGB hinlänglich sanktioniert. In den wesentlichen bekannt gewordenen Fallkonstellationen sind die Strafnormen in der Lage, generalpräventive und spezialpräventive Erwar-

---

206 Vgl. Linck, NJW 1987, S. 2549; Turner, MDR 1991, S. 569 (573).

207 Wessels, Strafrecht AT § 15 III 2 a.E.

208 RGSt 30, 25.

209 Unzumutbarkeit im Falle eines Kutschers, der die Gefährlichkeit des verwendeten Pferdes kannte und es gleichwohl auf Anweisung seines Dienstherrn unter Androhung des Arbeitsplatzverlustes im Straßenverkehr verwendete - mit Unfallfolge.

tungen zu erfüllen; sie sind sowohl auf vorsätzlich begangene Delikte (§§ 212, 211 StGB) als auch auf Fahrlässigkeitstaten anwendbar.

2. *Körperverletzung*

Besondere Relevanz beim Doping an Sportlern besitzen die strafrechtlichen Sanktionen der Körperverletzung. Im folgenden wird differenziert zwischen den unterschiedlichen Tatbeständen einerseits das in der Bundesrepublik geltende Recht und andererseits das zur Tatzeit in der DDR geltende Recht untersucht.

a) *Körperverletzung durch Doping nach dem Recht der Bundesrepublik Deutschland*

Nach dem in der Bundesrepublik geltenden StGB kommen in Dopingfällen, in denen Schädigungen an Körper und Gesundheit aufgetreten sind, die Tatbestände der vorsätzlichen und fahrlässigen Körperverletzung in Betracht. Im folgenden wird die Tatbestandsmäßigkeit des Verabreichens von Dopingmitteln unter den Gesichtspunkten der vorsätzlichen und fahrlässigen Körperverletzung untersucht und insbesondere die Möglichkeit einer tatbestandsausschließenden oder rechtfertigenden Einwilligung des gedopten Sportlers betrachtet.

aa) *Vorsätzliche (§ 223 StGB) und fahrlässige (§ 230 StGB) Körperverletzung*

Schutzgut der Körperverletzungsdelikte ist das körperliche Wohl der Menschen, der körperlichen Integrität und der Gesundheit.[210] Dieses Schutzgut ist einerseits durch körperliche Mißhandlung, andererseits durch Gesundheitsbeschädigung verletzbar. Unter letzterer - hier einschlägiger - Schutzgutverletzung versteht man jedes Hervorrufen oder Steigern eines krankhaften Zustandes.[211]

---

210 Schönke/Schröder/Eser, StGB § 223 Rdnr. 1.

211 OLG Düsseldorf, MedR 1984, 29.

Die Verabreichung nahezu aller Substanzen, die auf den Dopinglisten der nationalen und internationalen Sportverbände stehen, führen zu - zumindest zeitweisen - Gesundheitsbeschädigungen.[212] Damit ist das Tatbestandsmerkmal der Körperverletzung erfüllt.

Dies gilt aber unabhängig davon, ob sie von den Dopinglisten erfaßt werden, auch für die Zuführung von Pharmaka zum Zwecke der künstlichen Leistungssteigerung, die in der Regel durch Neben- oder Folgewirkungen in die körperliche Integrität des Sportlers eingreifen.[213]

Die vorsätzliche oder fahrlässige Begehungsart, § 223 und § 230 StGB, ergibt sich je nach Fallkonstellation.

bb) Rechtfertigende Einwilligung des Sportlers, § 226a StGB

Anders als im Falle der Tötungsdelikte stellt sich jedoch bei den Körperverletzungsdelikten die Frage, ob die Einwilligung des Sportlers gemäß § 226 a StGB die Körperverletzung des Dritten rechtfertigen[214] kann.

(1) Geltungsbereich des § 226a für §§ 223, 230 StGB

§ 226a gilt als Rechtfertigungsgrund nicht nur für vorsätzliche, sondern auch für fahrlässige Begehungsweise der Körperverletzung[215].

(2) Voraussetzungen der Einwilligung in § 226a StGB

Nach § 226a StGB ist eine mit Einwilligung des Verletzten vorgenommene Körperverletzung nur dann rechtswidrig, wenn die (vorsätzlich oder fahrlässig begangene) Tat gegen die guten Sitten verstößt.

---

212 Vgl. Schneider-Grohe, Doping, S. 136.

213 Vgl. Linck, NJW 1987, S. 2549.

214 Zur Bedeutung des § 226a als Rechtfertigungsgrund: Schönke/Schröder/ Stree, StGB § 226a Rdnr. 1.

215 BGHSt 4, 88; 6, 234; BGH MDR 1965, 1001; Dreher/ Tröndle StGB § 226a Rdnr. 5.

(a) Wirksamkeit der Einwilligung

Voraussetzung der Rechtfertigung nach § 226a StGB[216] ist eine wirksame Einwilligung des Sportlers in die Körperverletzung. Anders als ein tatbestandsausschließendes Einverständnis ist die rechtfertigende Einwilligung ein durch das Selbstbestimmungsrecht legitimierter Verzicht auf Rechtsschutz[217]. Die Verbotsnorm, also §§ 223, 223a, 230 StGB treten dahinter zurück. Anwendbar ist die Rechtfertigungsnorm des § 226a StGB nur bei Fremdverletzung, nicht bei Förderung fremder Selbstverletzung[218], so daß die oben erörterten Fälle der Tatherrschaft des Dritten zur Anwendung des § 226 StGB nicht in Betracht kommen.

Die Wirksamkeit der Einwilligung nach § 226a StGB erfordert die Einwilligungsfähigkeit des Sportlers. Der Sportler muß bei Eingriffen in die körperliche Unversehrtheit als höchstpersönliches Recht eine natürliche Einsichts- und Urteilsfähigkeit besitzen[219], so daß er Wesen, Bedeutung und Tragweite des Eingriffs in vollem Umfang zu erfassen vermag.[220]

Bei der Beurteilung der Einsichtsfähigkeit ist zwischen erwachsenen und jugendlichen Sportlern zu differenzieren.

(aa) Wirksamkeit bei erwachsenen Sportlern

Erwachsene Sportler werden in der Regel über die entsprechende Einsichtsfähigkeit verfügen. Hier ist aber zu beachten, daß eine wirksame Einwilligung des Sportlers in die Verabreichung von Arzneien eine Aufklärung über deren Wirkungen und Folgen voraussetzt. Diese Aufklärungspflicht des Arztes muß bei der Verabreichung von Dopingmitteln sogar weitergehen, als dies bei Heileingrif-

---

216 Vgl. Schönke/Schröder/Stree, StGB § 226a Rdnr. 1.

217 Schönke/Schröder/Lenckner, StGB Vorb. §§ 32 ff. Rdnr. 33; nach a.A. in der Lehre soll die Einwilligung stets tatbestandsausschließend wirken, Nachweise bei: Schönke/ Schröder/Lencker, StGB Vorb. §§ 32 ff. Rdnr. 29a.

218 Schönke/Schröder/Lenckner, StGB Vorb. §§ 32 ff. Rdnr. 52a.

219 BGHSt 4, 118; Dreher/Tröndle, StGB § 226a Rdnr. 2.

220 Vgl. Schönke/Schröder/Lenckner, StGB Vorb. §§ 32 ff. Rdnr. 40.

fen der Fall ist.[221] Während bei Heileingriffen die Aufklärungspflicht aus zwingenden therapeutischen Gründen eingeschränkt werden kann, hat sie dagegen beim Doping noch umfassender zu sein und muß sämtliche nur möglichen Risiken und atypischen Folgen einschließen. Denn hier soll niemand zu seinem körperlichen Heil gebracht werden, sondern um eines Erfolges wegen einer körperlichen Beeinflussung ausgesetzt werden.[222] Diese besonders strenge Aufklärungspflicht obliegt dabei nicht nur dopenden Ärzten, sondern auch nicht-ärztlichen Betreuern. Damit wird dem Täter zu recht ein Risiko aufgebürdet.[223]

(bb) Wirksamkeit bei minderjährigen Sportlern

Bei minderjährigen Sportlern kommt es bei der Beurteilung ihrer Einwilligungsfähigkeit nicht auf ein konkretes Lebensalter, sondern auf deren individuellen Reifegrad an[224]. Anders als beim Schutz von Vermögensrechten gilt aber nicht der Maßstab der §§ 104 ff. BGB[225], wenn es um die Einwilligung in Eingriffe in die körperliche Unversehrtheit durch Doping geht. Maßstab ist nicht eine an der Geschäftsfähigkeit orientierte Einsichtsfähigkeit, sondern die tatsächliche Urteils- und Einsichtsfähigkeit[226]. Die Anforderungen sind umso strenger, je schwerwiegender der Eingriff ist oder je schwieriger die Folgenabschätzung für den Minderjährigen ist.[227] Unter beiden Gesichtspunkten muß bei der Verabreichung von Dopingsubstanzen, deren Folgewirkungen im einzelnen häufig auch von den sie entwikkelnden Wissenschaftlern bei Jugendlichen nicht im einzelnen vor-

---

221 Vgl. Dreher/Tröndle, StGB § 226a Rdnr. 7a, Vorb. § 32 Rdnr. 3b.

222 Vgl. Kohlhaas, NJW 1970, S. 1958 (1959); Linck, NJW 1987, S. 2550.

223 Vgl. Linck, NJW 1987, S. 2550.

224 BGHSt 4, 90; 5, 362; 63, 50; Jescheck/Weigend, Strafrecht AT S. 343; Maurach, Reinhart/Gössel, Karl Heinz/Zipf, Heinz, Strafrecht. Allgemeiner Teil (AT), Teilbd. 1, 8. Aufl. Heidelberg 1992, § 17 III 3; Schönke/Schröder/Lenckner, StGB Vorb. §§ 32 ff. Rdnr. 39.

225 Schönke/Schröder/Lenckner, StGB Vorb. §§ 32 ff. Rdnr. 40.

226 BGHZ 29, 33 in zivilrechtlichem Zusammenhang.

227 BGHSt 12, 379.

ausgesagt werden können, davon ausgegangen werden, daß Sportler unter 14 Jahren weder die Gefahren noch die Folgewirkungen hinreichend beurteilen können. Somit besitzen sie keine Einwilligungsfähigkeit i.S.d. § 226a StGB, so daß eine den Tatbestand der Körperverletzung erfüllende Verabreichung von Dopingmitteln an sie schon deshalb nicht durch diese Norm gerechtfertigt werden könnte.[228]

(cc) Zwischenergebnis

Folglich kann eine wirksame Einwilligung im Sinne des § 226a StGB unter dem Gesichtspunkt der Einwilligungsfähigkeit nur von erwachsenen Sportlern erfolgen, wobei die Lebensaltersgrenze individuell konkret festgestellt werden muß.

(b) Sittenwidrigkeit der Einwilligung erwachsener Sportler

Liegt eine wirksame Einwilligung (erwachsener Sportler) vor, so ist die Tat dennoch rechtswidrig, wenn sie trotz Einwilligung gegen die guten Sitten verstößt. Ein Verstoß gegen die guten Sitten liegt vor, wenn die Tat dem Anstandsgefühl "aller billig und gerecht Denkenden" zuwiderläuft[229]. Aufgrund der heutigen sozialen Verhältnisse ist ein "soziales Werturteil" zu fällen. Bei dieser Beurteilung ist die Tat nicht nur allein nach Art und Umfang des tatbestandsmäßigen Rechtsgutangriffs zu betrachten, von Bedeutung ist auch der Tatzweck.[230]

Danach ist Doping jedenfalls dann als sittenwidrig zu bezeichnen, wenn es schwerwiegende Gesundheitsschädigungen zur Folge hat[231]. Problematisch sind die Fälle mit geringfügigen Gesundheitsfolgen, zu denen unterschiedliche Ansichten vertreten werden:

---

[228] Vgl. Kohlhaas, NJW 1970, S. 1958 (1959).

[229] Schönke/Schröder/Stree, StGB § 226a Rdnr. 5

[230] Vgl. Schönke/Schröder/Stree, StGB § 226a Rdnr. 7.

[231] Vgl. Dreher/Tröndle, StGB § 226a Rdnr. 7a, 8.

(aa) Ansicht Schneider-Grohes

Schneider-Grohe verneint die Sittenwidrigkeit der Einwilligung bei nur geringfügigen Gesundheitsfolgen mit dem Verweis auf die zunehmende Ausweitung der Freiheitsrechte am eigenen Körper wie die Zulässigkeit von Sterilisation und Schwangerschaftsabbruch und Kastration sowie den staatlich tolerierten Mißbrauch von Alkohol und Medikamenten. Andernfalls würde der Sport unter ein Ausnahmerecht gestellt.[232]

(bb) Gegenansicht

Die Gegenansicht bejaht die Sittenwidrigkeit der Einwilligung zum Doping auch bei nur geringfügigen Gesundheitsfolgen. Sie stellt bei der Feststellung einer Sittenwidrigkeit nicht nur auf den Gesichtspunkt der Gesundheitsfolgen, sondern auch auf sport-ethische Aspekte ab.[233] Leistungssport sei nicht nur eine private Angelegenheit, sondern habe eine gewichtige öffentliche, kulturelle und soziale Dimension. Der Leistungssport sei in unserer modernen Welt einer der wenigen Bereiche, in denen sich der Mensch ungeachtet seiner sozialen Stellung noch mit anderen aufgrund seiner natürlichen Fähigkeiten messen könne. Dafür seien Chancengleichheit und Fairneß unabdingbare Voraussetzungen. Ohne sie wäre der gesamte Sinn und Zweck des Sports in Frage gestellt. Leistungsmotivation, Selbstverwirklichung und persönliche Befriedigung des Sportlers würden verloren gehen. Würden Leistungen und Leistungsvergleiche an Glaubwürdigkeit verlieren, müßte auch das Interesse der Zuschauer am Sport abnehmen. Die Vorbildfunktion von Spitzensportlern, die weit über den Sport hinaus ginge, würde ebenfalls nachhaltig in Frage gestellt.

---

[232] Vgl. Schneider-Grohe, Doping, S. 141; vgl. im Ergebnis wohl auch Turner, NJW 1991, S. 2943 f.; Kohlhaas, NJW 1970, S. 1960.

[233] Vgl. Linck, NJW 1987, S. 2550 f.; Turner, MDR 1991, S. 569, (573, 574).

(cc) Stellungnahme

Der letztgenannten Ansicht ist zu folgen. Die weitverbreitete Forderung nach einem speziellen Dopingstrafgesetz und die immer wieder zu beobachtenden ablehnenden Reaktionen der Zuschauer in den Stadien gegenüber anabolikagedopten weiblichen Sportlern, insbesondere in den leichtathletischen Wurfdisziplinen, sind schwerwiegende Indizien dafür, daß nach dem Werturteil der "billig und gerecht Denkenden" Doping sittenwidrig ist, die Körperverletzungen daher trotz Einwilligung des Sportlers rechtswidrig sind.

Zu beachten ist jedoch, daß dieses Werturteil nicht für alle Zeiten feststehend ist. Verändert sich hier die generelle Auffassung "aller billig und gerecht Denkenden", so wird dies auch Konsequenzen für die Beurteilung haben, ob eine Tat gegen die guten Sitten verstößt. Die Tolerierung des Abnormen, des Künstlichen und damit der Manipulation könnte hierbei einen Umschwung bedeuten[234].

Derzeit liegt freilich im Doping eine Sittenwidrigkeit, die eine Rechtfertigung für Körperverletzungen durch Einwilligung des Betroffenen nach § 226a StGB ausschließt.

cc) Zwischenergebnis zur Körperverletzung durch Doping nach bundesdeutschem Recht

Doping sowohl an Minderjährigen als auch an erwachsenen Sportlern mit der Folge gesundheitlicher Schädigung ist, je nach Fallkonstellation, abzustellen auf die Tatherrschaft, auf vorsätzliche oder fahrlässige Körperverletzung, die nach § 226a StGB nicht gerechtfertigt ist.

b) Körperverletzung durch Doping nach dem Recht der DDR

Körperverletzung steht nach dem Strafgesetzbuch der DDR (StGB/DDR[235]) gemäß § 115 unter Strafe, der tatbestandlich dem § 223

---

234 Vgl. Turner, MDR 1991, S. 574; Steinbach, Manfred, Doping-Symptom einer maßlosen Gesellschaft, Regensburg 1989.

235 StGB/DDR vom 12. Januar 1968, GBl. I 1968, 591, i.d.F. vom 28. Juni 1979, GBl. I 1979, 139.

StGB gleich ist; § 115 Abs. 2 StGB/DDR stellt den mit gefährlichen Mitteln oder Methoden begangenen Versuch unter Strafe.

aa) Die strafrechtliche Relevanz des Dopings von Minderjährigen im DDR-Leistungssport nach § 115 StGB / DDR

In jüngerer Zeit haben die Ermittlungen der ZERV sowie der StA II in Berlin auch im Bereich des DDR-Sports zu Ergebnissen geführt. In einigen Fällen wurde hinreichender Tatverdacht bejaht und Anklage wegen vorsätzlicher Körperverletzung, § 115 StGB/DDR, erhoben.

(1) Dopingprozeß vor dem Landgericht Berlin

(a) Gegenstand der Anklage

In Berlin begann am 18. März 1998 die Hauptverhandlung im ersten Strafprozeß wegen Dopings im DDR-Leistungssport. Angeklagt wegen vorsätzlicher Körperverletzung an jungen Schwimmerinnen durch Verabreichung von Dopingsubstanzen in 19 Fällen in den Jahren 1974 bis 1989 waren vier ehemalige Schwimmtrainer des DDR-Sports sowie zwei Ärzte.

In diesem Prozeß spielten MfS-Dokumente zur Dopingkonzeption des DDR-Schwimmsports eine wichtige Rolle. Diese Dopingkonzeption sah vor, daß Sportlerinnen neben den üblichen Vitamingaben etc. auch Anabolika wie Turinabol oder Testosteron verabreicht bekamen.

Den jugendlichen Sportlerinnen wurde nicht gesagt, welche Medikamente man ihnen gab. Fragten sie oder ihre Eltern bei den Trainern oder Ärzten nach, wurde ihnen wahrheitswidrig erwidert, daß es sich lediglich um Vitamine handele.[236]

Die Angeklagten waren im Tatzeitraum Sportlehrer bzw. Sportärzte des SC Dynamo Berlin. Sie sollen nach Vorgaben der DDR-Sportführung und im Einvernehmen mit den zuständigen Sportärzten minderjährigen Schwimmerinnen zur Steigerung sportlicher Leistungen "unterstützende Mittel" - nämlich das Hormonpräparat Oral-

---

236 Vgl. Anklageschrift der Staatsanwaltschaft II beim Landgericht Berlin, Az: 28 Js 39/97, S. 5 und S. 69 f.

Turinabol - verabreicht und zugelassen haben, daß den Schwimmerinnen das ebenfalls als "unterstützendes Mittel" verwandte Hormonpräparat Testosteron injiziert wurde. Der angeklagte ehemalige Sektionsarzt Dieter Binus habe die Hormonpräparate bei seinem Vorgesetzten Bernd Pansold beantragt, dieser habe die Dopinggaben bestätigt, gemeinsam hätten beide den Sportlerinnen zusätzlich das männliche Sexualhormon Testosteron gespritzt.

Bei allen betroffenen 19 Schwimmerinnen[237] blieben weitgehend irreversible Gesundheitsschädigungen.[238]

(b) Angeklagte im Dopingprozeß[239]

Der langjährige Trainer Franziska van Almsicks, Dieter Lindemann, war laut Anklageschrift von "1982 bis 1989 beim SC Dynamo Berlin für die Anfängerinnen zuständig, die die Kinder- und Jugendsportschule [...] besuchten". Nach Bekanntwerden der Anklage wurde er durch den Deutschen Schwimmverband suspendiert. Ihm wird vorgeworfen, zumindest den vier zum Tatzeitpunkt 13 Jahre alten Schwimmerinnen Sylvia Garasch, Kathrin Meißner, Suhela Knipphals und Jessica Reim Anabolika verabreicht zu haben.

Volker Frischke war in den Jahren 1974 bis 1984 als Trainer für den B-Kader (Sportlerinnen mit Chancen für die Nationalmannschaft) und von 1985 bis 1989 für den A-Kader zuständig. Laut Anklageschrift verabreichte er während seiner Tätigkeit zumindest den Sportlerinnen Sylvia Garasch, Daniela Hunger (zum Tatzeitpunkt 14 Jahre alt), Jane Lang (zum Tatzeitpunkt 15 Jahre alt), Kerstin Olm (geb. Schut, zum Tatzeitpunkt 13 Jahre alt), Kerstin Kielgaß (zum Tatzeitpunkt 15 Jahre alt), Manuela Stellbach (zum Tatzeitpunkt 13 Jahre alt), Andrea Pinske (geb. Pollak, zum Tatzeitpunkt 18 Jahre

---

237 Darunter noch heute Aktive - Kathrin Meißner (zweifache Olympiasiegerin 1988), Sylvia Garasch (Weltmeisterin 1986) und Kerstin Kielgaß (Weltmeisterin 1998).

238 Vgl. Anklageschrift der Staatsanwaltschaft II beim Landgericht Berlin, Az: 28 Js 39/97, S. 3 ff.

239 Die im folgenden dargestellten Fakten sind der Anklageschrift der Staatsanwaltschaft II entnommen.

alt) sowie Sabine Siegmund (geb. Gantzkow, zum Tatzeitpunkt 13 Jahre alt) Anabolika.

Rolf Gläser war von 1975 bis 1984 als Trainer beim SC Dynamo für den A-Kader zuständig. In der Anklageschrift wird ihm vorgeworfen, er habe in diesem Zeitraum zumindest den folgenden neun von ihm trainierten jugendlichen Sportlerinnen Birgit Heike Matz (zum Tatzeitpunkt 15 Jahre alt), Andrea Pinske (geb. Pollak) und Jane Lang (zum Tatzeitpunkt 15 Jahre alt), Dr. Birgit Kerstin Heukrodt (geb. Meineke, zum Tatzeitpunkt 16 Jahre alt), Kerstin Olm (geb. Schut, zum Tatzeitpunkt 13 Jahre alt), Carola Beraktschjan (geb. Nitschke, zum Tatzeitpunkt 13 Jahre alt), Heike Meyer (geb. Witt, zum Tatzeitpunkt 16 Jahre alt), Christiane Knacke-Sommer (geb. Knacke, zum Tatzeitpunkt 15 Jahre alt) sowie Marina Mende (geb. Altmann, zum Tatzeitpunkt 15 Jahre alt) Anabolika verabreicht.

Dieter Krause war als Trainer von 1974 bis 1987 sowohl für die Anfängerinnen als auch die Schwimmerinnen zuständig, die bereits die 7. Klasse der Kinder- und Jugendsportschule (KJS) besuchten. In der Anklageschrift heißt es, er sei u.a. für die Sportlerinnen Birgit Heike Matz (zum Tatzeitpunkt 15 Jahre alt), Caroline Martina Schmidt (zum Tatzeitpunkt 11 Jahre alt) sowie Annett Zander (zum Tatzeitpunkt 11 Jahre alt) zuständig gewesen und habe diesen Anabolika in Form von Tabletten verabreicht und in Form von Injektionen verabreichen lassen.

Den Ärzten Bernd Pansold und Dieter Binus wird vorgeworfen, als Mediziner die Dopingprogramme an den aufgeführten 19 Athletinnen angeordnet und gesteuert zu haben.

Den Angeschuldigten war, wie aus Treffberichten IM "Technik" (Dr. Höppner) und IM "J. Wendt" (Dr. Pansold) sowie weiteren MfS-Unterlagen hervorgeht, bewußt, daß die Verabreichung der "unterstützenden Mittel" das hohe und von ihnen und den anderen Beteiligten nicht zu beeinflussende Risiko des Eintritts von gesundheitsschädlichen Nebenwirkungen hatte.[240]

---

240 Vgl. oben Teil B. Kap. I. 2. d. und e.

Den das Geschehen steuernden Nomenklatur-Kadern will die Staatsanwaltschaft II nach mehreren Einzelverfahren (aufgeteilt nach Sportarten und Klubs) 1999 den Prozeß machen. Unter ihnen Egon Krenz, der im SED-Politbüro seit 1983 für Sport zuständig war und der wegen der Toten an der Mauer schon zu sechseinhalb Jahren Haft verurteilt wurde und nur bis zur Rechtskraft des Urteils auf freiem Fuß ist, Manfred Ewald, ZK-Mitglied und über Jahrzehnte Präsident des Deutschen Turn- und Sportbundes (DTSB), Günther Erbach, Staatssekretär für Körperkultur und Sport, Aufseher über den Sportmedizinischen Dienst (SMD) und Rudi Hellmann, Abteilungsleiter Sport im ZK der SED.

(2) Anwendbarkeit von Strafvorschriften des StGB / DDR

Der Tatzeitpunkt der in der Anklageschrift enthaltenen Handlungen liegt vor dem Beitritt der DDR am 3. Oktober 1990. Bis dahin hatten die Strafvorschriften des StGB in der DDR keine Gültigkeit. Nach dem Verfassungsgrundsatz des Verbots der Rückwirkung von Strafvorschriften in Art. 103 Abs. 2 GG können daher die Straftatbestände des StGB nicht ohne weiteres angewendet werden.[241]

Der von den Vertragsparteien des Einigungsvertrages mit der Einführung von Art. 315 EGStGB geschaffene Übergang trägt dieser Verfassungsvorgabe durch eine "Meistbegünstigungsklausel" Rechnung. Danach findet § 2 StGB für die Straftatbestände vor Wirksamwerden des Beitritts Anwendung (Art. 315 Abs. 1 S. 1 EGStGB). Zur Zeit der Tat galt das StGB/DDR. Nach § 2 Abs. 3 StGB ist das mildere Gesetz anzuwenden.

Für durch Doping an Sportlern begangene Körperverletzungsdelikte ist StGB/DDR § 115 einschlägig. Die mittäterschaftliche Begehung findet in § 22 eine Regelung, die Tatmehrheit in § 64 StGB/DDR.[242] Die Strafandrohung in § 115 StGB/DDR (Körperverletzung), dessen Abs. 1 für vollendete Taten wortgleich mit § 223 StGB ist, sieht eine Bestrafung mit öffentlichem Tadel, Geldstrafe, Haftstrafe, Verurtei-

---

241 Vgl. oben Teil D. Kap. II. 3.

242 Vgl. Auszüge aus dem StGB/DDR, Anlage 10.

lung auf Bewährung oder Freiheitsstrafe bis zu zwei Jahren vor; hingegen sanktioniert § 223 StGB die Tat mit Freiheitsstrafe bis zu fünf Jahren. Folglich wäre § 115 StGB/DDR als milderes Gesetz einer Verurteilung zugrunde zu legen.

bb) Strafbarkeit der im Dopingprozeß Angeklagten — Rechtliche Würdigung von Dopingfällen in der DDR

(1) Anwendbare Strafvorschriften

Die Taten der Angeschuldigten waren vor dem Beitritt der DDR zur Bundesrepublik Deutschland am 3. Oktober 1990 beendet, aber noch nicht abgeurteilt. Gemäß Art. 315 Abs. 1 Satz 1 EGStGB i.V.m. § 2 StGB setzt die Strafbarkeit der Angeschuldigten voraus, daß die ihnen zur Last gelegten Handlungen zur Tatzeit einem Straftatbestand unterlagen und auch nach der jetzigen Rechtslage strafbar sind.[243]

Körperverletzung war in der DDR zur Tatzeit nach § 115 Abs.1 StGB/DDR strafbar und ist zugleich im geltenden StGB in § 223 mit Strafe bedroht. Einer Verurteilung wäre, wie oben (a.) dargelegt, § 115 StGB/DDR als i.S.d. § 2 Abs. 3 StGB milderes Gesetz zugrunde zu legen.

(2) Zur Strafbarkeit der angeklagten Taten

Im folgenden sollen Tatbestandsmäßigkeit, etwaige Rechtfertigungsgründe und Strafverfolgungshindernisse am Beispiel der in der zitierten Anklageschrift[244] enthaltenen Taten untersucht werden.

(a) Tatbestand der Körperverletzung

Entscheidend für die Beurteilung der Frage, wie das Delikt einzuordnen und der Begriff Tat zu verstehen ist, sind die tatbestandlichen Voraussetzungen der Strafvorschrift. Kern und Wesen des Tatbe-

---

243 Vgl. Anklageschrift der Staatsanwaltschaft II beim Landgericht Berlin, S. 119 f.

244 Vgl. auch Anklageschrift, S. 120-128.

stands des § 115 Abs. 1 StGB/DDR werden in der "körperlichen Mißhandlung - Gesundheitsbeschädigung" erfaßt.

In der Verwirklichung des Tatbestandes war ein Dauerelement enthalten, da die Sportler jeweils am Ende des Sportjahres im Rahmen der sogenannten Verbandskonzeption neu bewertet wurden. Gleichzeitig wurde festgelegt, welches Medikament der Sportler bekommen sollte und welche Dosierung er in welchem Rhythmus einzunehmen hatte.

Daran wird deutlich, daß die Täter-Opfer-Beziehung regelmäßig auf Dauer angelegt war. Jedes Verabreichen von Anabolika war somit nur ein Teil der Tatbestandserfüllung[245]. In bezug auf die Deliktsnatur ist daher - trotz diverser Einzelhandlungen seitens der Angeschuldigten - von einer "tatbestandlichen Handlungseinheit" bezüglich jedes einzelnen Sportlers auszugehen.[246]

(b) Täterschaft bei den Trainern — Mittäterschaftliches Handeln i.S.d. § 22 StGB / DDR

Sämtliche in das Gesamtssystem des Dopings eingebundenen Ärzte, Trainer und Funktionäre hatten das Tatgeschehen in der Hand und konnten den Tatablauf nach ihrem Willen hemmen oder geschehen lassen.

Trainer und Ärzte haben ihre berufliche Tätigkeit frei gewählt und wurden zur Berufsausübung auch im diktatorischen System nicht gezwungen. Sie haben mit Inkaufnahme ihrer Privilegien im staatlichen System das Staatsdoping grundsätzlich gebilligt. Das Dopingsystem war ihnen bekannt. Durch die Entscheidung für das Staatsdoping (Funktionärsebene), bei der Auswahl der Sportler, der Festlegung des Medikaments und der Dosierung (Verbandsebene) wie auch bei der Verabreichung der Anabolika an die Sportler im Einzelfall (Vereinsebene/Nationalmannschaft) handelten die Trainer, Ärzte, Wissenschaftler und Funktionäre im bewußten und gewollten Zusammenwirken, wobei sich jeder - soweit er nicht bereits unmittelbar

---

245 Vgl. Anklageschrift, S. 121 und vgl. BGH NStZ 1996, 129 f.

246 Vgl. Anklageschrift, S. 120 f.

bei der Vergabe der Tabletten (Trainer) oder Verabreichung der Spritzen (Ärzte) tätig geworden ist - das Verhalten der anderen zurechnen lassen mußte[247].

Folglich handelten Trainer und Ärzte mittäterschaftlich i.S.d. § 22 Abs. 1, Abs. 2 Nr. 2 StGB/DDR.

(c) Objektiver Tatbestand des § 115 StGB / DDR - Körperliche Mißhandlung / Gesundheitsbeschädigung

Die Verabreichung der Dopingsubstanzen an gesunde, sehr junge minderjährige Leistungssportlerinnen in bestimmten Dosierungen und über einen längeren Zeitraum in mehreren Zyklen führte im Einzelfall zu einer körperlichen Mißhandlung, die die körperliche Unversehrtheit mehr als unerheblich beeinträchtigte und stellt insoweit eine Gesundheitsbeschädigung i.S.d. § 115 StGB/DDR dar.[248]

Das Handeln durch Ärzte oder die Verabreichung von Anabolika auf ärztlichen Rat ist auch nicht tatbestandausschließend, etwa unter dem Gesichtspunkt lege artis ausgeführter Heilkunst.

Die Vergabe der Anabolika diente nicht zur Gesundung der Sportler, sondern allein zur künstlichen Leistungssteigerung.

Es gab somit aus ärztlicher Sicht keinen Grund, ohne eindeutige medizinische Indikation bei gesunden Sportlern Dopingmittel zum Zwecke der künstlichen Leistungssteigerung einzusetzen. Aus ärztlicher Sicht war Doping somit strikt und unmißverständlich abzulehnen.[249] Beim Einsatz von rezeptpflichtigen Pharmaka als Dopingmittel durch einen Mediziner wird der Grundsatz "primum nihil nocere"

---

247 Vgl. dazu die Anklageschrift, S. 121 f.

248 Vgl. Franz, Kurt/Hartl, Monika, "Doping" durch den Arzt als "ärztliche Tätigkeit", NJW 1988, S. 2279 ff.; Linck, NJW 1987, S. 2549 f.; Ahlers, Doping und strafrechtliche Verantwortlichkeit, S. 29 f. und 39 f.; Anklageschrift, S. 122 ff.

249 Vgl. Franz/Hartl, NJW 1988, S. 279 ff.; Linck, NJW 1987, S. 2545 ff. m.w.N.; Turner, MDR 1991, S. 569 ff. m.w.N.; Ahlers, Doping und strafrechtliche Verantwortlichkeit, S. 32 f.

verletzt[250], da auch die Mediziner der DDR ein ärztliches Gelöbnis abzulegen hatten.

(d) Vorsätzliches Handeln

Die Beschuldigten handelten bezüglich der von ihnen selbst verabreichten Tabletten wie auch bezüglich der von den Ärzten im bewußten und gewollten Zusammenwirken injizierten Spritzen mit direktem Vorsatz[251] und bezüglich der bei den Schwimmerinnen eingetretenen Körperverletzungen mit dolus eventualis, denn hierbei dürfte es ihnen auf die - auch für die sportlichen Leistungen nachteiligen - gesundheitlichen Folgen angekommen sein; diese wurden aber bewußt um des sportlichen, ärztlichen und trainerischen Erfolges Willen in Kauf genommen.

Die Beschuldigten handelten mit genauem Wissen um die möglichen Folgen des Anabolia-Dopings bei Minderjährigen. Sie waren in die vom ZK der SED und vom MfS erlassenen Sicherungskonzeption einbezogen, in ihrer Funktion hochqualifiziert und medizinisch insoweit vorgebildet, als ihnen bewußt gewesen sein muß, welche gesundheitlichen Folgen die Verabreichung von Anabolika haben.

(e) Keine rechtfertigende Einwilligung

Die Körperverletzung war schließlich auch rechtswidrig und schuldhaft.[252] Die Körperverletzung war insbesondere nicht durch eine sowohl nach bundesdeutschem Strafrecht, als auch nach DDR-Strafrecht[253] mögliche Einwilligung der Sportler gerechtfertigt. Das wurde

---

250 Vgl. Bericht der Unabhängigen Dopingkommission, S. 7.

251 Vgl. die Anklageschrift, S. 125 f.

252 Vgl. auch ebenda, S. 126 f.

253 Vgl. Autorenkollektiv, Strafrecht, Allgemeiner Teil, Lehrbuch, Berlin 1976, S. 420. Für bundesdeutsches Strafrecht gilt: § 226a StGB erklärt Körperverletzung für nicht rechtswidrig, wenn sie mit Einwilligung des Verletzten erfolgt sind und die Tat trotz der Einwilligung nicht gegen die guten Sitten verstößt.

bereits oben[254] für minderjährige Sporter dargelegt, denen es bereits an Einwilligungsfähigkeit mangelt. Daher kommt der Rechtfertigungsgrund der Einwilligung im Falle der Verabreichung von Dopingmitteln an minderjährige Sportler nicht in Betracht.[255]

Bei den Geschädigten, die älter als 14 Jahre waren, kommt es darauf an, ob sie die Bedeutung und die Tragweite des Eingriffs in vollem Umfang zu erfassen vermochten (individueller Reifegrad). Die neuere Literatur[256] ist bei der Beurteilung der einschlägigen Dopingpraxis der Auffassung, daß die Einwilligungsfähigkeit angesichts der komplexen Folgen von Doping eher bei Kindern und Jugendlichen eindeutig nicht gegeben ist und daher eine Rechtfertigung kraft Einwilligung ausscheiden muß.

Schließlich hätten die Sportler auch nach dem Arzneimittelgesetz der DDR[257] aufgeklärt werden müssen, wobei die Anforderungen an die Aufklärungspflicht des Arztes um so höher gewesen wären, als die Eingriffe medizinisch nicht indiziert waren.

Diese besonders strenge Aufklärungspflicht hätte auch nicht nur den dopenden Ärzten, sondern auch den Trainern oblegen, die in ihrem Auftrag die Dopingpräparate verabreichten.[258]

In der Praxis erfolgte eine solche Aufklärung nicht; den Sportlern sind ohne ihr Wissen oder zumindest ohne die erforderliche Aufklärung Anabolika verabreicht worden.

Aber selbst wenn die Ärzte ihre Aufklärungspflicht erfüllt hätten, würde, wie oben dargelegt, die Einwilligung sittenwidrig bleiben.[259]

---

254 Vgl. oben Teil D. Kap. III. 2. bb.

255 Vgl. auch Kohlhaas, NJW 1970, S. 1959; Haas, Ulrich/Prokop, Clemens, Sind Staatsanwälte verpflichtet, gegen Doping-Ärzte Ermittlungsverfahren einzuleiten?, SpuRt 1997, S. 56 ff. (58)

256 Haas/Prokop, SpuRt 1997, S. 56 ff.

257 Gesetz über den Verkehr mit Arzneimitteln (Arzneimittelgesetz/DDR) vom 27.11.1986, GBl. I 1986, 473.

258 Vgl. Linck, NJW 1987, S. 2550.

259 Vgl. oben Teil D. Kap. III. 2. b.; vgl. auch Haas/ Prokop, SpuRt 1997, S. 58.

Eine Rechtfertigung durch Einwilligung kommt daher für Trainer und Ärzte unter keinem Gesichtspunkt in Betracht.

(f) Kein Strafantragserfordernis als Strafverfolgungsvoraussetzung in Fällen des Dopings an Minderjährigen

Die erforderliche Strafverfolgungsvoraussetzung des § 232 StGB ist trotz Fehlen des dort in Abs. 1 S. 1 genannten Antragserfordernisses kein Hinderungsgrund.

In den angeklagten Fällen besteht ein besonderes öffentliches Interesse an der Strafverfolgung, weil die Angeschuldigten jeweils über einen langen Zeitraum zum Nachteil einer Vielzahl von Minderjährigen gehandelt haben, die auch nach dem Recht der DDR unter dem besonderen Schutz des Staates standen.

(3) Zur Verjährung

Die Bestrafung der Angeschuldigten ist nicht durch Verfolgungsverjährung ausgeschlossen, denn diese hat gemäß § 83 Nr. 2 StGB/DDR und § 78b Abs. 1 Nr. 2 StGB bis zum 3. Oktober 1990 geruht. Die Tat der Angeschuldigten lag nämlich im politischen Interesse der SED, die die Geschicke der Deutschen Demokratischen Republik bestimmte, so daß einer Strafverfolgung vor dem Zusammenbruch des SED-Regimes der Wille der Partei- und Staatsführung entgegenstand. Dieser einer Verfolgung politisch genehmer Straftaten entgegenstehende Wille war zwar nicht in Gesetzesform gekleidet worden; dies hätte der vorgeblichen Rechtsstaatlichkeit widersprochen. Er entwikkelte allerdings eine normative Kraft des Faktischen und hatte quasi die Wirkung eines gesetzlichen Verfolgungshindernisses[260]. Diese Situation regelt Art. 1 S. 1 des Gesetzes über das Ruhen der Verjährung bei SED-Unrechtstaten[261].

---

260 Vgl. auch Anklageschrift, S. 130.

261 Verjährungsgesetz vom 26. März 1993, BGBl. I 1993, 392.

Nach Art. 315a Abs. 2, 1. Halbsatz EGStGB (angefügt durch Art. 1 des 2. VerjährungsG vom 27. September 1993, BGBl. 1993 I, S. 1657) verjährt die Verfolgung von Taten, die vor Ablauf des 31. Dezember 1992 in dem in Art. 3 des Einigungsvertrages genannten Gebiet begangen worden sind und die im Höchstmaß mit Freiheitsstrafe von mehr als einem Jahr bis fünf Jahren bedroht sind, frühestens mit Ablauf des 31. Dezember 1997.[262] Der Gesetzgeber hat diese Frist in der 13. Wahlperiode des Deutschen Bundestages für diese sogenannten mittleren Delikte bis zur Grenze der absoluten Verjährungsfrist, § 78c Abs. 3 StGB, also bis zum 2. Oktober 2000 ausgedehnt. Der Fristablauf wird jedenfalls durch sogenannte verjährungsunterbrechende Maßnahmen unterbrochen, zu denen auch die Anklagerhebung zählt, § 78c Abs. 1 Nr. 6 StGB. Nach § 78b Abs. 3 ruht die Verjährung dann, soweit ein erstinstanzliches Urteil ergangen ist, bis zum rechtskräftigen Abschluß des Verfahrens.

(4) Zuständigkeit

Wegen der besonderen öffentlichen Bedeutung des Falles ist die Zuständigkeit des Landgerichts gegeben (§§ 24 Abs. 1 Nr. 3, 74 Abs. 1 Satz 2 GVG).

cc) Zwischenergebnis zur Körperverletzung durch Doping nach dem Recht der DDR

Körperverletzung steht nach dem Strafgesetzbuch der DDR gemäß § 115 unter Strafe, der tatbestandlich dem § 223 StGB gleich ist; § 115 Abs. 2 StGB/DDR stellt auch den mit gefährlichen Mitteln oder Methoden begangenen Versuch unter Strafe. Die beschuldigten Ärzte und Trainer, die Dopingmittel an DDR-Sportler abgaben, haben sich nach § 115 StGB/DDR der vorsätzlichen Körperverletzung strafbar gemacht. Trainer und Ärzte handelten mittäterschaftlich i.S.d. § 22 Abs. 2 Nr. 2 StGB/DDR.

Die Anklage der Staatsanwaltschaft II bei dem Landgericht Berlin stützt sich nicht auf § 116 StGB/DDR (schwere Körperverletzung),

---

262 Vgl. auch Anklageschrift, S. 130 f.

deren Tatbestand dem des § 224 StGB entspricht, aber darüber hinausreichend die nachhaltige Störung wichtiger körperlicher Funktionen umfaßt. Trotz offensichtlicher Schwierigkeiten in der Beweisführung diesbezüglich ist für andere Fälle von Doping im Sport die Anwendung dieser Strafnorm denkbar.

Daneben würde auch an eine Bestrafung nach § 230 StGB bzw. § 118 StGB/DDR wegen fahrlässiger Körperverletzung zu denken sein, wenn statt Vorsatzes eine (bewußte) Fahrlässigkeit bei der Begehungsweise festzustellen ist.

3. Betrug

Im Zusammenhang mit Dopingfällen im Leistungssport sind auch Staftatbestände aus dem Bereich der Vermögensdelikte zu prüfen. Im Leistungssport spielen wirtschaftliche Interessen in Form von Preisgeldern, mittelbar aber auch in Gestalt von Werbeverträgen für Sieger und erfolgreiche Spieler eine erhebliche Rolle. Sponsoring ist wesentliche und unverzichtbare Voraussetzung des Trainings in vielen Sportarten, die sich im Hochleistungsbereich ohne Unterstützung der Wirtschaft nicht mehr in der gewohnten Art durchführen ließen.

a) Betrug durch Doping nach dem Recht der DDR

aa) Allgemeines

Die Einflüsse und Interessen der Wirtschaft im Hochleistungssport bestehen in der westlichen Welt seit langer Zeit. Der Ostblock und damit auch die DDR haben, auch wenn sie bei internationalen Wettbewerben, Weltmeisterschaften und Olympischen Spielen auftraten, an diesem System der Verflechtung von Wirtschaft und Sport freilich nicht oder nur mit erheblichen Einschränkungen teilgenommen. Es gab keine Vermarktung von Fernsehrechten. Sponsoring- oder Werbeverträge für Sportler waren ausgeschlossen. Allenfalls wurden - etwa im Bereich des Eiskunstlaufs - bestimmte Spitzensportler nach Ende ihrer Sportkarriere ins Ausland "ausgeliehen" mit dem Ziel der Erwirtschaftung von Devisen für den SED-Staat.

bb) Zwischenergebnis

Da es in der DDR keine Vermarktung von Fernsehrechten, auch keine Sponsoring- oder Werbeverträge für Sportler gab, können auch Betrugstatbestände im Zusammenhang mit dem staatlichen Doping in der DDR nicht erfüllt worden sein.

Ebenfalls ausgeschlossen ist Betrug gegenüber der staatlichen Krankenversicherung in der DDR durch Abrechnung von Dopingmitteln, da das Dopingsystem der DDR lediglich die staatliche Abgabe von Dopingmitteln vorsah, die dann ebensowenig wie damit verbundene ärztliche Leistungen gegenüber einem Krankenversicherungsträger abgerechnet werden mußten.

b) Betrug durch Doping nach dem Recht der Bundesrepublik Deutschland

Die Situation beim Spitzensport in der Bundesrepublik Deutschland vor und nach 1990 stellt sich anders dar als in der ehemaligen DDR.

Zu denken ist bei durch Doping erzielten Erfolgen daher an Betrug i.S.d. § 263 StGB gegenüber den am Leistungssport mit wirtschaftlichen Interessen Beteiligten. Das juristische Schrifttum unterscheidet zwischen Betrug gegenüber dem Veranstalter, Betrug gegenüber dem wirklichen Sieger sowie Betrug gegenüber den Zuschauern.[263]

aa) Betrug nach § 263 StGB

Wegen Betrugs, § 263 StGB, ist strafbar, wer in der Absicht, sich oder einen anderen rechtwidrig zu bereichern, durch Täuschung einen Irrtum bei einer Person erweckt, aufgrund dessen diese Person eine vermögensschädigende Verfügung zugunsten des Täuschenden oder des von diesem Begünstigten vornimmt.[264]

---

263 Otto, SpuRt 1994, S. 10 ff. (15); Schneider-Grohe, Doping, S. 149 f.; Turner, MDR 1991, S. 574.

264 Vgl. Sievers, Die zivilrechtliche Haftung des Sportlers wegen Dopings, S. 171 f.; zur Vermögensverfügung als Tatbestandsvoraussetzung des § 263 StGB vgl. Dreher/Tröndle, § 263 Rdnr. 23 f.

(1) Betrug durch den gedopten Sportler

Zu denken ist an einen Betrug des gedopten Sportlers (§ 263 StGB) an den Konkurrenten, Zuschauern oder den Veranstaltern.

Die nach § 263 StGB erforderliche Täuschungshandlung liegt in der (wettbewerbswidrigen) Einnahme von leistungssteigernden Substanzen und der mit der Akzeptanz der Wettbewerbsbestimmungen konkludent vorgespiegelten Erklärung, er habe nicht gedopt und stelle sich aufgrund eigener Leistungsfähigkeit dem fairen Wettbewerb.

(a) Irrtumserregung gegenüber Publikum, Veranstaltern und Sponsoren

Durch diese Täuschungshandlung ist der gedopte Sportler in der Lage, beim Publikum, beim Veranstalter und bei Werbeträgern bzw. Sponsoren einen Irrtum zu erregen, nämlich die Annahme, der Sportler sei ob überragender Leistungen besonders sehenswert, förderungswürdig und für die Wirtschaft wie für kommerzielle Sportveranstalter ausnehmend attraktiv. Durch Weiterführen eines einmal begonnenen Dopingprogramms kann auch das Aufrechterhalten eines einmal erregten Irrtums in Betracht kommen.

(b) Vermögensschädigende Verfügung von Zuschauern, Veranstaltern und Sponsoren

Eine vermögensschädigende Verfügung der getäuschten Zuschauer kann im Einzelfall hinsichtlich der Zuschauer beim Erwerb von Eintrittskarten für Sportveranstaltungen liegen, deren Attraktivität durch die Teilnahme des gedopten und vermeintlich besonders leistungsfähigen Sportlers am gezeigten Wettbewerb erheblich beeinflußt wird. Zu denken ist hier etwa an die jährlich ausgetragenen kommerziellen Leichtathletik-Wettbewerbe, deren wirtschaftlicher Erfolg und damit deren Zuschauerbeteiligung unmittelbar von den vom Veranstalter "eingekauften" bekannten Sportlern abhängt.

In dem Zusammenhang stellt sich auch die Frage nach der Haftung des Sportlers gegenüber Sponsoren.[265] Zwischen Sportler und Sponsor bestehen regelmäßig individual-vertragliche Vereinbarungen, in deren Rahmen der Sportler, wenn nicht gar ausdrücklich, so zumindest aufgrund der ihn aus § 242 BGB treffenden allgmeinen Treue- und Förderpflicht gehalten ist, das Dopingverbot zu beachten, da Doping das Image des Sportlers negativ beeinflußt, welches der Sponsor vereinbarungsgemäß zu seinen kommunikativen Zwecken nutzt. Verstößt der Sportler schuldhaft gegen diese Verpflichtung, so ist er dem Sponsor aus pVV zum Ersatz des daraus entstehenden Schadens verpflichtet.

Deliktische Ansprüche des Sponsors scheiden hingegen aus.[266]

(c) Kausalitätsverhältnis

Zwischen dem Irrtum und der vermögensschädigenden Verfügung von Zuschauern oder Veranstaltern muß ein Kausalzusammenhang bestehen.[267] Dann müßten sowohl Zuschauer als auch Konkurrenten nur aufgrund der Überzeugung ins Stadion kommen, bzw. am Wettkampf teilnehmen, daß ein fairer und gleicher Wettkampf stattfindet.

(d) Zwischenergebnis

Regelmäßig dürfte es bereits am Vorliegen eines Irrtums fehlen.[268] Angesichts der weiten Verbreitung von Doping und der allgemeinen Kenntnis davon ist bereits die Irrtumserregung zu verneinen.[269]

---

265 Vgl. Sievers, Die zivilrechtliche Haftung des Sportlers wegen Dopings, S. 202 ff.

266 Vgl. ebenda, S. 219.

267 Vgl. Linck, MedR 1993, S. 61.

268 Vgl. Turner, MDR 1991, S. 574.

269 Pauschal verneinend Kohlhaas, Das Doping aus rechtlicher Sicht, in: Schröder/Kauffmann (Hrsg.), Sport und Recht, 1972, S. 55; ebenso Schild, Wolfgang, Doping in strafrechtlicher Sicht, in: Schild, Rechtliche Fragen des Doping, 1986, S. 28.

Bei den Zuschauern und Veranstaltern fehlt es zumeist außerdem an einem Vermögensschaden, wenn nämlich der gedopte Sportler nicht die einzige Attraktion der Veranstaltung war und eine Schädigung deshalb nicht unmittelbar erfolgt.

(e) Vermögensschädigende Verfügung durch die Konkurrenten

(aa) Verfügung durch Investitionen

In bezug auf Konkurrenten kann eine vermögensschädigende Verfügung in der durch Konkurrenzdruck motivierten Teilnahme an bestimmten Wettbewerben und den damit zusammenhängenden Investitionen liegen. Dieser Fall wird jedoch bei größeren Wettbewerben nur selten auftreten, da kaum nachweisbar sein dürfte, daß letztlich nur die Teilnahme eines bestimmten (gedopten) Sportlers der ausschlaggebende Grund für die Anreise war; vielmehr wird hier in die Betrachtung jeweils die dem Sieger winkende Prämie einzubeziehen sein.

(bb) Betrug an Konkurrenten durch Verzicht auf Gewinnprämie

Streitig ist die Möglichkeit des Betruges an Konkurrenten durch deren Verzicht auf Gewinnprämie.

(aaa) Ansicht der herrschenden Auffassung

Ein Teil der Literatur meint, selbst wenn man bei den Konkurrenten des siegreichen gedopten Sportlers eine Vermögensverfügung auch in dem Verzicht auf die Gewinnprämie sehen sollte, wäre dieser Verzicht nicht durch den Irrtum motiviert, es würde also am Kausalzusammenhang zwischen Irrtumserregung und Vermögensverfügung fehlen[270].

---

270 Vgl. Linck, NJW 1987, S. 2551; ders., MedR 1993, S. 61; Turner, MDR 1991, S. 574.

(bbb) Ansicht Schneider-Grohes

Anderer Auffassung ist Schneider-Grohe.[271] Er bejaht einen Betrug gegenüber den Konkurrenten und begründet die Irrtumserregung damit, daß man annehmen müsse, die Konkurrenten machten sich zumindest die allgemeine Vorstellung, alles sei in Ordnung und der Wettbewerb erfolge unter gleichen Bedingungen. Andernfalls schaffe man eine Strafbarkeitslücke, die den unfairen Sportler ohne sachlichen Grund privilegiere und denjenigen Sportler, der auf die Einhaltung der Wettkampfbestimmungen achte, vom strafrechtlichen Schutz freistelle[272].

(ccc) Stellungnahme

Letztgenannte Auffassung ist abzulehnen, denn eine möglicherweise entstehende Strafbarkeitslücke läßt sich keinesfalls mit einer tatbestandserweiternden Auslegung einer Strafnorm schließen. Sollte sich eine solche Lücke ergeben, wäre der Gesetzgeber zum Tätigwerden aufgefordert.

(2) Betrug des Arztes gegenüber Krankenkassen

Ein Betrug des Arztes gegenüber den gesetzlichen Krankenkassen bzw. des Sportlers gegenüber seiner privaten Krankenkasse kann vorliegen, wenn Leistungen zum Zwecke des Dopings abgerechnet werden.

Die Abrechnung oder Rezeptur von Dopingleistungen zu Lasten der gesetzlichen Krankenkassen ist unzulässig, da abrechnungsfähig nur Leistungen sind, die zur Heilung und Linderung von Krankheiten nach den Regeln der ärztlichen Kunst zweckmäßig und ausreichend sind. Leistungen, die für die Erzielung des Heilerfolges nicht notwendig oder unwirtschaftlich sind, kann der Versicherte nicht beanspruchen, der an der kassenärztlichen Versorgung teilnehmende Arzt darf sie nicht bewirken oder verordnen (§ 368e RVO).

---

271 Schneider-Grohe, Doping, S. 147 f.

272 Vgl. ebenda, S. 147. Hierbei handelt es sich aber um keine Argumentation de lege lata, sie mag allenfalls rechtspolitisch von Bedeutung sein.

Gleiches gilt für die Abrechnung gegenüber privaten Krankenkassen.[273]

bb) Zwischenergebnis

Ein Betrug des dopenden Sportlers ist an Konkurrenten nur in wenigen Fallkonstellationen denkbar, und eine entsprechende Verurteilung dürfte dort rechtstatsächlich an Beweisproblemen scheitern.

Gegenüber Publikum und Veranstaltern erscheinen die Möglichkeiten des Nachweises eines Betruges ebenfalls gering, soweit nicht (ausnahmsweise) der dopende Sportler der unstreitig einzige Mittelpunkt der fraglichen Veranstaltung war.

Anders zu beurteilen ist die Frage, ob Betrug gegenüber Sponsoren und Werbepartnern möglich ist. Hier sind Irrtumserregung und Kausalität einer Vermögensverfügung durchaus vorstellbar. Deliktische Ansprüche des Sponsors scheiden hingegen aus.

c) Zusammenfassung zu den Betrugstatbeständen

Angesichts der Bedeutung wirtschaftlicher Interessen im Leistungssport in der westlichen Welt vor und nach der Wiedervereinigung und des Zusammenbruchs des Ostblocks erscheinen in einigen Fallkonstellationen Verurteilungen wegen Betruges, § 263 StGB, durchaus als angemessene staatliche Sanktion gegen die Ausweitung des Dopings. Es erstaunt, warum recht wenig Gebrauch davon gemacht wird.

Wie dargelegt, ist allerdings in bezug auf das staatliche Doping der DDR der Betrugstatbestand keine taugliche Sanktion.

---

273 Vgl. Turner, MDR 1991, S. 572.

IV. Vorschriften des Betäubungsmittel- und Arzneimittelgesetzes

Die Verabreichung von Substanzen, die den Hormonhaushalt beeinflussen und auch der Leistungssteigerung im Sport dienen können, an Sportler in der DDR durch Trainer und Sportärzte wurde bislang in der Literatur vornehmlich anhand der Vorschriften des StGB bzw. des StGB/DDR zu Körperverletzungsdelikten diskutiert. Daneben könnte aber auch ein strafbares Verhalten nach Vorschriften des Betäubungsmittel- und Arzneimittelrechts in der Verabreichung solcher Substanzen vorliegen.

1. Recht der Bundesrepublik Deutschland

a) Vorschriften des Betäubungsmittelgesetzes (BtMG)

aa) Strafrechtliche Sanktionsmöglichkeiten nach BtMG

Die umfangreichsten strafrechtlichen Sanktionsmöglichkeiten zur (vorbeugenden) Bekämpfung des Dopings bietet das Betäubungsmittelgesetz (BtMG)[274] hinsichtlich der ihm unterfallenden Dopingsubstanzen. Von den unter das BtMG fallenden Substanzen werden insbesondere folgende Dopingmittel erfaßt: Kokain, Opium, Morphium, Heroin und Kodein.

Die heute gebräuchlichen Dopingsubstanzen wie die anabolen Steroide sind hingegen nicht dem BtMG unterstellt.[275]

Aus dem Katalog der nach § 29 f. BtMG strafbewehrten Verhaltensweisen seien nur folgende besonders relevanten genannt[276]:

---

274 BGBl. I, 681.

275 Vgl. Die Zuordnung der Dopingsubstanzen zum BtMG und dem AMG bei Körner, BtMG § 29 Rz. 77.

276 Vgl. auch Ahlers, Doping und strafrechtliche Verantwortlichkeit, S. 198 f.; Otto, SpuRt 1994, S. 15; Turner, MDR 1991, S. 574; Linck, NJW 1987, S. 2551; ders., MedR 1993, S. 61; Zittlau, Dieter J., Doping - auch ein polizeiliches Problem?, Zeitschrift für die gesamte Kriminalistik - Wissenschaft und Praxis, 8-9/1993, S. 559 (562).

Sofern ein Unbefugter Dopingmittel, die unter das BtMG fallen, anbaut, herstellt, mit ihnen Handel treibt, sie, ohne Handel zu treiben, einführt, ausführt, veräußert, abgibt, oder sonst in den Verkehr bringt, erwirbt oder sich in sonstiger Weise verschafft, macht er sich nach § 29 I Nr. 1 BtMG strafbar. Gemäß § 29 I Nr. 3 BtMG ist bereits der unerlaubte Besitz dieser Mittel mit Strafe bedroht.

Anders als nach den Vorschriften des Allgemeinen Strafrechts macht sich nach diesen Bestimmungen auch der gefährdete Sportler, der die Mittel verwenden will, strafbar.

Macht der Sportler oder zum Beispiel sein Betreuer unrichtige oder unvollständige Angaben, damit der Arzt Betäubungsmittel verschreibt, so ist er nach § 29 I Nr. 9 BtMG zu bestrafen. Verleitet eine andere Person - z. B. der Trainer oder Betreuer - den Sportler zum Verbrauch von Betäubungsmitteln, so macht sich diese Person nach § 29 I Nr. 10 BtMG strafbar.

Sofern Ärzte Betäubungsmittel ohne medizinische Indikation zum Zwecke des Dopings verschreiben, verabreichen oder zum unmittelbaren Verbrauch überlassen, machen sie sich nach § 29 I Nr. 6a oder 6b BtMG strafbar.

bb) Ergebnis

Obgleich das BtMG wohl alle erdenklichen Handlungsmöglichkeiten, die dem Doping Vorschub leisten, erfaßt, ist seine Bedeutung für die Dopingbekämpfung im Sport gering. Denn ihm unterfallen allein die sogenannten "klassischen" Dopingmittel (Stimulantien und Narkotika), die wegen ihrer leichten Nachweisbarkeit in neuerer Zeit nur noch eine untergeordnete Rolle spielen. Die heute gebräuchlichen Dopingsubstanzen wie die anabolen Steroide sind hingegen nicht dem BtMG unterstellt.[277]

---

[277] Vgl. die Zuordnung der Dopingsubstanzen zum BtMG und dem AMG bei Körner, BtMG § 29 Rz. 77; vgl. auch Ahlers, Doping und strafrechtliche Verantwortlichkeit, S. 198 f.

b) Verstöße gegen das Arzneimittelgesetz (AMG)

Die ganz überwiegende Zahl der zur Leistungssteigerung verwendeten Dopingmittel, insbesondere die anabolen Steroide, unterliegen dem Arzneimittelgesetz.[278]

Die Strafbestimmungen des Arzneimittelgesetzes sind in den §§ 95, 96 AMG niedergelegt.[279] Danach können der Erwerb, die Verschreibung, die Herstellung, das Inverkehrbringen und die Abgabe von solchen Substanzen strafbar sein.

aa) Erwerb und Verschreibung von Dopingarzneimitteln

Soweit die Dopingmittel nicht dem BtMG, sondern dem AMG unterliegen, war der Erwerb und die mißbräuchliche Verschreibung der Dopingpräparate bis 1998 straffrei. Hier bestand eine seit Jahren bekannte Gesetzeslücke. Die Gesetzeslücke wurde erst 1998 durch das Achte Änderungsgesetz zum AMG geschlossen.[280]

bb) Illegale Herstellung von Dopingarzneimitteln

Gemäß § 4 Abs. 14 AMG fällt unter den Begriff des Herstellens: das Gewinnen, das Anfertigen, das Zubereiten, das Be- oder Verarbeiten, das Umfüllen einschließlich Abfüllen, das Abpacken und das Kennzeichnen. Der Begriff des Herstellens ist also weit auszulegen und umfaßt alle Vorgänge, die im Herstellungsbereich liegen und durch die ein Arzneimittel in einer zur Abgabe an den Verbraucher bestimmten Form entsteht. Wer Arzneimittel i.S.d. § 2 Abs. 1 oder Abs. 2 AMG herstellen will, bedarf grundsätzlich einer Herstellungserlaubnis nach § 13 Abs. 1 AMG.[281]

Die illegale Herstellung ist gemäß § 96 Nr. 2 und Nr. 3 AMG mit Freiheitsstrafe bis zu einem Jahr oder mit Geldstrafe strafbar.

---

278 Vgl. Ahlers, Doping und strafrechtliche Verantwortlichkeit, S. 199-202.

279 Vgl. Arzneimittelgesetz vom 24. August 1976 BGBl. I, 2445 i.d.F. der Bekanntmachung vom 19. Oktober 1994 BGBl. I, 3018.

280 BGBl. I vom 11. September 1998, 2649; vgl. auch unten c.

281 Vgl. auch Turner, MDR 1991, S. 574.

cc) Illegales Inverkehrbringen und Abgabe

Gemäß § 4 Abs. 17 AMG ist unter Inverkehrbringen das Vorrätighalten zum Verkauf oder zur sonstigen Abgabe, das Feilhalten, das Feilbieten und die Abgabe an andere zu verstehen.[282]

§ 95 Abs. 1 Nr. 4 AMG bestraft die Verletzung der Apothekenpflichtigkeit des § 43 Abs. 3 AMG (Apothekenmonopol gegenüber Drogerien und Warenhäusern, Reformhäusern und Lebensmittelhändlern). Die Vorschrift wendet sich gegen das unzulässige Inverkehrbringen verschreibungspflichtiger Arzneimittel entgegen § 43 Abs. 1 AMG im Einzelhandel außerhalb einer Apotheke und gegen das Abgeben verschreibungspflichtiger Arzneimittel entgegen § 43 Abs. 2 oder Abs. 3 AMG gegen Rezept im Einzelhandel außerhalb von Apotheken (z. B. die Abgabe rezeptpflichtiger Arzneimittel auf Verschreibung in einer Drogerie).[283]

Der Strafrahmen ist Freiheitsstrafe bis zu zwei Jahren oder Geldstrafe, in besonders schweren Fällen (§ 95 Abs. 3 AMG) ist Freiheitsstrafe von einem Jahr bis zu zehn Jahren vorgesehen.

dd) Besonders schwerer Fall

§ 95 AMG sieht für den besonders schweren Fall der Begehung eine Strafverschärfung vor. § 95 Abs. 3 AMG legt fest :

> "In besonders schweren Fällen ist die Strafe Freiheitsstrafe von einem Jahr bis zu zehn Jahren. Ein besonders schwerer Fall liegt in der Regel vor, wenn der Täter durch eine der in Absatz 1 bezeichneten Handlungen
>
> 1. die Gesundheit einer großen Zahl von Menschen gefährdet,
> 2. einen anderen in die Gefahr des Todes oder einer schweren Schädigung an Körper oder Gesundheit bringt oder
> 3. aus grobem Eigennutz für sich oder einen anderen Vermögensvorteile großen Ausmaßes erlangt."

---

282 Vgl. ebenda.

283 Vgl. ebenda.

Wann ein besonders schwerer Fall vorliegt, ist aus den Umständen des Einzelfalles zu entnehmen.[284] Bei der Entscheidung, ob ein besonders schwerer Fall vorliegt, werden sowohl objektive als auch subjektive Momente zu berücksichtigen sein, so z. B. der Grad der Gefährdung von Personen, die Zahl der gefährdeten Personen, Gewissenlosigkeit, Gewinnsucht als Tatmotiv. Die Gefährdung der Gesundheit eines einzelnen Menschen reicht allein nicht aus, vielmehr muß die verursachte Schädigung mit einer schweren Körperverletzung i.S.d. § 224 StGB gleichgesetzt werden.[285] Diese Gefährdung beginnt mit der Aushändigung des Arzneimittels.[286] Wenn es nicht nur bei einer Gefährdung bleibt, sondern der Tod oder eine schwere Schädigung an Körper oder Gesundheit eingetreten ist, kommt eine Bestrafung nach den Vorschriften des StGB in Betracht.

ee) Ergebnis

Bei der in Rede stehenden Verabreichung von Dopingmitteln an minderjährige Sportler dürfte zumindest in den Fällen, in denen deren Zusammensetzung von vornherein höchst bedenklich war, vom Vorliegen eines besonders schweren Falls auszugehen sein. Dabei wird im Einzelfall zu prüfen sein, ob Fahrlässigkeit oder Vorsatz in Form eines dolus eventualis hinsichtlich der Verwirklichung des besonders schweren Falls vorliegt. In der Regel dürfte Vorsatz anzunehmen sein, da bei entsprechender Dosierung und Anwendung des Arzneimittels über einen längeren Zeitraum hinweg die dann eingetretene schwere Folge absehbar war und vom Täter billigend in Kauf genommen wurde, um das Ziel der Steigerung körperlicher Leistungsfähigkeit zu erreichen.

Die überwiegende Zahl der zur Leistungssteigerung verwendeten Dopingmittel, insbesondere die anabolen Steroide, unterliegen dem Arzneimittelgesetz. Nach dem AMG ist die illegale Herstellung, das illegale Inverkehrbringen und die Abgabe von Dopingarzneimitteln

---

[284] Vgl. Kloesel, Arno/Cyran, Kommentar zum AMG, Loseblattsammlung Stand 44. Lfg. 3/97, AMG § 95 Anm. 9.

[285] Kloesel/Cyran, AMG § 95 Anm. 10.

[286] Kloesel/Cyran, AMG § 95 Anm. 12.

strafbar. Erst seit dem Achten Änderungsgesetz zum AMG 1998 ist auch der Erwerb und die mißbräuchliche Verschreibung von Dopingarzneimitteln strafbar.

c) Anti-Doping-Gesetzgebung in der Bundesrepublik - das geänderte AMG

In jüngster Zeit hat das Thema "Doping im Sport" in der öffentlichen Diskussion erheblich an Bedeutung gewonnen.[287] Dazu hat einerseits die strafrechtliche Verfolgung von Doping an minderjährigen Sportlern in der DDR beigetragen; in diesen Verfahren sind im August 1998 die ersten Urteile verkündet worden. Andererseits haben auch die Dopingfälle während der Tour de France im Juli 1998 zu einer medienwirksamen Aufbereitung der Problematik beigetragen, die zu intensiven Diskussionen auch um deren zukünftige Behandlung im internationalen Sportgeschehen, etwa im IOC, geführt hat.

In diesem Zusammenhang haben sowohl Politiker als auch Sportler eine wirksame Anti-Doping-Gesetzgebung gefordert. Zu diesem Zeitpunkt waren aber bereits ein Zustimmungsgesetz zum Doping-Übereinkommen des Europarates[288] sowie Änderungen des Arzneimittelgesetzes[289] im Hinblick auf ein Dopingverbot im Sport verabschiedet worden.

Der Bundestag hatte im März 1994 dem Doping-Übereinkommen des Europarates aus dem Jahre 1989 zugestimmt.[290] In diesem Übereinkommen verpflichtet sich die Bundesrepublik Deutschland, neben dem Verkauf auch die unentgeltliche Abgabe von Dopingwirkstoffen einzuschränken. Handlungsbedarf bei der innerstaatlichen Gesetzgebung, insbesondere in bezug auf eine Änderung der Vorschriften des

---

287 Der Spiegel Nr. 30/1998, Nr. 35/1998; FAZ vom 04.08., 08.08., 10.08., 19.08., 20.08. und 21.08.1998.

288 Vgl. Anlage 7.

289 Gesetz über den Verkehr mit Arzneimitteln (Arzneimittelgesetz) vom 24.08. 1976, BGBl. I, 2445, in der Fassung der Bekanntmachung vom 19.10.1994, BGBl. I, 3018, zuletzt geändert durch Gesetz vom 05.11.1997, BGBl. I, 2631.

290 BGBl. II vom 11. März 1994, 334.

Arzneimittelgesetzes, erkannte der Deutsche Bundestag indes erst geraume Zeit später.

Erst im Frühjahr 1998 hat der Bundesgesetzgeber entsprechende Änderungen des Arzneimittelgesetzes im Hinblick auf eine Unterbindung von Dopingmaßnahmen beschlossen.

Die Fraktion der SPD hatte bereits im Juli 1996 den Entwurf eines Gesetzes zur Bekämpfung des Doping und zur Umsetzung des Übereinkommens des Europarates gegen Doping in die Beratungen des Deutschen Bundestages eingebracht.[291] Damit wurde die Schaffung einer Sanktionsvorschrift im Arzneimittelgesetz angestrebt, die eine unentgeltliche Abgabe von Dopingmitteln unter Strafandrohung stellt und so bestehende Regelungslücken schließt. Zudem sollte eine Harmonisierung der Anti-Doping-Maßnahmen auf europäischer Ebene erreicht werden. Der SPD-Entwurf richtete sich insbesondere gegen die kostenfreie Verabreichung anaboler Steroide und sah mit einem zur Strafschärfung führenden Regelbeispiel in § 95 Abs. 3 Nr. 4 AMG insbesondere auch den Schutz Minderjähriger vor.

Die Bundesregierung hat im März 1998 den Entwurf eines Achten Gesetzes zur Änderung des Arzneimittelgesetzes in den Bundestag eingebracht[292], der über die Änderungsbestrebungen des SPD-Entwurfs deutlich hinausgeht. Er sieht neben verschiedenen weiteren Änderungen des AMG das Verbot des Dopings und des Versandhandels mit apothekenpflichtigen Arzneimitteln vor und beschränkt die Durchführung des Handels mit Arzneimitteln auf dazu befugte Personen. Nach Beratungen im Bundesrat[293] und durch den Deutschen Bundestag[294] hat das Parlament in 2. und 3. Lesung den Gesetzentwurf in der 241. Sitzung angenommen. Der Bundesrat hat in seiner

---

[291] BT-Drs. 13/5215 vom 04.07.1996.

[292] BT-Drs. 13/9996 vom 03.03.1998.

[293] BR-Drs. 1029/97 vom 29.12.1997 mit Beratung in den Ausschüssen des Bundesrates.

[294] BT-Drs. 13/9996 und 13/10122 vom 13.03.1998, Beschlußempfehlung und Bericht des AfGesundheit, BT-Drs. 13/11020.

728. Sitzung am 10.07.1998 zugestimmt. Das Achte Änderungsgesetz zum AMG ist im Bundesgesetzblatt verkündet.[295]

Das Gesetz fügt einen neuen § 6a in das AMG ein, dessen Absatz 1 es verbietet, Arzneimittel zu Dopingzwecken im Sport in den Verkehr zu bringen, zu verschreiben oder bei anderen anzuwenden. Diese Bestimmung findet nach § 6a Abs. 2 des Gesetzes nur Anwendung auf Arzneimittel, die Stoffe der im Anhang des Übereinkommens gegen Doping aufgeführten Gruppen von Dopingwirkstoffen[296] enthalten, sofern das Inverkehrbringen, Verschreiben oder Anwenden nicht zur Behandlung von Krankheiten dient und das Doping bei Menschen erfolgt bzw. erfolgen soll. Das Bundesministerium für Gesundheit wird in Absatz 3 ermächtigt, durch Rechtsverordnung weitere Stoffe zu bestimmen, auf die Absatz 1 Anwendung findet.

Mit dieser neuen Norm dürfte es gelungen sein, einen Beitrag im Arzneimittelrecht zur Bekämpfung des Dopings zu leisten und damit auch dem Übereinkommen gegen Doping vom 18.09.1989 Rechnung zu tragen.

Mit dem neuen § 6a AMG, der neben dem Leistungssport auch den Breitensport erfaßt, werden Verbotsregelungen geschaffen, die das Inverkehrbringen, die Verschreibung und die Anwendung von auf sportliche Leistungssteigerung zielende Dopingmittel erfassen. Dies dient im Hinblick auf Ärzte und Apotheker der Klarstellung.

Vor allem wird nunmehr die Abgabe durch Trainer und die Anwendung durch die Sportler selbst verboten. Damit wird neben leistungssportlichen Bereichen auch der Hobby-Bereich, etwa das "Bodybuilding", erfaßt. Worauf die durch Einnahme der betreffenden Präparate intendierte Leistungssteigerung gerichtet ist, ist dabei unerheblich. Nicht erfaßt werden jedoch Verwendungen wie die Behandlung von Krankheiten oder zu anderen als Dopingzwecken (etwa die Leistungssteigerung bei Prüfungen).

---

295 BGBl. I vom 11. September 1998, 2649.

296 Vgl. Anlage 7.

Konsequent wird durch das Gesetz in § 95 Abs. 2 AMG (Strafvorschriften) eine Nummer 2a eingefügt, nach der mit Freiheitsstrafe bis zu drei Jahren oder mit Geldstrafe bestraft wird, wer "entgegen § 6a Abs. 1 Arzneimittel zu Dopingzwecken im Sport in den Verkehr bringt, verschreibt oder bei anderen anwendet". Damit ist die Strafbewehrung der neuen Vorschrift des § 6a AMG entsprechend angepaßt.

In Absatz 3 des § 95 AMG, der für besonders schwere Fälle eine Freiheitsstrafe von einem Jahr bis zu zehn Jahren vorsieht, wird in Satz 2 als Nummer 4 ein weiteres Regelbeispiel eingefügt:

> "... [wenn der Täter durch eine der in Absatz 1 bezeichneten Handlungen] im Falle des Absatzes 1 Nr. 2a Arzneimittel zu Dopingzwecken im Sport an Personen unter 18 Jahren abgibt oder bei diesen Personen anwendet".

Der Gesetzgeber trägt hier den - nicht zuletzt aus der Aufarbeitung der Rolle des Sports in der DDR und des dort staatlich angeordneten Dopings an Minderjährigen mit seinen zum Teil verheerenden körperlichen und seelischen Folgen für die Betroffenen - gewonnenen Erkenntnissen zur Dopingpraxis beim Aufbau junger sportlicher Nachwuchstalente mittels einer erheblichen Strafschärfung Rechnung.

Bereits jetzt läßt sich für die Gesetzesänderungen die Chance einer Auswirkung auf die Dopingpraxis prognostizieren. Dopingmittel sind vielfach von Trainern und Betreuern an die Sportler weitergegeben worden. Hier war bislang eine Strafbarkeit nach AMG nicht gegeben. Die jetzt geschaffenen Sanktionsmöglichkeiten können wirksam sein. Das setzt jedoch eine konsequente und ehrliche Kontrolle durch die Sportverbände ebenso voraus wie die Bereitschaft, festgestellte Verstöße zur Anzeige zu bringen. Auf dem "grauen Markt" des Freizeitsports und des "Bodybuildings" hängt der praktische Erfolg der Gesetzesänderungen vor allem vom Drohpotential und von der Präventionswirkung der Strafandrohungen ab.

d) Zusammenfassung zum Betäubungsmittel- und Arzneimittelgesetz

Nach der Auswertung des Achten Änderungsgesetzes zum AMG läßt sich zunächst feststellen, daß das AMG nun auch die Abgabe von Dopingmitteln durch Trainer und Ärzte und die Anwendung durch die Sportler selbst unter Strafe stellt.

Doping ist in Deutschland seit Inkrafttreten des Achten Änderungsgesetzes zum AMG, das jetzt eine eigene Vorschrift (§ 6 a) mit der Überschrift "Verbot von Arzneimitteln zu Dopingzwecken im Sport" enthält, kein Bagatelldelikt mehr. Doch da sich dort nur das Verbot findet, ist auch die entscheidende Strafvorschrift des § 95 ergänzt worden. Wer jetzt Dopingmittel in den Verkehr bringt, verschreibt oder bei anderen anwendet, kann mit einer Freiheitsstrafe von bis zu drei Jahren oder mit Geldstrafe bestraft werden.

Unter bestimmten Voraussetzungen kann jedoch aus dem Vergehen auch ein Verbrechen werden. Mit Freiheitsstrafe von einem Jahr bis zu zehn Jahren wird jetzt bestraft, wer Dopingmittel an Personen unter 18 Jahren abgibt oder verwendet.

2. Recht der DDR

Die verfolgten spektakulären DDR-Dopingfälle, deren Opfer Minderjährige waren, haben bezüglich ihrer Tathandlung vor dem 3. Oktober 1990 stattgefunden. Etwaige Sanktionen gegen Trainer, Ärzte und Betreuer setzen daher voraus, daß die Tathandlungen nach dem Recht der DDR, das ebenfalls ein Arzneimittelgesetz kannte, strafbar waren. Dem soll im folgenden nachgegangen werden.

a) Dopingmittel als Arzneimittel im Sinne des AMG

Bei den an Sportlern zur Steigerung sportlicher Leistungen verabreichten Substanzen handelte es sich um Hormonprodukte (Testastoron u. ä., Steroide und Anabolika, Peptidhormone und Analoge unter dem Namen Turbinol u. ä.), also chemische Elemente im Sinne des Stoffbegriffs in § 3 Nr. 1 AMG.[297] Diese Stoffe sind geeignet, die Be-

---

[297] BGBl. I, 3018.

schaffenheit, den Zustand oder die Funktionen des Körpers zu beeinflussen (anabole und androgene Wirkung[298]) und daher Arzneimittel[299] im Sinne des § 2 AMG.[300]

Nach DDR-Recht waren Arzneimittel biologisch aktive Stoffe oder Zubereitungen aus solchen Stoffen, die "[...] im menschlichen Körper [...] zur Beeinflussung der Beschaffenheit, des Zustandes oder der Funktionen des Körpers [...] angewendet werden" (§ 5 Abs. 1 Nr. 1 AMG/DDR[301]).[302] Darunter fallen auch die o.g. Hormonprodukte.

Die in der DDR an Sportler verabreichten Dopingsubstanzen müßten dem Begriff des Stoffes in § 5 AMG/DDR entsprechen. Darunter versteht man chemische Elemente oder chemische Verbindungen.[303]

b) Die strafrechtliche Relevanz des Dopings im DDR-Leistungssport nach Arzneimittelgesetz (AMG / DDR)

Nach § 22 des AMG/DDR macht sich strafbar:

> "(1) Wer vorsätzlich Arzneimittel entgegen den Bestimmungen dieses Gesetzes
> 1. herstellt, be- oder verarbeitet, erwirbt, besitzt, aufbewahrt oder in sonstiger Weise mit ihnen umgeht,
> 2. verabreicht, abgibt, sich oder einem anderen beschafft oder in den Verkehr bringt
>
> und dadurch fahrlässig eine unmittelbare Gefahr für das Leben oder die Gesundheit von Menschen verursacht, wird mit [...] Geldstrafe, Verurteilung auf Bewährung oder mit Freiheitsstrafe bis zu einem Jahr bestraft.

---

298 Vgl. dazu Müller, Doping im Sport als strafbare Gesundheitsbeschädigung, S. 22 m.w.N.

299 Vgl. zum Arzneimittelbegriff auch: Deutsch, Erwin, Arztrecht und Arzneimittelrecht, 2. Auflage, Berlin/Heidelberg 1991, S. 334 f.

300 Vgl. Kloesel/Cyran, § 2 AMG Anm. 44.

301 Gesetz über den Verkehr mit Arzneimitteln (Arzneimittelgesetz/DDR) vom 27.11.1986, GBl. I., 473.

302 § 5 Abs. 1 Nr. 3 entspricht § 2 Abs. 1 lit. a Arzneimittelgesetz/DDR vom 5. Mai 1964, GBl. I, 101.

303 Anlage AMG GBl. I, 473 (478 f.).

(2) Wer durch die Handlung vorsätzlich eine unmittelbare Gefahr für das Leben oder die Gesundheit von Menschen verursacht, wird mit Freiheitsstrafe bis zu drei Jahren bestraft.

(3) Wer durch die Handlung gemäß Abs. 1 fahrlässig einen erheblichen Gesundheitsschaden oder den Tod eines Menschen verursacht, wird mit Freiheitsstrafe bis zu acht Jahren bestraft."[304]

Danach können der Erwerb, die Verschreibung, die Herstellung, das Inverkehrbringen von solchen Substanzen strafbar sein.

aa) Strafbarkeit der Sportärzte und der Trainer

Eine Strafbarkeit nach § 22 AMG/DDR setzt eine vorsätzlich begangene rechtswidrige Handlung und das Fehlen von Entschuldigungsgründen voraus.

(1) Objektiver Tatbestand der Abgabe / des Inverkehrbringens

Die Sportärzte und Trainer, die solche Dopingmittel den Minderjährigen verabreicht haben, haben diese Arzneimittel dadurch in den Verkehr gebracht bzw. abgegeben und somit den objektiven Tatbestand des § 22 AMG/DDR erfüllt. In bezug auf die Trainer wäre darüber hinaus zu berücksichtigen, daß sie auch nach AMG/DDR nicht berechtigt waren, überhaupt Medikamente abzugeben.

(2) Vorsatz hinsichtlich des objektiven Tatbestandes

Voraussetzung zur Erfüllung des subjektiven Tatbestandes § 22 AMG/DDR ist, daß die Sportärzte und Trainer bei der Verabreichung der Dopingmittel um die Arzneimitteleigenschaften wußten und die Tatumstände kannten, die den Verdacht auf deren schädliche Wirkung begründeten. Auf den Erweis der schädlichen Wirkung kommt es nicht an; vielmehr genügt bereits der Verdacht[305]. Die Dopingmittel waren nicht zugelassen oder registriert. Ihre Zusammensetzung

---

304 GBl. I, 473 (477).

305 Vgl. auch Kloesel/Cyran, AMG § 95 Anm. 3.

mußte jeden ausgebildeten Arzt vermuten lassen, daß sie eine nicht kalkulierbare und in jedem Fall schädigende Wirkung zumal auf die körperliche Entwicklung Minderjähriger haben würden.

Die Trainer als medizinische Laien haben ebenfalls um die Wirkung der Substanzen gewußt und konnten damit auch wissen, daß erhebliche Nebenwirkungen bei Jugendlichen zu erwarten waren. Ärzte und Trainer handelten damit vorsätzlich hinsichtlich des objektiven Tatbestandes.

(3) Besonders schwerer Fall

§ 23 Abs. 2 AMG/DDR[306] sah auch besonders schwere Fälle vor. Diese lagen dann vor, wenn vorsätzlich eine unmittelbare Gefahr für das Leben oder die Gesundheit eines Menschen bzw. fahrlässig ein erheblicher Gesundheitsschaden oder der Tod eines Menschen verursacht wurde oder der Täter seine Sorgfaltspflichten im gesellschaftlichen Zusammenleben in besonders verantwortungsloser Weise verletzt hat.

(4) Rechtfertigungs- und Entschuldigungsgründe

Rechtfertigungs- und Entschuldigungsgründe sind für die Sportärzte und Trainer nicht ersichtlich, zumal nicht im System der Einflüsse des MfS auf die Sportausbildung der Minderjährigen oder gar aus Gründen des übergesetzlichen Notstandes, für den die Rechtsprechung enge Voraussetzungen aufgestellt hat.

Eine Einwilligung der Jugendlichen in die Verabreichung von Dopingsubstanzen auf hormoneller Wirkungsbasis würde jedenfalls keine rechtfertigende Wirkung gehabt haben bzw. sittenwidrig gewesen sein, da die Einsichtsfähigkeit der Probanden nur beschränkt vor-

---

306 § 23 Abs. 2 lautet: "In schweren Fällen wird der Täter mit Freiheitsstrafe von einem Jahr bis zu fünf Jahren bestraft. Ein schwerer Fall liegt vor, wenn 1. mehrere Menschen getötet werden oder 2. die fahrlässige Handlung auf einer rücksichtslosen Verletzung der Bestimmungen dieses Gesetzes beruht oder der Täter seine Sorgfaltspflichten im gesellschaftlichen Zusammenleben in besonders verantwortungsloser Weise verletzt." GBl. I, 473 (477).

handen und die fatale Wirkungsweise auf Jugendliche im pubertären Stadium kaum klar dargelegt worden sein dürfte.

Auf die Zwölfte Durchführungsbestimmung zum Arzneimittelgesetz der DDR[307] können sich die Ärzte ebenfalls nicht berufen; sie läßt zwar die Prüfung von Arzneimitteln am Menschen zu (§ 1), ihr § 2 setzt jedoch voraus, daß die Prüfung nur dann gerechtfertigt ist, wenn ein wesentlicher Fortschritt in der medizinischen Betreuung dadurch zu erwarten ist und bestimmt eine sachgemäße und schonende Indikation mit dem geringsten Risiko für den Probanden (Abs. 2). Das Maß der Anwendung von Dopingmitteln schließt die Berufung auf diese Vorschriften ebenso aus wie die Tatsache, daß die Risiken weder den Minderjährigen selbst noch ihren Erziehungsberechtigten[308] bekannt und durch die Ärzte keinesfalls vertretbar waren.

bb) Ergebnis

Nach § 22 AMG/DDR haben sich die Sportärzte, die die Dopingsubstanzen an Minderjährige verabreicht oder diese zur Verabreichung an Trainer oder andere Dritte weitergereicht haben, strafbar gemacht. Ärzte und Trainer wußten, wie auch aus MfS-Dokumenten[309] hervorgeht, um die schädigende Wirkung der von ihnen verabreichten Dopingmittel.

Sie haben auch nach § 23 Abs. 2 AMG/DDR in einem besonders schweren Fall gehandelt, da sie ihre Sorgfaltspflichten gegenüber ihren Schutzbefohlenen in besonders verantwortungsloser Weise verletzt haben.

---

307 12. Durchführungsbestimmung AMG/DDR vom 17. Mai 1976 GBl. I, 248.

308 Zum Einwilligungsrecht der Eltern bei einwilligungsunfähigen Minderjährigen vgl. auch Müller, Doping im Sport als strafbare Gesundheitsschädigung, S. 107 m.w.N.

309 Vgl. oben Teil B. Kap. I. 2.

3. *Rechtsfolge*

a) *Einigungsvertrag und die Folgen für die Anwendung des AMG*

Art. 8 des Einigungsvertrages bestimmt, daß mit dem 03.10.1990 Bundesrecht im Beitrittsgebiet in Kraft tritt. Daher galt ab diesem Zeitpunkt das Arzneimittelgesetz der Bundesrepublik mit den in Anlage I Kapitel X Abschnitt II Nr. 23 genannten Änderungen. Die Strafbarkeit der zuvor erfolgten Abgabe von Dopingsubstanzen beurteilt sich aber in erster Linie nach den Vorschriften des Arzneimittelrechts der DDR, müßte jedoch auch nach dem Recht der Bundesrepublik strafbar gewesen sein und in der Bundesrepublik verfolgbar sein.

Eine Strafbarkeit nach arzneimittelrechtlichen Vorschriften setzt voraus, daß

- die entsprechenden Substanzen Arzneimittel sind, also das AMG und AMG/DDR überhaupt anwendbar ist,
- die Handlung selbst nach den im Arzneimittelgesetz (AMG/ DDR) aufgeführten Strafvorschriften fällt und auch nach dem Recht der Bundesrepublik strafbar war (AMG),
- die Handlung zur Zeit der Tat bereits strafbar war und daß
- zwischenzeitlich kein Strafverfolgungshindernis, insbesondere keine Strafverfolgungsverjährung eingetreten ist.

b) *Verjährung von AMG / DDR-Delikten als strafrechtliches Verfolgungshindernis*

Die Staatsanwaltschaft hat zwar die Pflicht, bei bestehendem Anfangsverdacht in Dopingfällen Ermittlungsverfahren einzuleiten.[310] Einer Anklage von AMG-Delikten könnte jedoch das Strafverfolgungshindernis der Verjährung entgegenstehen.

Das AMG/DDR sieht in § 22 für die fahrlässige Verursachung einer unmittelbaren Gefahr durch Inverkehrbringen oder Abgabe eine Höchststrafe von einem Jahr Freiheitsentzug vor (Abs. 1); Abs. 2

---

[310] Vgl. dazu Haas/Prokop, SpuRt 1997, 56 ff.

sieht für eine vorsätzliche Handlung eine Freiheitsstrafe von bis zu drei Jahren vor. Der Strafrahmen für die fahrlässige Verursachung eines erheblichen Gesundheitsschadens oder des Todes eines Menschen durch eine Handlung i.S.d. Abs. 1 beträgt gemäß § 22 Abs. 3 AMG/DDR im Höchstmaß acht Jahre Freiheitsentzug.

Die Tatbestände des § 22 AMG/DDR verjähren gemäß § 82 Abs. 1 StGB/DDR[311] nach fünf Jahren. Die Verjährungsvorschriften des StGB, die zugunsten der Täter Anwendung finden, sehen ebenfalls eine fünfjährige Verjährungsfrist vor. Nach § 78 Abs. 3 Nr. 4 und Abs. 4 StGB gilt für die Verjährung bei Strafschärfungen bei besonders schweren Fällen ebenfalls die kurze Frist des Grundtatbestandes.

Eine Strafverfolgung von Verstößen gegen das AMG/DDR ist nach § 22 AMG/DDR daher für die Taten nicht mehr möglich, die vor dem 03.10.1990 beendet waren.

Durch den mit dem Einigungsvertrag in das EGStGB eingefügten Artikel 315a erfolgt die Fiktion einer Unterbrechung der Verfolgungsverjährung für diejenigen Straftaten, die nach dem Recht der DDR am 03.10.1990 noch nicht verjährt waren; das betrifft mithin Taten, die am 03.10.1995 noch nicht beendet waren. Ihre Verjährungsfrist begann damit erneut und endete am 31.12.1995. Eine darüber hinausgehende Verlängerung der Verjährungsfristen für diese "leichteren" Delikte durch den Bundesgesetzgeber erfolgte nicht.

Damit steht einer strafrechtlichen Verfolgung solcher Verstöße gegen das AMG/DDR heute der Eintritt der Strafverfolgungsverjährung entgegen, soweit nicht bis zum 31.12.1995 bereits verjährungsunterbrechende Maßnahmen eingeleitet worden waren.

---

311 StGB/DDR, GBl. I 1968, 591, i.d.F. vom 28. Juni 1979, GBl. I 1979, 139.

c) *Weitere rechtliche Sanktionen*

Im Falle einer Verurteilung von Ärzten wegen der Verabreichung von Dopingmitteln an Minderjährige nach Normen des StGB/DDR (Körperverletzungsdelikte, § 115 ff. StGB/DDR) kommt - je nach dem Ergebnis der Beweisaufnahme in der Hauptverhandlung - der Ausspruch eines Berufsverbotes nach § 70 StGB in Betracht.[312] Ein Berufsverbot gegen Trainer kommt ebenfalls in Betracht. Voraussetzung ist jeweils die Tatbegehung unter Mißbrauch des Berufs und unter grober Verletzung der damit verbundenen Pflichten.

Ein Entzug der kassenärztlichen Zulassung kommt im Hinblick auf die Ärzte ebenso in Betracht wie der Ausspruch der Berufsunwürdigkeit im berufsständischen Verfahren nach einer strafrechtlichen Verurteilung.[313]

d) *Zusammenfassung*

Trainer und Sportärzte haben sich nach § 22 AMG/DDR strafbar gemacht. Einer strafrechtlichen Verfolgung der Verstöße gegen das AMG/DDR steht aber heute der Eintritt der Strafverfolgungsverjährung entgegen.

---

312 Vgl. dazu Maunz, Theodor/Dürig, Günter, Kommentar zum Grundgesetz, Loseblattausgabe, Stand: 32 Lfg., Oktober 1996, Art. 12 Rdnr. 368 ff.; Dreher/Tröndle, StGB § 70 Rdnr. 1 m.w.N.

313 Vgl. Stebner, Frank A., Das Recht der biologischen Medizin, Bd. 1, Heidelberg 1992, S. 104 f. m.w.N.; Zum Doping als ärztlicher Tätigkeit: Franz/Hartl, NJW 1988, S. 2277 ff.; Derleder, Peter/Deppe, Ulrike, Die Verantwortung des Sportarztes gegenüber Doping, JZ 1992, 116 ff.; Deutsch, Arztrecht und Arzneimittelrecht, S. 385 f.

E. Staatlich organisiertes Doping als Verstoß gegen Menschenrechte und völkerrechtliche Grundsätze und Normen

I. Allgemeines

Die UN-Charta vom 26. Juni 1945[314] bekennt sich an verschiedenen Stellen[315] zu den Menschenrechten und Grundfreiheiten.[316] Die Präambel der Satzung bekräftigt den Glauben an die Grundrechte der Menschen, an Würde und Wert der menschlichen Persönlichkeit und an die Gleichberechtigung von Männern und Frauen. In Art. 1 Abs. 3 ist von der Förderung und Festigung der Menschenrechte und Grundfreiheiten für alle ohne Unterschied der Rasse, des Geschlechts, der Sprache oder der Religion die Rede. Gemäß Art. 13 lit. b soll die Generalversammlung Untersuchungen veranlassen und Empfehlungen geben, um bei der Verwirklichung der Menschenrechte und Grundfreiheiten zu helfen. In Art. 55 lit. c heißt es, daß die Vereinten Nationen die allgemeine Achtung und Verwirklichung der Menschenrechte und Grundfreiheiten fördern solle. Im Zusammenhang mit dieser Vorschrift muß Art. 56 gelesen werden, der alle Mitglieder verpfichtet, zur Verwirklichung dieser Ziele in Verbindung mit der Organisation der Vereinten Nationen einzeln und zusammen tätig zu werden.[317]

Durch die Satzung der Vereinten Nationen sind die Menschenrechte eine internationale Angelegenheit geworden. Es ist nicht mehr nur eine innere Angelegenheit, in welchem Maße der Staat seinen Bür-

---

314 Text: UN-Yearbook 1969, S. 953 ff.; BGBl. II 1973, 431 ff.

315 Zu den Bestimmungen über Menschenrechte in der UN-Charta vgl. Guradze, Heinz, Der Stand der Menschenrechte im Völkerrecht, Göttingen 1956, S. 101 ff.; Sohn, Louis B., The Human Rights Law of the Charter, in: Texas International Law Journal 1977, S. 129 ff.

316 Kriele, Martin, Die Menschenrechte zwischen Ost und West, Köln 1977; Kimminich/Otto, Menschenrechte, München, Wien 1973; Brunner, Georg, Menschenrechte in der DDR, Baden-Baden 1989, S. 15 ff.; Gornig, Äußerungsfreiheit und Informationsfreiheit, S. 230 ff. m.w.N.

317 Gornig, Äußerungsfreiheit und Informationsfreiheit, S. 231 f.

gern und den Menschen in seinem Hoheitsbereich die Menschenrechte und Grundfreiheiten gewährt.

Aus der Betonung der Grund- und Menschenrechte in der UN-Charta ergeben sich unmittelbar Verpflichtungen für alle Organe der Vereinten Nationen, die Menschenrechte zu achten. Strittig ist, ob auch die Mitgliedsstaaten der Vereinten Nationen durch die Bestimmungen der Charta rechtlich gebunden sind.[318] Für die einen ergeben sich aus den Satzungsbestimmungen nur moralische Pflichten[319], andere schließen aus Art. 55 lit. c und 56, daß die Mitgliedsstaaten verpflichtet sind, bei der Förderung der Menschenrechte mit den Organen der Organisation der Vereinten Nation zusammenzuarbeiten, wobei jede Verletzung der Menschenrechte auch eine Verletzung dieser Förderungspflicht darstellt. Nach dem Wortlaut wie nach dem Willen der Vertragsschließenden handelt es sich bei der Förderung der Menschenrechte - trotz mangelnder Präzisierung - um eine echte Rechtsverpflichtung.[320]

Für die Menschenrechtsgarantie auf internationaler Ebene gilt, daß eine mögliche Verletzung nicht unter Berufung auf allgemeine Prinzipien und Grundsätze verurteilt werden kann, vielmehr bedarf es eines durchformulierten Rechtekatalogs.[321] Da die Satzung der Vereinten Nationen über den Inhalt der Menschenrechte nichts aussagt, neigten die meisten Autoren wegen der unterschiedlichen Auffassung der einzelnen Staaten über die Menschenrechte dazu, den Begriff eng auszulegen und nur die elementarsten Menschenrechte dem Schutz der UN-Charta zu unterstellen. Zu diesen elementaren Menschenrechten wurde der Schutz des Lebens, die Freiheit der Person, die Freiheit vor Diskriminierung sowie die Religionsfreiheit gezählt. Um dieser Unsicherheit über den Inhalt der Menschenrechte ein Ende zu machen, wurde es Aufgabe der aufgrund des Art. 68 UN-Charta ein-

---

318 Dahm, Georg, Völkerrecht, Bd. I, Stuttgart 1958, S. 423; Berber, Friedrich, Lehrbuch des Völkerrechts, Bd. I, 2. Aufl., München 1975, S. 395 ff.; Gornig, Äußerungsfreiheit und Informationsfreiheit, S. 231 f.

319 Vgl. Kelsen, Hans, Reine Rechtslehre, 2. Aufl., Wien 1960, S. 29 ff.

320 So Berber, Bd. I, S. 396.

321 Gornig, Äußerungsfreiheit und Informationsfrei-heit, S. 231 f.

gesetzten Menschenrechtskommission, einen Menschenrechtskatalog auszuarbeiten.

Die Generalversammlung verabschiedete am 10. Dezember 1948 die Allgemeine Erklärung der Menschenrechte (AEMR)[322], der an sich allerdings noch keine Rechtsverbindlichkeit zukommt.[323]

Im Laufe der Zeit sind aber unter Mitwirkung der Vereinten Nationen zahlreiche Verträge zustande gekommen, die die Vertragsparteien zu bestimmten Verhaltensweisen verpflichten. Eine hervorragende Bedeutung kommt unter ihnen den beiden Menschenrechtspakten, dem Internationalen Pakt über bürgerliche und politische Rechte (IPBPR) und dem Internationalen Pakt über wirtschaftliche, soziale und kulturelle Rechte (IPWSKR)[324] zu, die von der Ge-

---

322 In Art. 1 der Allgemeinen Erklärung der Menschenrechte der Vereinten Nation von 1948 heißt es: "Alle Menschen sind frei und gleich an Würde und Rechten geboren. Sie sind mit Vernunft und Gewissen begabt und sollen einander im Geist der Brüderlichkeit begegnen." Art. 5: "Niemand darf der Folter oder grausamer, unmenschlicher oder erniedrigender Behandlung oder Strafe unterworfen werden." Die Erklärung wurde am 10. Dezember 1948 mit der UNO-Resolution A/217 (III) angenommen. Abgedruckt in: Völkerrecht. Dokumente Teil 1, Berlin (Ost) 1973, S. 282-291.

323 Vgl. Brunner, Georg/Klein, Eckhart, Internationale Menschenrechtsverpflichtungen der DDR, in: Brunner, Menschenrechte in der DDR, S. 16 ff.; Gornig, Äußerungsfreiheit und Informationsfreiheit, S. 234 ff. m.w.N.; Nach Auffassung von Berber handelt es sich bei der AEMR um eine "Erklärung grundsätzlichen und programmatischen Charakters im Stile der großen abendländischen Erklärungen des 18. Jahrhunderts", die "nicht nur moralische, sondern wohl auch juristische Bedeutung" hat und bei der eine Tendenz bestehe, sie als Formulierung der Prinzipien eines universellen Völkergewohnheitsrechts" anzusehen.; Berber, Bad. I, S. 396 f.

324 Vgl. Internationale Konvention über Bürgerrechte und politische Rechte vom 16. Dezember 1966. Die Konvention wurde am 16. Dezember 1966 mit der UNO-Resolution A/2200 (XXI) einstimmig angenommen. Abgedruckt in: Völkerrecht. Dokumente Teil 2, Berlin (Ost) 1973, S. 893-916. Der Internationale Pakt über wirtschaftliche, soziale und kulturelle Rechte (IPWSKR) wurde ebenfalls am 16. Dezember 1966 mit der UNO-Resolution einstimmig angenommen. Die Internationale Konvention vom 16. Dezember 1966 legt in Art. 7 fest: "Niemand darf der Folter, grausamer, unmenschlicher oder erniedrigender Behandlung oder Strafe unterworfen werden. Insbesondere darf niemand ohne seine freiwillige Zustimmung medizinischen oder wissenschaftlichen Experimenten unterworfen werden." Zur Erklärung der DDR

neralversammlung am 16. Dezember 1966 angenommen wurden und im Jahre 1976 in Kraft getreten sind.

In diese Bestrebungen um einen universellen Menschenrechtsschutz war die DDR einbezogen, seitdem sie im Ergebnis der Ostverträge und der innerdeutschen Vereinbarungen aus ihrer internationalen Isolierung heraustreten konnte und mit Wirkung vom 18. September 1973 in die Vereinten Nationen aufgenommen worden ist.

Ein wichtiger politischer Beitrag zur Förderung der Menschenrechte ist mit der Konferenz über Sicherheit und Zusammenarbeit in Europa (KSZE) eingeleitet worden. Ihre am 1. August 1975 unterzeichnete Schlußakte von Helsinki und die Dokumente von verschiedenen Folgekonferenzen haben die politische Absicht der beteiligten Staaten bekräftigt und in Einzelfragen präzisiert, die Menschenrechte und Grundfreiheiten zu achten.[325] Die DDR ist am KSZE-Prozeß von Anfang an beteiligt gewesen.

II. Völkerrechtliche Verträge

Von den universellen Verträgen menschenrechtlichen Inhalts kommt ohne Zweifel dem IPBPR die größte Bedeutung zu, der von der DDR am 2. November 1973 ratifiziert wurde[326] und am 23. März 1976 völkerrechtlich in Kraft getreten ist. Er enthält eine Reihe von Freiheitsrechten, deren Realisierung in erster Linie durch Verbotsnormen angestrebt wird, indem den Paktstaaten Eingriffe in die Menschenrechte untersagt sind. Zu ihnen gehören etwa die Rechte auf Leben, persönliche Freiheit und Sicherheit, Schutz der Privatsphäre, Freizügigkeit, zahlreiche justitielle Grundrechte im Strafverfahren und Strafvollzug, die Meinungs-, Informations-, Religions-, Versammlungs-, Vereinigungs- und Koalitionsfreiheit.

---

zur UN-Antifolterkonvention vgl. Gornig, Gilbert/Ney, Martin, Die Erklärung der DDR zur UN-Antifolterkonvention aus völkerrechtlicher Sicht: Ein Beitrag zur Zulässigkeit von Vorbehalten und ihren Rechtsfolgen, JZ 1988, 22, S. 1048-1053.

325 Vgl. auch Brunner/Klein, Menschenrechte, S. 16.; Gornig, Äußerungsfreiheit und Informationsfreiheit, S. 372 ff. m.w.N.

326 GBl. II 1974, 57.

Im IPWSKR, der von der DDR ebenfalls am 2. November 1973 ratifiziert wurde[327] und am 3. Januar 1976 völkerrechtlich in Kraft getreten ist, stehen Gebotsnormen im Vordergrund, die von den Paktstaaten Anstrengungen zur Verwirklichung der in ihm genannten Menschenrechte verlangen, ohne konkrete Individualansprüche gegen den Staat zu begründen.[328]

Zu den sich aus den genannten Abkommen ergebenden vertragsrechtlichen Regelungen treten die Normen des Völkergewohnheitsrechts und die allgemein anerkannten Rechtsgrundsätze hinzu, aus denen sich ein menschenrechtlicher Mindeststandard ableiten läßt, der für alle Staaten verbindlich ist.[329] Bis auf einige elementare Menschenrechte (z. B. das Recht auf Leben, Folter- und Sklavereiverbot) bereitet die inhaltliche Bestimmung dieses menschenrechtlichen Mindeststandards allerdings Schwierigkeiten. In bezug auf die DDR dürfte dieser Frage insofern nur eine geringe Bedeutung zukommen, als sie den beiden Menschenrechtspakten und vielen anderen Konventionen menschenrechtlichen Inhalts beigetreten und somit schon kraft Völkervertragsrecht zur Gewährleistung der hier genannten Menschenrechte verpflichtet war.[330]

III. Menschenrechtspakte und innerstaatliches Recht der DDR

Die Verpflichtungen der DDR, die Menschenrechte des IPBPR im Rahmen ihrer Gebiets- und Personalhoheit zu gewährleisten, sind zunächst völkerrechtlicher Natur, d. h. sie bestehen gegenüber den anderen Paktstaaten.[331] Ob die Menschenrechtspakte auch innerstaatlich anwendbar sind und die der Herrschaftsgewalt der DDR unterworfenen Individuen aus ihnen subjektive Rechte ableiten und gegen den Staat DDR geltend machen konnten, ist hingegen eine ande-

---

327 GBl. II 1974, 105.

328 Brunner/Klein, Menschenrechte, S. 17.

329 Ebenda, S. 18.

330 Vgl. ebenda, S. 19.

331 Vgl. ebenda, S. 31 f.

re, nicht leicht zu beantwortende Frage.[332] Im Schrifttum der DDR, das der Lehre von der unmittelbaren Anwendbarkeit völkerrechtlicher Verträge zurückhaltend gegenübersteht und für deren innerstaatliche Geltung grundsätzlich einen besonderen Transformationsakt verlangt, wird die Auffassung vertreten, daß der Mensch kein Subjekt des Völkerrechts sei und deshalb unmittelbar aus den Menschenrechtspakten auch keine Rechte gegen seinen Staat herleiten könne.[333] Daß letztere Behauptung nicht zutreffen kann, ergibt sich schon aus der völkerrechtswidrigen Grundrechtskonzeption der DDR.[334]

Hinsichtlich der Möglichkeit einer speziellen Transformation ist festzustellen, daß die beiden Menschenrechtspakte der damaligen Rechtslage entsprechend[335] vom Vorsitzenden des Staatsrats am 8. November 1973 ratifiziert wurden. Die Ratifikation nebst den Pakttexten wurde im Jahre 1974 im Gesetzblatt bekanntgemacht.[336] Ratifikation und Bekanntmachung wurden aber von der Rechtslehre der DDR nicht als spezieller Transformationsakt angesehen.[337] Für die Übernahme eines völkerrechtlichen Vertrages in die innerstaatliche Rechtsordnung bedürfe es darüber hinaus eines ausdrücklichen Hinweises in dem diesbezüglichen staatlichen Rechtsakt. Insbesondere sei eine Bestätigung der Menschenrechtspakte durch die Volkskammer nicht erfolgt, was nach Art. 51 der DDR-Verfassung erfor-

---

332 Bejahend Mampel, Die sozialistische Verfassung der DDR, Rdnr. 43 zu Art. 19.

333 Vgl. etwa Graefrath, Bernhard, Zu internationalen Aspekten der Menschenrechtsdiskussion, in: Demokratie, Freiheit und Menschenrechte in der entwickelten sozialistischen Gesellschaft, Berlin (Ost) 1979, S. 29 f.; Poppe, Eberhard, Die politischen und persönlichen Rechte und Freiheiten im System der sozialistischen Grundrechte, StuR 1979, S. 806 ff.

334 Vgl. Brunner/Klein, Menschenrechte, S. 32 ff. m.w.N.

335 Art. 66 Abs. 2 S. 3 Verf. 1968; Abschn. IV Nr. 1 und 3: Erlaß des Staatsrates über den Abschluß und die Kündigung von internationalen Verträgen vom 30.01.1961, GBl. I, S. 5.

336 GBl. II, 1974, 57 und 105.

337 Vgl. etwa Graefrath, Zu internationalen Aspekten der Menschenrechtsdiskussion, S. 26 ff.; Völkerrecht, Lehrbuch, Teil 1, 2. Aufl. Berlin (Ost) 1981, S. 59 f. und S. 229 ff.

derlich gewesen wäre, sollten durch sie Gesetze der Volkskammer geändert werden.

1. Generelle Transformation gemäß Art. 8 Abs. 1 DDR-Verfassung

In Ermangelung einer speziellen Transformation wäre an eine generelle Transformation gemäß Art. 8 Abs. 1 DDR-Verfassung zu denken, wonach "die allgemein anerkannten, dem Frieden und der friedlichen Zusammenarbeit der Völker dienenden Regeln des Völkerrechts [...] für die Staatsmacht und jeden Bürger verbindlich" sind. Allerdings werden unter den "allgemein anerkannten Regeln des Völkerrechts" nicht die Normen des Völkervertragsrechts, sondern die gewohnheitsrechtlichen Normen und "allgemeinen Prinzipien" des Völkerrechts verstanden. Folglich könnten von Art. 8 Abs. 1 DDR-Verfassung nicht die Menschenrechtspakte als solche, wohl aber der in ihnen zum Ausdruck kommende menschenrechtliche Mindeststandard erfaßt sein.[338]

2. Ergebnis

Im Ergebnis muß festgestellt werden, daß nach der völkerrechtlichen Menschenrechtsargumentation der DDR der wie auch immer zu bestimmende menschenrechtliche Mindeststandard über die generelle Transformationsnorm des Art. 8 Abs. 1 DDR-Verfassung Bestandteil der innerstaatlichen Rechtsordnung der DDR geworden sein mußte,[339] aber die Rechtslehre der DDR diese Schlußfolgerung geflissentlich zu vermeiden trachtete.

IV. Die Durchsetzbarkeit der Menschenrechte

Es gehört zu den Eigenarten des Völkerrechts als eines Koordinationsrechts souveräner Staaten, daß es weder eine originäre Gerichtsbarkeit noch einen zentralen Zwangsapparat kennt, mit deren

---

[338] Vgl. Brunner/Klein, Menschenrechte, S. 18 f und S. 33.

[339] Vgl. auch Brunner/Klein, Menschenrechte, S. 33 f.

Hilfe gegen den Willen der betroffenen Staaten Rechtsverletzungen festgestellt und Sanktionen durchgesetzt werden könnten. Der Internationale Gerichtshof der Vereinten Nationen ist in Streitfällen nur dann zuständig, wenn sich die Parteien seiner Gerichtsbarkeit unterworfen haben. Die DDR und die übrigen sozialistischen Staaten haben keine Unterwerfungserklärung gemäß der Fakultativklausel des Art. 36 Abs. 2 IGH-Statut abgegeben.[340]

Allerdings enthalten zahlreiche Verträge menschenrechtlichen Inhalts - darunter auch IPBPR und IPWSKR - verfahrensrechtliche Vorkehrungen, die die Durchführung der übernommenen Verpflichtungen sicherstellen sollen. Dazu gehören internationale Beschwerde- und Berichtsverfahren wie Verpflichtungen zur Gewährleistung innerstaatlichen Rechtsschutzes. Freilich sind diese Vorkehrungen nur von beschränkter Wirksamkeit. Einen wirksameren Beitrag zum Menschenrechtsschutz könnte die Errichtung eines Internationalen Menschenrechtsgerichtshofs bilden.

1. Innerstaatlicher Rechtsschutz

Nach Art. 2 Abs. 3 IPBPR sind die Vertragsstaaten verpflichtet, dafür Sorge zu tragen, daß Verletzungen der im Pakt verbürgten Menschenrechte in einem wirksamen und geregelten Verfahren durch das verletzte Individuum mit einer Beschwerde angefochten sowie durch eine zuständige staatliche Stelle festgestellt und behoben werden können. Zu diesem Zweck sind die Staaten verpflichtet, den gerichtlichen Rechtsschutz auszubauen. Die DDR ist allerdings der einzige Staat im sowjetischen Hegemonialbereich gewesen, der seinen Bürgern den gerichtlichen Verwaltungsrechtsschutz beharrlich verweigerte und damit seine Paktverpflichtung zur innerstaatlichen Rechtsschutzgewährung eindeutig verletzt hatte.

---

340 Vgl. ebenda, S. 40 f.

2. *Strafrechtliche Verantwortlichkeit unmittelbar nach Völkerrecht*

Seit Nürnberg und Tokio wird nicht mehr ernsthaft bestritten, daß es eine strafrechtliche Verantwortlichkeit unmittelbar nach Völkerrecht gibt.[341] Auch in der DDR wurde eine strafrechtliche Verantwortlichkeit unmittelbar nach Völkerrecht praktisch seit Nürnberg ausdrücklich anerkannt, zuletzt durch den Art. 91 der Verfassung vom 6. April 1968. Zwar hat man dort den Angriffskrieg, die Folter und Menschlichkeitsverbrechen im Strafgesetzbuch eigens unter Strafe gestellt, aber auch auf dem XIV. Internationalen Strafrechtskongreß 1989 in Wien wurde z. B. von seiten der DDR hervorgehoben, nach der Verfassung sei Völkerrecht in der DDR unmittelbar anwendbares Recht, so daß die Aufnahme völkerstrafrechtlicher Tatbestände ins nationale Recht die unmittelbare Geltung der "originären Rechtsquelle" nicht beeinträchtige.[342] Mit anderen Worten: Eine strafrechtliche Verantwortlichkeit unmittelbar nach Völkerrecht wurde von der DDR nicht nur grundsätzlich, sondern auch für alle völkerstrafrechtlichen Tatbestände anerkannt; das gleiche gilt für die speziellen allgemeinen Regeln des Völkerstrafrechts.[343]

3. *Ergebnis*

Die DDR war von der Internationalisierung der Menschenrechtsfrage maßgeblich betroffen. Das ideologische und staatsrechtliche Schrifttum der DDR war darum bemüht, die Vereinbarkeit der Menschenrechte mit der sozialistischen Grundrechtskonzeption nachzuweisen und die Menschenrechte für außenpropagandistische Zwecke nutzbar zu machen.[344]

---

341 Vgl. Triffterer, Otto, Was kann das Völkerstrafrecht zur Bewältigung der Regierungskriminalität in der DDR beitragen?, in: Deutsche Wiedervereinigung, Bd. II, Die Verfolgung von Regierungskriminalität der DDR nach der Wiedervereinigung, hrsg. von Lampe, Ernst-Joachim, Köln, Berlin 1993, S. 131 ff., insb. S. 140 f.

342 Vgl. die Hinweise von Triffterer, ebenda, S. 141 f.

343 Vgl. ebenda, S. 142.

344 Vgl. z. B. den ersten DDR-Bericht an das UN-Menschenrechtskomitee. Vgl. Mampel, ROW 1978, S. 149 f.; Brunner, Einführung in das Recht der DDR, S. 85 ff.; Ipsen, Knut, Die Selbstdarstellung der DDR vor internationalen Menschenrechtsorganisationen, S. 547-583.

Dieser Nachweis konnte indes nicht erbracht werden, da der genannte IPBPR wie das ganze Völkerrecht von der Vorstellung angeborener, vorstaatlicher und unveräußerlicher Menschenrechte im klassischen Sinne ausgehen, die vom Marxismus/Leninsmus zurückgewiesen wurde.[345]

An den internationalen Verpflichtungen - aus welchen Gründen auch immer sie eingegangen worden sein mögen - ändert dies allerdings nichts: Menschenrechtsverletzungen in der DDR waren eindeutig Völkerrechtsverletzungen.[346]

V. Doping und internationale Abkommen

1. Übereinkommen des Europarats gegen Doping

Die Mitgliedsstaaten des Europarats beschlossen am 16. November 1989 ein Übereinkommen gegen Doping.[347] Die Vertragsparteien verpflichten sich darin, im Hinblick auf die Verringerung und schließlich die endgültige Ausmerzung des Dopings im Sport innerhalb der Grenzen ihrer jeweiligen verfassungsrechtlichen Bestimmungen die für die Anwendung dieses Übereinkommens notwendigen Maßnahmen zu ergreifen (Art. 1).

Die Vertragsparteien erlassen in geeigneten Fällen Gesetze, Vorschriften oder Verwaltungsmaßnahmen, um die Verfügbarkeit sowie die Anwendung verbotener Dopingwirkstoffe und -methoden im Sport und insbesondere anaboler Steroide einzuschränken. Zu diesem Zweck machen die Vertragsparteien beziehungsweise die betreffenden nichtstaatlichen Organisationen die Vergabe öffentlicher Fördermittel an Sportorganisationen davon abhängig, daß diese die Vorschriften gegen Doping wirksam anwenden (Art. 4).

Das "Übereinkommen gegen Doping" enthält im Anhang eine Bezugsliste der pharmakologischen Gruppen von Dopingwirkstoffen und Dopingmethoden.

---

345 Vgl. Gornig, Äußerungsfreiheit und Informationsfreiheit, S. 125 ff. m.w.N.

346 Vgl. Brunner, Einführung in das Recht der DDR, S. 88 f.

347 BGBl. II 1994, 335, und vgl. Anlage 7.

Die Vertragsparteien verpflichten sich, ihre Sportorganisationen und über diese die internationalen Sportorganisationen zu ermutigen, alle in ihren Zuständigkeitsbereich fallenden geeigneten Maßnahmen gegen Doping im Sport auszuarbeiten und anzuwenden (Art. 7).

2. Regel 48 der Olympischen Charta

Die Regel 48 der Olympischen Charta legt einen medizinischen Kodex und Maßnahmen gegen den Handel mit verbotenen Medikamenten fest. Der medizinische Kodex enthält Bestimmungen für die medizinische Versorgung der Athleten und ist für alle Teilnehmer der Olympischen Spiele verbindlich.[348]

3. Die Budapester Konferenz der Sportminister der sozialistischen Staaten

Die Budapester Konferenz der Sportminister der sozialistischen Staaten[349] aus dem Jahre 1988, die auch die DDR mit ihrer Unterschrift anerkannte, sprach sich für internationale Dopingkontrollen aus und legte Sanktionen fest. Die Sportminister der sozialistischen Staaten forderten in dieser Konferenz ihre eigenen Regierungen und Sportverbände auf, an internationalen Dopingkontrollen aktiv teilzunehmen.

4. Ergebnis

Das staatlich organisierte Dopingsystem der ehemaligen DDR verstieß eindeutig gegen Menschenrechte und Normen des Völkerrechts. Auch internationale Verpflichtungen und Abkommen, wie die Budapester Konferenz der Sportminister der sozialistischen Staaten, wurden von der DDR unterschrieben, aber sträflich unterlaufen.

---

348 Regel 48 der Olympischen Charta, abgedruckt in: Donike/Rauth, Dopingkontrollen, Anhang 3, S. 138 ff.

349 Die Budapester Konferenz der Sportminister der sozialistischen Staaten, abgedruckt in: Donike/Rauth, Dopingkontrollen, Anhang 6, S. 149 ff.

F. Regelungen zur Unterbindung von Doping im ausländischen Recht

Spezielle Anti-Doping-Gesetze existieren in verschiedenen Ländern Europas und den USA. Exemplarisch sollen in der vorliegenden Arbeit die Anti-Doping-Gesetze von Frankreich und Belgien näher betrachtet werden.

I. Frankreich

In Frankreich sind das Strafrecht und die Gerichte für die Verfolgung und Ahndung von Dopingvergehen im Sport zuständig. In den letzten Jahren übernahmen allerdings die Sportverbände immer mehr die Verantwortung im Kampf gegen das Doping durch Kampagnen und regelmäßige Tests. Diese Mobilisierung der Verbände fand aber sehr ungleichmäßig statt, so daß je nach Sportart eine große Ungleichheit in der Behandlung der Sportler herrschte. Mit dem Gesetz vom 28. Juni 1989 sollte nun das Dopingproblem entschieden unter staatliche Kontrolle gebracht werden.[350]

Das Gesetz enthält Verbote allgemeiner Art bezüglich der Anwendung und Verabreichung von Dopingmitteln (Art. 1), Maßnahmen zur Bekämpfung des Drogenmißbrauchs (Art. 2 Abs. 1, u. a. Informationskampagnen, Programm zur Erforschung der Wirkungen von Dopingsubstanzen), die Errichtung einer nationalen Kommission zur Bekämpfung des Dopingmißbrauchs und deren Aufgaben (Art. 3), Verfahrensweisen zur Überprüfung der Einhaltung des Gesetzes (Art. 4, 5, 6, 8, 9, "Kontrolle") und schließlich Strafrechtsnormen (Art. 14, 15) bei Verstoß gegen die Verbote nach Art 1.

Nach den Enthüllungen über Doping im Radsport während der Tour de France hat die französische Nationalversammlung im November 1998 ein neues Anti-Doping-Gesetz erlassen.[351]

---

[350] Gesetz Nr. 89-432 vom 28. Juni 1989 zur Bekämpfung und Bestrafung des Gebrauchs von Dopingmitteln bei sportlichen Wettkämpfen (Anlage).

[351] Vgl. FAZ vom 19. November 1998; Der Spiegel 5/1999.

Nach dem neuen Gesetz in Frankreich müssen Ärzte jeden Dopingverdacht einer Kommission mitteilen. Außerdem schreibt das Gesetz Leistungssportlern eine Lizenz vor, die sie nur nach Vorlage einer Unbedenklichkeitsbescheinigung erhalten. Jeder Athlet wird einen Sportpaß führen müssen, aus dem exakt die Zahl der Wettkämpfe wie auch der Arztkonsultationen hervorgeht.

Ein weiterer Bestandteil des Gesetzes ist die Bildung eines unabhängigen "Präventionsrates", der aus Medizinern, Justizbeamten und Wissenschaftlern zusammengesetzt werden soll. Das Gremium enthält umfangreiche Befugnisse. Es darf Entscheidungen der einzelnen Verbände noch drei Monate nach der Urteilsverkündung korrigieren und gegebenenfalls verhängte Sperren noch ausweiten.

Falls sich die Sportverbände nicht erkennbar um die Dopingbekämpfung bemühen, drohen ihnen Geldstrafen bis zu 100.000 Franc und der Entzug der ministeriellen Lizenz. Damit will Frankreich die Verfahren beschleunigen. Bislang konnte sich die nationale Anti-Doping-Kommission gegen die mächtigen französischen Sportverbände nicht ausreichend durchsetzen.

Die Strafen für Dopingsünder sind in Frankreich nun strikt gesetzlich geregelt. Geldbußen gegen Athleten, Ärzte und Händler wurden drastisch erhöht. Inzwischen können Geldbußen bis zu einer Höhe von 1 Million Franc verhängt werden. Bei besonders schlimmen Dopingtaten und im Wiederholungsfalle drohen bis zu sieben Jahre Haft. Keine Unterscheidung wird in Frankreich zwischen versuchtem und tatsächlichem Doping oder Handel mit Dopingmitteln gemacht.

II. Belgien

Belgien hat, ebenso wie Frankreich, ein vom 2. April 1965 datierendes Anti-Doping-Gesetz[352], von dem besonders hervorzuheben ist, daß es allein auf den Schutz der Gesundheit des Sportlers abzielt. Danach können während und nach einem Wettkampf vom Sportler Urin- und

---

352 Vgl. Schneider-Grohe, Doping, S. 158 f.

Speichelproben verlangt werden. Die für die Untersuchung zuständigen Beamten sind daneben auch berechtigt, die Kleidungsstücke, die Sportausrüstung und das Gepäck des Sportlers und des Betreuers zu kontrollieren. Zu diesem Zweck dürfen sie die Umkleidekabinen im Stadion betreten.

Als Sanktionsmaßnahmen sieht das belgische Gesetz Freiheitsstrafen bis zu drei Monaten und Geldbußen oder eine von beiden Strafen vor. Diese Maßnahmen können nicht nur gegen den Athleten ergriffen werden, sondern treffen auch denjenigen, der dem Sportler beim Dopen behilflich ist, sowie die Wettkampfteilnehmer, die die Vornahme einer Dopingkontrolle verweigern. Darüber hinaus kann der Richter eine zeitlich begrenzte oder lebenslange Wettkampfsperre verhängen. Eine Zuwiderhandlung gegen die richterlich angeordnete Sperre wird mit Gefängnis von einem bis zu drei Monaten geahndet. Im Fall eines erneuten Vergehens gegen die Dopingbestimmungen im Verlauf der zwei auf eine Verurteilung folgenden Jahre können die vorgesehenen Strafen verdoppelt werden.[353]

III. Ergebnis

Doping verfälscht nicht nur den Leistungssport, es ist ein gesellschaftliches Phänomen geworden, das die öffentliche Gesundheit gefährdet. Insofern sind die verabschiedeten Gesetze in Frankreich und Belgien begrüßenswert.

Das französische Anti-Doping-Gesetz wird als Beispiel für eine mögliche Regelung in Deutschland genannt. Der Vorschlag wird aber überwiegend abgelehnt, weil dies zu einer Beschneidung der Autonomie des Sports (Art. 9 GG) und zu einer Ungleichbehandlung der Sportler führen würde.

---

353 Vgl. Zentrum für Wissenschaftsinformation, Körperkultur und Sport, Leipzig (Hrsg.), Doping und Anti-Doping im Sport. Eine internationale Dokumentation, Leipzig 1991, S. 15 ff.

Man muß bei einem internationalen Vergleich beachten, daß für Art und Umfang der staatlichen Maßnahmen zur Dopingbekämpfung das jeweilige Verhältnis des Staates zum Sport maßgebend ist.

In Frankreich und Belgien steht der Sport seit jeher unter der Organisationshoheit des Staates. So wurden Anti-Doping-Bestimmungen auch nicht wie in anderen Ländern in Vereinbarungen und Konventionen der einzelnen Sportverbände geregelt, sondern von vornherein in einem staatlichen Gesetz.

Die weitreichende Autonomie des Sports ist in Deutschland historisch gewachsen und grundgesetzlich geschützt. Es ist die Pflicht, aber auch das Recht des organisierten Sports, das Dopingproblem in seinem Bereich in Selbstverwaltung zu lösen.

Auch wenn man die Gefahren des Dopings für die Sportlergesundheit berücksichtigt, dürfte das Prinzip der Verhältnismäßigkeit gegen einen Eingriff in die Autonomie des Sports durch ein Gesetz mit staatlichen Regelungskompetenzen sprechen.[354]

---

[354] Vgl. auch DSB/NOK Bericht der Unabhängigen Dopingkommission, S. 14 und S. 30; Schneider-Grohe, Doping, S. 160 ff.; Steiner, NJW 1991, S. 2729 ff.; Ahlers, Doping und strafrechtliche Verantwortlichkeit, S. 204 ff. insb. S. 211 ff.

G. Schadensersatzansprüche von Dopingopfern im DDR-Sport

Die Dopingproblematik soll in dem folgenden Kapitel aus der Sicht der Opfer staatlich geförderter Dopingprogramme der ehemaligen DDR dargestellt und juristisch bewertet werden.

Insbesondere soll hinterfragt werden, ob die Sportler, die von staatlicher Seite gedopt bzw. in ein Dopingprogramm einbezogen wurden und dadurch an der Gesundheit beschädigt wurden, Schadensersatzansprüche gegen den Staat und seine Funktionäre, gegen die dopenden Mediziner und Trainer hatten und solche Ansprüche auch nach der Wiedervereinigung durchsetzen konnten.

I. Einführung

Ehemalige DDR-Sportler erlitten zwar zum Teil erhebliche gesundheitliche Schäden infolge der Dopingvergabe, konnten aber bis 1989 in der DDR keine Schadensersatzansprüche geltend machen[355], obwohl die schädlichen Nebenwirkungen sowohl körperlicher als auch psychischer Art den Handelnden der DDR bekannt waren.

Die Beweisführung der - zum Teil ohne ihr Wissen - gedopten Sportler gegen den Staat, Funktionäre, Trainer, Ärzte und Betreuer scheiterte regelmäßig an fehlenden medizinischen Unterlagen. Bisher galten Dopingpläne, in denen die Namen von Sportlern, Trainern und Ärzten sowie die exakten Dosierungen detailliert erfaßt waren, als vernichtet.

Ein bedeutender Aktenfund im Jahr 1997 erleichtert seither die juristische Aufarbeitung der DDR-Dopingpraxis.[356] Der Potsdamer Historiker Giselher Spitzer, der im Auftrag des Bundesinnenministeriums (BMI) den DDR-Sport erforscht, stieß auf eine sogenannte Anwendungskonzeption.[357]

---

355 Vgl. Lehner/Freibüchler, SpuRt, 1-2/1995, S. 2-7; Rädler, Peter, Wer haftet für Altansprüche aus dem DDR-Staatshaftungsgesetz?, DtZ 1993, S. 296-301.

356 Vgl. Der Spiegel vom 12. Januar 1998

357 Vgl. Spitzer, Doping in der DDR, S. 93 ff.

Diese Dokumente lassen genauere Schätzungen über das Ausmaß des Dopings und der gesundheitlichen Folgewirkungen zu. Danach waren beim Untergang der DDR 1989 noch rund 600 Kader-Athleten im offiziellen Dopingprogramm, in früheren Jahren wurden sogar bis zu 2.000 Sportler gleichzeitig gedopt. Insgesamt haben in der DDR bis zu 10.000 Athleten auf Geheiß der Sportführung Anabolika bekommen.

Selbst DDR-Mediziner rechneten bei rund 10 % der gedopten Sportler mit erheblichen körperlichen Spätfolgen. Somit dürften heute noch rund 1.000 der damaligen Sportler unter Nebenwirkungen leiden.[358]

Es wird also danach zu fragen sein, welches die Anspruchsgrundlagen für Ersatzansprüche dieses Personenkreises sind, welche Tatbestandsvoraussetzungen erfüllt sein müssen und was ein Schadensersatz umfassen würde. Daneben ist auch nach Verjährung und der Problematik der Rechtsnachfolge zu fragen.[359]

II. Schadensersatzansprüche gegen den Staat

1. *Staatshaftungsgesetz der DDR — StHG/DDR*

Die damals auf staatliche Anweisung oder im Zuge staatlicher Programme gedopten Sportler könnten Ansprüche auf Grundlage des Staatshaftungsgesetzes der DDR geltend machen.

Bereits 1969 wurde in der DDR die unmittelbare und verschuldensunabhängige Staatshaftung für schädigende Folgen rechtwidrigen hoheitlichen Verhaltens gesetzlich eingeführt und damit, anders als in der Bundesrepublik Deutschland, die Staatshaftung als Verantwortlichkeit für eigenes Unrecht von der bis dahin geltenden Verantwortlichkeit des handelnden Amtswalters nach § 839 BGB gelöst.[360]

---

358 Vgl. ebenda, S. 199 f.

359 Vgl. dazu bereits Lehner/Freibüchler, SpuRt, 1995, S. 2 ff.; Rädler, DtZ 1993, S. 296 ff.; Schroeder, Friedrich-Christian, Haftung der PDS für Justizunrecht?, DtZ 1993, S. 203 f.

360 Vgl. Ossenbühl, Fritz, Das Staatshaftungsrecht in den neuen Bundesländern, NJW 1991, S. 1201-1208 (1201); Lehner/Freibüchler, SpuRt 1995, S. 5.

Die DDR hat die unmittelbare und verschuldungsunabhängige Staatshaftung für schädigende Folgen rechtswidrigen hoheitlichen Verhaltens gesetzlich eingeführt. Nachdem ursprünglich ein Vorgehen gegen eklatantes staatliches Fehlverhalten nach diesem Gesetz dem Bürger faktisch verwehrt wurde, erlangte nach dem Untergang der DDR das Staatshaftungsgesetz[361] praktische Bedeutung.

Das Staatshaftungsgesetz (StHG) war in der am 14.12.1988 geänderten Fassung in der DDR bis einschließlich 02.10.1990 geltendes Recht.[362]

Dieses Gesetz sah Ansprüche einzelner für durch staatliche Stellen zugefügte Schäden vor und erscheint deshalb zunächst fortschrittlicher als die Rechtslage in der Bundesrepublik. Die DDR hatte allerdings in einer selbst für kommunistisch regierte Staaten ungewöhnlich rigorosen Weise den Weg zu den Gerichten für solche Schadensfälle ausgeschlossen, denen ein verwaltungsrechtliches Rechtsverhältnis zugrunde lag, in denen also genuin hoheitlich gehandelt wurde.[363]

Dies galt nicht nur für das Anwendungsfeld des StHG/DDR (rechtswidrige Schadenszufügung), sondern auch etwa bezüglich der Enteignungen in der SBZ/DDR.[364] Insoweit bestand in der DDR weder Gerichtsschutz gegen den Eingriff als solchen noch im Hinblick auf die Höhe des Schadensersatzes bzw. der Entschädigung. Vielmehr wurde die Verwaltung als Richter in eigener Sache tätig. Hier lag - gerade im Verhältnis zu dem in der Bundesrepublik Deutschland ver-

---

361 GBl. I 1969, 34, geändert durch Gesetz vom 14.12.1988, GBl. I 1988, 329.

362 Zur Fortgeltung in den neuen Ländern vgl. Ossenbühl, NJW 1991, S. 1201 f.

363 Vgl. Klein, Eckart, Staatshaftung DDR, in: Bürger und Staat, Materialien zur Lage der Nation, hrsg. vom Bundesministerium für innerdeutsche Beziehungen, 1990, S. 315 ff.

364 Vgl. Fieberg, Gerhard, Zu den Eckwerten der offenen Vermögensfragen, in: Weber, Jürgen/Piazola Michael (Hrsg.), Eine Diktatur vor Gericht. Aufarbeitung von SED-Unrecht durch die Justiz, München, Landsberg am Lech 1995, S. 201-214; Wassermann, Rudolf, Gestörtes Gleichgewicht. Kritische Essays zu Politik und Recht, Asendorf 1995, insb. S. 223-270.

fassungsrechtlich garantierten umfassenden Rechtsschutz - ein erhebliches Defizit der DDR, das die materiellen Regeln des dort vorhandenen Staatshaftungsgesetzes - StHG/DDR - weitgehend entwertet.[365]

Während der Existenz der DDR bis 1989 war deshalb die Geltendmachung entsprechender Schadensersatzansprüche wegen im Rahmen staatlicher Dopingprogramme entstandener Gesundheitsschäden für die betroffenen Sportler faktisch ausgeschlossen - sie hätten im Falle einer öffentlichen Klage sogar mit staatlichen Sanktionen rechnen müssen.

2. *StHG/DDR als Anspruchsgrundlage in der DDR*

Die Verabreichung der Dopingpräparate (im DDR Sprachgebrauch: "unterstützende Mittel") im Rahmen der Forschung sowie während der späteren weitverbreiteten Anwendung erfolgte regelmäßig auf der Grundlage des von höchster Regierungsebene beschlossenen Staatsplanthemas 14.25 im Auftrag des Politbüros und der Leitung der für Körperkultur und Sport zuständigen Staatssekretäre.[366]

Für die entstandenen Gesundheitsschäden sind damit auch die handelnden staatlichen Organe der DDR mitverantwortlich.[367] Deshalb liegt es nahe, an Ansprüche aus dem Staatshaftungsgesetz der DDR zu denken. Allerdings müßten dann die Anspruchsgrundlagen vor 1989 erfüllt worden sein und das Gesetz müßte durch den Einigungsvertrag "übergeleitet" worden sein, um noch heute Ansprüche gegenüber der Bundesrepublik Deutschland in Rechtsnachfolge der DDR geltend machen zu können.

---

365 Vgl. auch Klein, Staatshaftung DDR, S. 316.

366 Vgl. Teil B. Kap. I. 2. sowie Anklageschrift 28 Js 39/97.

367 Vgl. Lehner/Freibüchler, SpuRt 1995, S. 2-7 (5), Rädler, DtZ 1993, S. 296 f.

a) *Anspruchsvoraussetzungen des StHG/DDR*

Nach § 1 Abs. 1 StHG/DDR hatte jeder Bürger, dem in Ausübung staatlicher Tätigkeit rechtwidrig ein Schaden zugefügt wurde, ein Anspruch auf Ersatz des dadurch entstandenen Schadens.[368]

aa) *Gesundheitsschäden als durch das StHG/DDR geschütztes Rechtsgut*

Geschützte Rechtsgüter des § 1 Abs. 1 StHG/DDR waren "der Bürger" und "sein persönliches Eigentum", also Eingriffe in die körperliche Unversehrtheit und in Gegenstände des persönlichen Eigentums i.S.d. § 23 ZGB/DDR vom 19.06.1975.[369]

Erfaßt waren damit auch Schäden an Körper und Gesundheit[370], soweit sie sich in materiellen Nachteilen niederschlagen. Geschütztes Rechtsgut war auch die körperliche Unversehrtheit, so daß auch zugefügte Schäden an Körper und Gesundheit - wie bei den gedopten ehemaligen DDR-Athleten - von den Regelungen des Staatshaftungsgesetzes umfaßt waren.[371]

bb) *Handeln eines Bediensteten - "in Ausübung staatlicher Tätigkeit"*

Die Gesundheitsbeschädigung muß nach § 1 Abs. 1 StHG/DDR "in Ausübung staatlicher Tätigkeit" durch einen Bediensteten oder Beauftragten erfolgt sein.

Die Ärzte und Trainer sowie Betreuer und weitere Sportfunktionäre, die im Zuge der Umsetzung staatlicher Dopingpogramme schädliche Substanzen verabreicht oder zu deren Verabreichung an die Sportler beigetragen haben, müssen, wenn die Voraussetzung der Staatshaftung gemäß § 1 Abs. 1 StHG/DDR erfüllt sein sollen, als Bedienstete des Staates tätig geworden sein.

---

368 Vgl. Lörler, Sieghart, Die Staatshaftung in der DDR, NVwZ 1990, S. 830 ff.

369 GBl. I 1975, 465.

370 Vgl. Ossenbühl, NJW 1991, S. 1201 ff. (1203).

371 Vgl. Ossenbühl, NJW 1991, S. 1203; Lehner/ Freibüchler, SpuRt 1995, S. 5.

Der Kreis dieser Bediensteten wird in § 1 StHG/DDR definiert als "Mitarbeiter oder Beauftragte staatlicher oder kommunaler Organe". "Mitarbeiter" waren Personen, die in einem Arbeitsrechtsverhältnis zum Staat, einem staatlichen Organ oder einer staatlichen Einrichtung standen.[372] Mit dem Begriff der "Beauftragten" sollten vor allem ehrenamtliche Helfer erfaßt werden, etwa im Bereich der Volkspolizei oder der Freiwilligen Feuerwehr.[373]

Die Ärzte und Trainer sowie die weiteren mit Doping im Leistungssport befaßten Personen waren i.d.R. Mitarbeiter; sie standen in einem staatlichen Beschäftigungsverhältnis.

Bedenken hinsichtlich der Einschlägigkeit des § 1 StHG/DDR bestehen indes in anderer Hinsicht: Mit den Formulierungen "Mitarbeiter oder Beauftragte" sollten dort nur Einzelpersonen als Schadensverursacher erfaßt werden. Die Staatshaftung sollte bei Kollektiventscheidungen ausgeschlossen sein.[374] Demnach könnte ein Anspruch ausscheiden.

Die Funktion des Tatbestandselementes "[...] in Ausübung staatlicher Tätigkeit" besteht darin, die Staatshaftung von der zivilrechtlichen Haftung des Staates abzugrenzen[375]. Es kommt also darauf an, ob die Dopingprogramme dem staatlichen Bereich im haftungsrechtlichen Sinne zuzuordnen sind.

---

372 Vgl. Duckwitz, Günther, Sozialistische Gesetzlichkeit und Staatshaftung, NJ 1979, S. 480 ff.; Klein, Staatshaftung der DDR, S. 308. In der Begründung des Staatshaftungsgesetzes der DDR wird die "erzieherische Funktion des Gesetzes" hervorgehoben, die darauf gerichtet sein sollte, "das Verantwortungsbewußtsein und die Staatsdisziplin der Leiter, Mitarbeiter und Beauftragten der staatlichen Organe und Einrichtungen und damit die Qualität der staatlichen Leistungtätigkeit weiter zu heben" (so Minister der Justiz Wünsche am 12.05.1969, in: StuR 1969, S. 956 (957)).

373 Vgl. Lörler, Sieghart, Das StaatshaftungsR und seine Anwendung, Potsdam 1981, S. 98 f.

374 Vgl. Ossenbühl, NJW 1991, S. 1204; Lübchen, Gustav-Adolf, Die gesetzliche Regelung der Staatshaftung - eine weitere Garantie für den Rechtsschutz der Bürger, NJ 1969, S. 394 ff; Westen Klaus, Das Staatshaftungsgesetz der DDR, ROW 15 (1971), S. 105 ff.

375 Vgl. Ossenbühl, NJW 1991, S. 1204.

Im Bereich des Gesundheitswesens fallen unter die Staatshaftung nur staatlich angeordnete medizinische Eingriffe, wie z. B. die Pflichtimpfung. Ansonsten handelt es sich bei der Tätigkeit der staatlichen Gesundheitseinrichtungen (Krankenhäuser, Ambulatorien usw.) um medizinische Betreuung zivilrechtlicher Art[376]. Die Dopingprogramme waren innerhalb des - ebenfalls staatlich organisierten - Leistungssportwesens und der staatlich dominierten Vereinsstrukturen staatlich angeordnet worden und sind daher der o.g. Pflichtimpfung vergleichbar. Somit unterfällt die medizinische Handlung des Dopings dem staatlichen Bereich des Gesundheitssektors der DDR, nicht dem zivilrechtlichen.

Der Begriff der "staatlichen Tätigkeit" ist zwar gesetzlich im StHG/DDR nicht definiert. Generell ist unter "staatlicher" Tätigkeit im Rahmen der Staatshaftung der DDR aber die Ausübung staatlicher Macht, insbesondere in Form vollziehend-verfügender Tätigkeit, zu verstehen. Diese wurde in erster Linie - aber nicht nur - von den Staatsorganen ausgeübt. Auch staatliche Einrichtungen auf allen Gebieten des gesellschaftlichen Lebens wurden vollziehend-verfügend tätig.

Dieses Merkmal ist im Falle staatlich angeordneter und geleiteter Dopingprogramme in "Sportvereinen" erfüllt, denn unter "staatlicher Tätigkeit" ist im Rahmen der Staatshaftung die Ausübung staatlicher Macht zu verstehen, was die im Bereich des Gesundheitswesens staatlich angeordneten medizinischen Eingriffe umfaßt.[377]

cc) Kausalität des Schadens

Voraussetzung für den Eintritt eines Staatshaftungsfalles i.S.d. § 1 Abs. 1 StHG/DDR ist die Kausalität des Schadens im Sinne eines ursächlichen Zusammenhangs zwischen dem Verhalten der die Substanzen verabreichenden Ärzte, Trainer und Funktionäre und dem Eintritt des Schadens. Entscheidend ist dabei, daß das Verhalten des

---

[376] Vgl. Lörler, NVwZ 1990, S. 831.

[377] Vgl. Lörler, NVwZ 1990, S. 831.

Mitarbeiters bzw. Beauftragten tatsächlich die Ursache des eingetretenen Schadens gewesen ist.[378] Bei durch Doping entstandenen Gesundheitsschäden an den Sportlern ist diese Kausalität evident.

dd) Rechtswidrigkeit staatlichen Handelns

Das Doping an den geschädigten Sportlern muß rechtswidriges staatliches Handeln gewesen sein.[379] Dabei kann die Tatsache, daß Trainer und Ärzte gehandelt haben, insofern einer Rechtswidrigkeit nicht entgegenstehen, wie das Doping im Rahmen eines staatlichen Programms stattgefunden hat und die Trainer und Ärzte Mitarbeiter des Staates, nicht etwa zivile Personen, gewesen sind und als solche tätig wurden.

Die staatlichen Dopingprogramme der DDR waren rechtswidrig: sie verstießen nicht nur gegen die Verfassung der DDR, sondern auch einfachgesetzliche Regelungen wie z. B. die durch AMG/DDR normierten subjektiven Rechte der Sportler wurden verletzt. Es handelte sich mithin bei der konkreten Umsetzung der staatlichen Dopingprogramme an den Sportlern um eine staatlich angeordnete rechtswidrige Schadenszufügung, für die Rechtfertigungsgründe nicht ersichtlich sind.[380]

ee) Verweisung auf andere Schuldner, § 3 StHG/DDR

Ein Anspruch des Geschädigten gegen den Mitarbeiter oder Beauftragten besteht zwar nicht.[381] Nach § 3 Abs.3 StHG/DDR besteht ein Schadensersatzanspruch jedoch nur insoweit, als kein Ersatz des Schadens auf andere Weise erlangt werden kann.[382] Das Verweisungsprivileg des Beamten nach § 839 I 2 BGB lebt somit im Staats-

---

378 Vgl. Lörler, NVwZ 1990, S. 832.

379 Vgl. Lörler, NVwZ 1990, S. 832.

380 Vgl. Lehner/Freibüchler, SpuRt 1995, S. 5 f.

381 Vgl. Lörler, NVwZ 1990, S. 831; Ossenbühl, NJW 1991, S. 1206.

382 Westen, ROW, 1971, S. 105 ff. (112).

haftungsrecht der DDR generell fort.[383] Diese Regelung soll eine Doppelliquidierung verhindern.[384]

Folglich ist vorrangig zu prüfen, ob Schadensersatz ganz oder teilweise nach anderen Anspruchsgrundlagen - etwa nach Zivilrecht oder Haftpflichtversicherungen - von den Trainern und Ärzten direkt erlangt werden kann.

Allerdings konkurrieren Ansprüche aus Versicherungsverträgen nicht mit dem Staatshaftungsanspruch nach StHG/DDR. Nach der Schadensersatzpraxis der DDR für Leistungen aus privaten Lebens- und Unfallversicherungen war eine solche Konkurrenz nicht vorgesehen.[385] Denn diese Versicherungsleistungen sind vom Geschädigten verdiente und unter Aufwendung eigener Mittel erkaufte Leistungen, die der Lebensvorsorge dienen sollen und nicht der Verminderung von Schadensersatzansprüchen, die auf unerlaubte Handlungen Dritter zurückzuführen sind. Die Haftung für staatliches Unrecht kann deshalb nicht auf die Solidargemeinschaften der Versicherten abgewälzt werden.[386] Das ist wesentlicher Inhalt der Rechtsprechung des BGH zur Subsidiaritätsklausel des § 839 I 2 BGB, die inhaltlich dem Verweisungsprivileg des § 3 StHG/DDR entspricht.

ff) Art und Umfang des Schadensersatzes (§ 3 I, II StHG/DDR)

Schadensersatz ist nach § 3 I 1 StHG/DDR grundsätzlich in Geld zu leisten. Für die Bemessung des Umfangs eines Schadensersatzanspruches (§ 3 Abs. 2 StHG/DDR) ist die Richtlinie des Plenums des Obersten Gerichts[387] der DDR zur Rechtsprechung bei der Durchsetzung von Schadensersatzansprüchen anzuwenden.

---

383 Vgl. Lörler, NVwZ 1990, S. 832.

384 Vgl. Westen, ROW, 1971, S. 112.

385 Vgl. Lörler, NVwZ 1990, S. 830.

386 Vgl. Ossenbühl, NJW 1991, S. 1205; vgl. auch Kommentierung zu § 839 I 2 BGB.

387 GBl. I 1978, 369; vgl. auch die von der Staatlichen Versicherung herausgegebenen Erläuterungen zu Vorschriften über die Verantwortlichkeit für Schadenszufügungen, abgedruckt bei Gräf, Dieter, Handbuch zur Rechtspraxis in der DDR, Köln 1988, S. 246 ff.

Der Umfang des Schadensersatzanspruchs bestimmt sich nach den Regelungen des ZGB (§ 3 Abs. 2 StHG/DDR), mit der Einschränkung, daß der Geschädigte nach StHG/DDR keinen Anspruch hat, soweit er anderweitig Ersatz erlangen kann, § 3 Abs. 3 StHG/DDR (Subsidiaritätsprinzip).

Auch seit dem 03.10.1990 ist der Anspruch nach dem StHG/DDR anderen Ersatzansprüchen gegenüber subsidiär, nicht jedoch privaten Versicherungsleistungen.

Für den Umfang des Schadensersatzes wird in § 3 II auf die "zivilrechtlichen Vorschriften" verwiesen, also auf die §§ 336 bis 342 ZGB/ DDR.[388]

Danach war der Geschädigte so zu stellen, wie er stehen würde, wenn das schädigende Ereignis nicht eingetreten wäre. Ein Unterschied gegenüber den Vorschriften des BGB bestand in der Regelung des zu gewährenden Schmerzensgeldes.[389] Danach war dem Geschädigten für die Beschränkungen seiner Teilnahme "am gesellschaftlichen Leben" oder eine "erhebliche oder längere" Beeinträchtigung seines "Wohlbefindens" ein "angemessener Ausgleich" zu zahlen (§ 338 III ZGB/DDR). Ob sich durch diese auslegungsfähige und auslegungsbedürftige Vorschrift andere Resultate ergeben mußten als bei der Anwendung des § 847 BGB, wird man bezweifeln können.

gg) Schadensminderungspflicht des Sportlers

Denkbar sind Fallkonstellationen, in denen geschädigte Sportler den Schaden an ihrer Gesundheit zumindest "vertieft" haben; dann würde ein Anspruch nach § 2 StHG/DDR zu kürzen sein, denn es besteht für den berechtigten Bürger eine Schadensverhinderungs- und eine -minderungspflicht.[390] Die Geschädigten haben "alle ihnen möglichen und zumutbaren Maßnahmen zu ergreifen, um einen Schaden zu verhindern oder zu mindern. Verletzen sie diese Pflicht schuldhaft, so wird die Haftung des staatlichen oder kommunalen Organs entspre-

---

388 ZGB in der seit 01.01.1976 geltenden Fassung.

389 Vgl. auch Ossenbühl, NJW 1991, S. 1207.

390 Vgl. Lörler, NVwZ 1990, S. 833.

chend eingeschränkt und ausgeschlossen"[391]. Solche haftungsbeschränkende oder sogar -ausschließende Wirkung einer Verletzung der Schadensabwendungs- und -minderungspflicht durch den Geschädigten ist ein auch dem bundesrepublikanischen Haftungsrecht innewohnendes Prinzip nach § 254 BGB.

Das wäre dann der Fall, wenn ein Sportler, der von dem Doping weiß und die damit verbundenen Gefahren um des Erfolgs willen bewußt in Kauf nimmt, durch seinen eigenen Beitrag zum Doping den Gesundheitsschaden vergrößert. In rechtstatsächlicher Hinsicht dürften hier jedoch erhebliche Probleme bei der Abgrenzung zivilrechtlicher Verantwortlichkeit für Tatbeiträge der Trainer und Ärzte im Rahmen des staatlichen Dopingprogramms und der Verantwortlichkeit des Sportlers innerhalb eines festen Programmes bestehen, die allein die Feststellung einer Schadenserweiterung durch den Sportler erheblich erschweren dürften.

hh) Zwischenergebnis

Nach § 1 StHG/DDR hätten die gedopten DDR-Sportler zur Zeit der DDR mit den hier gefundenen Einschränkungen Schadensersatzansprüche gehabt.

Inwieweit Schadensersatzansprüche nach StHG/DDR auch noch nach dem 3. Oktober 1990 geltend gemacht werden können, hängt vom Schicksal der Anspruchsgrundlage selbst im Zuge der Staatensukzession ab.

b) Fortgeltung des StHG/DDR und heutige Anwendbarkeit

Es stellt sich die Frage, ob die "Altansprüche" aus dem DDR-Staatshaftungsgesetz mit dem Untergang der DDR erloschen oder ob diese Ansprüche noch heute geltend gemacht werden können, unter welchen Umständen dies geschehen muß und wem gegenüber diese Ansprüche fortbestehen.

---

391 Vgl. Ossenbühl, NJW 1991, S. 1205.

Als eines der wenigen Gesetzeswerke der DDR gilt das DDR-Staatshaftungsgesetz in den neuen Bundesländern als Landesrecht fort.[392] Allerdings bestimmt der Einigungsvertrag[393] grundlegende Veränderungen des Haftungstatbestandes. Dadurch ist die Handhabung neuer und teils schwieriger Gesetzesmaterien in den neu gebildeten Bundesländern einer verschuldensunabhängigen und weitreichenden Haftung unterworfen.[394]

Gegenüber den öffentlich-rechtlichen Körperschaften werden aber gleichwohl Ansprüche geltend gemacht, die noch vor dem 03.10.1990 durch Hoheitsträger der DDR begründet worden sind.

Fraglich ist, inwieweit die Bundesrepublik Deutschland an die Stelle der DDR als Anspruchsgegner nach StHG/DDR getreten ist.

aa) Rechtsnachfolge der Bundesrepublik Deutschland als Anspruchsgegner nach § 1 StHG/DDR

(1) Allgemeine Grundsätze des Völkerrechts

Mit dem Beitritt der DDR zur Bundesrepublik Deutschland gemäß Art. 23 Satz 2 GG ist der Versuch einer Sezession der DDR zum deutschen Gesamtstaat aufgegeben worden und die DDR als Rechtssubjekt untergegangen.[395] Diese Inkorporation hat nicht zum generellen

---

392 Vgl. Ossenbühl, NJW 1991, S. 1202.

393 Art. 9 II EinigungsV i.V.m. Anl. II Kap. III Sachgeb. B Abschn. III Nr. 1 EinigungsV.

394 Vgl. Rädler, DtZ 1993, S. 296-301 (296).

395 Vgl. oben Teil D. Kap. II.1.; Rauschning, Dietrich, Deutschlands aktuelle Verfassungslage, DVBl. 1990, S. 393 (402); Isensee, Josef, Verfassungsrechtliche Wege zur deutschen Einheit, Zeitschrift für Parlamentsfragen (ZfP), 1990, S. 309 ff.; ders., Schlußbestimmung des Grundgesetzes: Art. 146 GG, in: Handbuch des Staatsrechts der Bundesrepublik Deutschland (HStR), Bd. 7, 1992, S. 271 ff.; Silagi, Staatsuntergang und Staatennachfolge, insb. S. 13 ff. und S. 87 ff.; Wittkowski, Die Staatensukzession in völkerrechtliche Verträge, S. 59 ff.; Fiedler, Wilfried, Das völkerrechtliche Kontinuitätsproblem und die besonderen Fragen der Rechtslage Deutschlands, in: Meissner, Boris/ Zieger, Gottfried, Staatliche Kontinuität unter besonderer Berücksichtigung der Rechtslage Deutschlands, Köln/Berlin 1983, S. 9 ff.; Blumenwitz, Dieter, Der Vertrag vom 12.09.1990 über die abschließende Regelung in bezug auf Deutschland, NJW 1990, S. 3041 ff.; ders., Staatennachfolge und die Einigung Deutschlands (Teil I), Berlin 1992.

Eintritt der Bundesrepublik Deutschland in die Rechtsstellung der ehemaligen DDR geführt. Von einer solchen Universalsukzession[396] gehen auch das BVerfG, der BGH und das BSG nicht aus.[397]

Im Völkerrecht ist ein allgemeiner Rechtsgrundsatz, der einem Nachfolgestaat die Verpflichtung auferlegt, Verbindlichkeiten des Vorgängerstaates zu übernehmen, nicht existent. Eine konsensfähige Lösung hinsichtlich der staatlichen Nachfolge in Verbindlichkeiten wurde bislang nicht gefunden.[398]

Die bisherige Staatenpraxis läßt allenfalls eine Tendenz zur tatsächlichen Übernahme von Verbindlichkeiten durch den Nachfolgerstaat erkennen, wobei eher moralische als rechtliche Überlegungen den Anlaß boten, einen angemessenen Teil der Verbindlichkeiten des Vorgängerstaates unter Berücksichtigung konkreter Bedürfnisse und Interessen zu erfüllen.[399]

Ein gewohnheitsrechtliches Prinzip läßt sich hieraus nicht ableiten. Selbst bei Zugrundelegung der in der völkerrechtlichen Literatur teilweise vertretenen Auffassung, für den Nachfolgestaat bestehe aus Billigkeitsgründen eine Pflicht zur Abfindung von Gläubigern des

---

[396] Vgl. oben Teil D. Kap. II.1.

[397] Vgl. BVerfG, Urt. vom 24.04.1991 - 1 BvR 1341/90-, BVerfGE 84, 133, 147; BGH, Beschl. vom 29.05.1991 - 3 StE 4/91 -3- geh. StB 11/91 -, NJW 1991, S. 2498, S. 2500; BSG, Urt. vom 10.05.1994 - 4 RA 4993 -; vgl. auch OLG Naumburg, Urt. vom 22.12.1992 - 4 U 76/92, DtZ 1993, S. 320 (Ls.); VG Köln, Urt. vom 07.12.1994 - 10 K 227/91 (unv.).

[398] Vgl. zu den Bestrebungen der Internationalen Law Commission und der nicht in Kraft getretenen Wiener Konvention über Staatennachfolge in Vermögen, Archive und Schulden von Staaten vom 08.04.1983; Dahm, Georg/ Delbrück, Jost/Wolfrum, Rüdiger, Völkerrecht, Band I/1, 2. Aufl., 1989, S. 159 ff. und S. 171 ff.; Gornig, Gilbert, Staatennachfolge und die Einigung Deutschlands, Band II, Staatsvermögen und Staatsschulden, Kulturstiftung der deutschen Vertriebenen (Hrsg.), Berlin 1992, S. 99 ff., S. 153 ff.; Silagi, Staatsuntergang und Staatennachfolge, S. 193 ff. und S. 317 ff.; Drinhausen, Florian, Die Auswirkungen der Staatensukzession auf Verträge eines Staates mit privaten Partnern. Dargestellt mit besonderen Bezügen zur deutschen Wiedervereinigung, Frankfurt a.M. 1995.

[399] Vgl. Dahm/Delbrück/Wolfrum, Völkerrecht, Band I/1, S. 169 ff.; Gornig, Staatennachfolge und die Einigung Deutschlands, S. 101 ff., 117.

Vorgängers,[400] und unterstellt, eine inländische private Person genieße gegenüber dem Staat, dem sie angehört, Schutz durch Völkerrecht, ergibt sich keine Folgerung zur tatsächlichen Übernahme aller Verbindlichkeiten.

(2) Einigungsvertrag

Die DDR als Rechtssubjekt ist mit dem Inkrafttreten des Einigungsvertrages untergegangen.[401] Da die DDR ein Einheitsstaat war, sind mit ihr auch alle ihre Organe und staatlichen Einrichtungen erloschen, die, auch soweit sie als juristische Person deklariert waren, nicht selbständig entscheiden konnten, sondern umfänglich weisungsgebunden und daher nur verfügend-vollziehend tätig waren.[402] Dies gilt auch für den Sportmedizinischen Dienst der DDR (SMD).

Der Einigungsvertrag enthält allerdings keine Regelung über die Übernahme sämtlicher Passiva der ehemaligen DDR durch die Bundesrepublik Deutschland.[403]

(a) Keine Überleitung durch Art. 4 Nr. 4 EinigungsV

Als eine solche Überleitungsregelung ist insbesondere nicht Art. 4 Nr. 4 EinigungsV anzusehen, der Art. 135a GG um einen Abs. 2 ergänzt. Danach wird der Bundesgesetzgeber ermächtigt, gesetzlich zu bestimmen, daß Verbindlichkeiten der DDR oder ihrer Rechtsträger sowie Verbindlichkeiten des Bundes, die mit dem Übergang von Vermögenswerten der DDR auf den Bund in Zusammenhang stehen, nicht oder nicht in voller Höhe zu erfüllen sind. Allerdings setzt diese Norm bereits voraus, daß Verbindlichkeiten der ehemaligen DDR auf

---

[400] Vgl. Dahm/Delbrück/Wolfrum, Völkerrecht, Band I/1, S. 179; Gornig, Staatennachfolge und die Einigung Deutschlands, S. 131; dagegen: Menzel, Eberhart/ Ipsen, Knut, Völkerrecht, 2. Aufl., München 1990, S. 193 ff.

[401] BGH v. 04.11.1994, LwZR 11/93, BGHZ 127, 297; 08.12.1994, III ZR 105/93, BGHZ 128, 140, 146; 28.06.1995, VIII ZR 250/94, DtZ 1995, 368.

[402] BGH v. 04.11.1994, LwZR 11/93, BGHZ 127, 297; Klein, Staatshaftung der DDR, S. 309 f.

[403] Vgl. Silagi, Staatsuntergang und Staatennachfolge, S. 380 ff. m.w.N.; VG Köln, Urt. vom 07.12.1994 - 10 K 227/91 (unv.).

den Bund übergegangen sind. Sie beinhaltet indessen keine Überleitungsbestimmung, die den Übergang selbst regelt,[404] sondern eröffnet lediglich die Kompetenz für die Bestimmung des Erfüllungsumfangs von Verbindlichkeiten, die bereits aus einem anderen Rechtsgrund auf den Bund übergegangen sind.[405] Davon geht ersichtlich auch der Einigungsvertrag aus.

Die Denkschrift zu diesem Vertrag[406] trifft zu Art. 4 Nr. 4 EinigungsV die Feststellung, mit dem Beitritt der DDR gingen Forderungen und Verbindlichkeiten "auch" auf die Bundesrepublik Deutschland über; die Einfügung des Art. 135a, Abs. 2 GG sei für "diejenigen" Verbindlichkeiten erforderlich, die die DDR in den Gesamtstaat einbringe. Zudem sehen verschiedene Regelungen des Einigungsvertrages (vgl. Art. 23 ff.) für bestimmte Sachverhalte eine Einzelrechtsnachfolge vor, die nur Sinn macht, wenn mit Inkrafttreten des Art. 135a Abs. 2 GG nicht sämtliche Verbindlichkeiten der ehemaligen DDR auf den Bund übergegangen sind. Schließlich spricht gegen eine Auslegung des Art. 135a Abs. 2 GG als Übergangsvorschrift, daß dieser nicht bestimmt, auf wen Verbindlichkeiten - etwa von "Rechtsträgern" der ehemaligen DDR - übergehen sollen.[407]

(b) Regelung des Vermögensübergangs durch Art. 21 EinigungsV

Nach anfänglichem Zögern wird inzwischen höchstrichterlich übereinstimmend vertreten, daß Art. 21 EinigungsV nicht nur den Übergang des Aktivverwaltungsvermögens regelt, sondern unter diese Vorschrift auch der Übergang solcher Verbindlichkeiten fällt, die mit dem übergegangenen Vermögensgegenstand in unmittelbarem Bezug

---

404 Vgl. Maunz, Theodor/Dürig, Günther/Herzog, Roman, Grundgesetz, Kommentar; Bd. I 1993, Art. 135a; Stern, Klaus, Der verfassungsändernde Charakter des Einigungsvertrages, DtZ 1990, S. 289 ff.(292).

405 Vgl. auch Rädler, DtZ 1993, S. 296, (297); Jarass, Hans/Pieroth, Bodo, Grundgesetz für die Bundesrepublik Deutschland, 3. Aufl., 1995, Art. 135a, Rdnr. 2.

406 BT-Drs. 11/7760.

407 Vgl. auch Rädler, DtZ 1993, S. 297; VG Köln, Urt. vom 07.12.1994 - 10 K 227/91 (unv.); vgl. oben Teil D. Kap. II.1.

stehen.[408] Hierzu gehören aber nicht die betrieblichen Verbindlichkeiten und erst recht nicht Haftungsverbindlichkeiten aus Staatshaftung, die, wie das Bundesjustizministerium zutreffend dargestellt hat, aus dem "sachlichen Tätigkeitsfeld der Verwaltung, dem kein vermögensrechtlicher Gehalt zukommt", entstanden sind.[409] Eine Haftung der Bundesrepublik Deutschland für Schäden nach dem StHG/DDR nach Art. 21 oder 22 EinigungsV scheidet daher aus.

(c) Keine Haftung der Bundesrepublik Deutschland nach Art. 23 EinigungsV

Ebenso wenig haftet die Bundesrepublik nach Art. 23 EinigungsV, wonach Schulden aus Sondervermögen wegen Verbindlichkeiten der DDR zu übernehmen sind. Zwar wäre der vom Kläger geltend gemachte Anspruch - wie dargelegt - nicht privatrechtlicher, sondern öffentlich-rechtlicher Natur, so daß ein Schuldenübergang nach dieser Vorschrift nicht von vornherein ausgeschlossen wäre. Jedoch fallen unter die Schulden, die nach dieser Vorschrift über ein Sondervermögen abzuwickeln sind, nur die Verbindlichkeiten der DDR aus dem durch das Haushaltsgesetz vom 22.07.1990 (GBl. DDR I, 787) festgestellten Haushaltsplan des Jahres 1990.[410] In dem Haushaltsplan sind die Ansprüche des Klägers nicht berücksichtigt und konnten es auch nicht sein, da der Kläger seine Ansprüche im Jahre 1990 noch nicht einmal verfolgt hatte.[411]

---

408 BVerwG, 08.07.1994, BVerwG 7 C 36.93, ZIP 1994, 1314, 1315; BGH v. 04.11.1994, LwZR 12/93, BGHZ 127, 297.

409 Schreiben des Bundesministeriums der Justiz vom 03.12.1992, DtZ 1993, S. 115.

410 Vgl. Anl. II Kap. IV Abschn. III Nr. 1 EinigungsV.

411 Vgl. Hauger, Maria, unveröffentl. gutachterliche Stellungnahme vom 30.12. 1996 zu den Erfolgsaussichten des Revisionsverfahren Roland Schmidt/Bundesrepublik Deutschland, Aktenzeichen des BGH: VI ZR/96, S. 26 (weiter zitiert als Hauger); vgl. unten Teil G. Kap. III. 4.

(d) Keine Haftung der Bundesrepublik aus Art. 135a Abs. 2 GG

Ebenso wenig kommt eine Haftung der Bundesrepublik Deutschland aus Art. 135a Abs. 2 GG in Betracht, gleich ob man die Vorschrift als Überleitungsbestimmung für Verbindlichkeiten der untergegangenen DDR ansieht[412] oder als Kompetenzregelung für eine Begrenzung übergegangener Verbindlichkeiten.[413] Art. 135a GG gibt keine Auskunft über den Schuldner und ist mithin als Anspruchsgrundlage ungeeignet.[414]

(3) Keine Haftung der Bundesrepublik Deutschland aus § 419 BGB

Eine Haftung der Bundesrepublik Deutschland aus § 419 BGB ist gleichfalls zu verneinen, da die Vorschrift nach st. Rspr. des BGH auf öffentlich-rechtliche Vorgänge nicht anwendbar ist.[415]

(4) Keine Haftung der Bundesrepublik Deutschland aus Funktionsnachfolge

Schließlich greift eine Haftung der Bundesrepublik Deutschland aus Funktionsnachfolge nicht. Nach ständiger Rechtsprechung des BGH handelt es sich hierbei um eine Hilfskonstruktion, die nur zum Tragen kommen kann, wenn "der neue Rechtsträger die gleichen oder doch überwiegend gleichen Aufgaben ausübt wie sein Vorgänger"[416]; der Anspruch nicht bereits durch Gesetz geregelt und so dringlich ist, "daß der Berechtigte und die Rechtsordnung Schaden erleiden", wenn er nicht befriedigt wird[417]; die Verbindlichkeit im Zuge einer ordnungsmäßigen Verwaltung durch den untergegangenen Funktionsträger begründet worden ist.[418]

---

412 Vgl. Maunz/Dürig, GG Art. 135a, S. 5.

413 Vgl. auch Rädler, DtZ 1993, S. 296.

414 BGH, Urteil v. 28.06.1995, VIII ZR 250/94, DtZ 1995, S. 368.

415 BGH, Urteil v. 03.11.1994, LwZR 12/93, BGHZ 128, 140 (147).

416 BGH, Urteil v. 04.11.1994, LwZR 12/93, BGHZ 128, 140 (147).

417 BGH v. 08.12.1994, III ZR 105/93, BGHZ 128, 140, 146.

418 BGH v. 20.12.1951, IV ZR 163/50, BGHZ 4, 266, 277; im Ansatz ebenso BGH v. 01.12.1952, III ZR 114/52, BGHZ 8, 169.

bb) Zwischenergebnis

Nach den gefundenen Ergebnissen ist die Bundesrepublik Deutschland unter keinen Gesichtspunkten "an die Stelle" der DDR im StHG/DDR getreten.[419]

In Rechtsprechung und Literatur ist unbestritten, daß die Bundesrepublik nicht durch Universalsukzession Rechtsnachfolgerin der DDR geworden ist.[420] Stattdessen ist ein bestimmtes Aktiv- und Passivvermögen[421] nach Maßgabe der Art. 21 bis 29 im VI. Kapitel des Einigungsvertrages auf den Bund, die Länder bzw. die Treuhandanstalt übergegangen.

Die Regelungen sind abschließend, so daß auch Art. 39 Abs. 2 S. 2 EinigungsV keinen irgendwie gearteten Vermögensübergang bewirkt hat.[422]

Im weiteren muß betrachtet werden, wie das Verfahren nach StHG/DDR gestaltet ist und ob etwaigen Ansprüchen die Einrede der Verjährung entgegensteht.

c) Verfahren nach StHG/DDR

Wegen Fragen der Verjährung sei auch kurz auf das Antragsverfahren nach dem StHG/DDR eingegangen.

In den §§ 5 - 8 StHG/DDR war das Verfahren für die Durchsetzung von Staatshaftungsansprüchen geregelt. Danach wurde die Leistung des Schadensersatzes nur auf Antrag gewährt, der bei demjenigen Staatsorgan gestellt werden mußte, dessen Mitarbeiter den Schaden verursacht hatte. Dieses zuständige Organ entschied dann auch über

---

419 Zu einer anderen Ansicht kommt jedoch Hauger, S. 5 ff.

420 BGH a.a.O.; Schreiben des BJM vom 03.12.1992, DtZ 1993, S. 115; Kühn, Wolfgang, Die Haftung der Bundesrepublik Deutschland für zivilrechtliche Verpflichtungen der DDR, DtZ 1992, S. 198 ff.; Rädler, DtZ 1993, S. 296.

421 Vgl. Silagi, Staatsuntergang und Staatennachfolge, S. 237 ff. und S. 380 ff.

422 BGH v. 22.11.1993, VIII ZR 165/94, a.a.O. zu Art. 13 Abs. 3 Nr. 1 EinigungsV; Lange, Manfred, Wem gehört das ehemalige Volkseigentum? - Grundfragen der Art. 21 und 22 EinigungsV, DtZ 1991, S. 329 ff. (330).

den Grund und die Höhe des erhobenen Anspruchs. Gegen die Entscheidung in Staatshaftungsfällen gab es nach § 6 StHG/DDR das Rechtsmittel der Beschwerde.[423]

d) *Verjährung der Ansprüche*

Gemäß § 4 StHG/DDR verjähren Staatshaftungsansprüche innerhalb eines Jahres. Die Verjährungsfrist beginnt an dem Tage, an dem der Geschädigte von dem Schaden und seiner Verursachung durch die öffentliche Hand Kenntnis erlangt hat. Die Verjährungsfrist wurde durch die Antragstellung bei einem Staatsorgan unterbrochen. Auf den Lauf, die Hemmung und Unterbrechung der Verjährung finden im übrigen die allgemeinen Vorschriften des Zivilrechts Anwendung. Eine Verweisung findet sich in § 4 III 2 StHG/DDR.[424] Demnach waren Ansprüche der Sportler dann verjährt, wenn die gesundheitlichen Schäden durch Doping vor dem 03.10.1989 bekannt waren und bis zum 03.10.1990 kein Antrag gestellt worden war.

Allerdings könnte der Lauf der Verjährung gehemmt worden sein. Mit dem Beitritt der DDR zur Bundesrepublik Deutschland sind Ansprüche, die bis zu diesem Zeitpunkt entstanden sind, nicht erloschen. Sie sind im Rahmen der damals geltenden Regelungen grundsätzlich z. T. auch noch durchsetzbar. Auch die kurze Verjährungsfrist des Staatshaftungsgesetzes (§ 4 StHG/DDR: ein Jahr) dürfte in manchen Fällen kein unüberwindliches Hindernis für die Geltendmachung und Durchsetzung des Anspruchs sein.

Die definitive Festlegung, daß die einjährige Frist mit dem Tage beginnt, "an dem der Geschädigte von dem Schaden und davon Kenntnis hat, daß der Schaden von einem Mitarbeiter oder Beauftragten eines staatlichen Organs oder einer staatlichen Einrichtung verursacht wurde" (§ 4 StHG/DDR), bedarf für bestimmte Schäden aus der Zeit der DDR einer genaueren Betrachtung:

---

[423] Vgl. Lörler, NVwZ 1990, S. 833.

[424] Vgl. Lörler, NVwZ 1990, S. 834; Ossenbühl, NJW 1991, S. 1207.

aa) Rechtswidrig verneinte Staatshaftungsansprüche

Handelt es sich um Staatshaftungsansprüche, die während der Existenz der DDR entstanden sind, von den geschädigten Sportlern auch bereits geltend gemacht wurden, die jedoch unter Verletzung der Regelungen des StHG/DDR abgewiesen wurden, so sind diese Entscheidungen rechtsstaatlich nicht haltbar und deshalb gemäß Art. 19 des Einigungsvertrages anfechtbar. Eine Frist für die Einreichung eines Anfechtungsantrages setzt der Einigungsvertrag nicht.

bb) Bis zum 03.10.1990 nicht erhobene Ansprüche nach StHG / DDR

Handelt es sich um Staatshaftungsansprüche aus der Zeit der DDR, die noch nicht geltend gemacht wurden, müssen unterschieden werden:

(1) Staatshaftungsansprüche, deren Geltendmachung rechtzeitig möglich gewesen wäre

Für Ansprüche von Sportlern, die rechtzeitig geltend gemacht werden können, gilt die Jahresfrist des StHG/DDR. Erfolg haben kann ein Antrag nur dann noch, wenn seit Kenntnisnahme des Schadens (vgl. § 4 StHG/DDR 9) noch kein Jahr vergangen ist.

(2) Nicht anerkannte Ansprüche

Staatshaftungsansprüche, die unter dem SED-Regime nicht geltend gemacht werden konnten, da sie nicht anerkannt wurden, weil z. B. die Verwaltungsmaßnahmen als rechtlich vertretbar galten oder aus anderen Gründen unangreifbar waren. In solchen Fällen war eine Anfechtung mit Aussicht auf Erfolg und der Gewähr, daß keine zusätzlichen Probleme bewirkt werden, erst nach der Wende in der DDR, unter Umständen erst nach dem 03.10.1990 möglich.

Nach Art. 19 EinigungsV ist es auch in diesen Fällen zeitlich unbegrenzt möglich, vor dem Wirksamwerden des Beitritts ergangene Verwaltungsakte der DDR aufzuheben, wenn sie mit rechtsstaatlichen Grundsätzen oder mit den Regelungen dieses Vertrages unvereinbar sind.

cc) *Keine enge Auslegung*

Bei strenger Anwendung dieser kurzen Verjährung wären heute alle Ansprüche gedopter Sportler verjährt, die nicht bereits während der Existenz der DDR bei einer Behörde geltend gemacht wurden. Das erscheint angesichts der bis Ende 1989 herrschenden Zustände im Sportwesen der DDR mit seinen Abhängigkeiten und Unwägbarkeiten für die Situation der Sportler ex post unbillig. Daher wird sowohl in der Praxis als auch im Schrifttum die Ansicht vertreten, die Erhebung der Einrede der Verjährung gegen solche Ansprüche sei aus übergeordneten rechtsstaatlichen Prinzipien unbillig.[425]

Rechtlich wird diese Ansicht auf die entsprechenden anwendbaren Regeln des ZGB/DDR gestützt: Nach § 477 I Nr. 4 ZGB/DDR[426] ist die Verjährung für die Zeit gehemmt, "in der eine Rechtsverfolgung nicht möglich ist".

Ein Rückgriff auf die Billigkeitsvorschrift des § 472 II ZGB/DDR, nach der das Gericht trotz Verjährung bei schwerwiegenden Gründen Rechtsschutz gewähren kann, ist durch Art. 23 I § 6 I EGBGB ausgeschlossen. Jedoch hat der BGH anerkannt, daß die Berufung auf die Einrede der Verjährung unzulässig sein kann, wenn der Schuldner selbst den Ablauf der Verjährungsfrist veranlaßt hat.[427]

Hierfür kommen Fälle in Betracht, in denen die staatliche Behörde - so in der DDR geschehen - den Geschädigten bei Einleitung eines Verwaltungs- oder Gerichtsverfahrens mit Nachteilen drohte. Solan-

---

425 Christoph, Rainer, Die Staatshaftung im beigetretenen Gebiet, NVwZ 1991, S. 536 ff. (540).

426 Zur Haftung für Schäden nach Inkrafttreten des ZGB/DDR vgl. Schroeder, Friedrich-Christian, Haftung der PDS für Justizunrecht?, DtZ 1993, S. 203 f. (204).

427 Vgl. Nachweise bei Palandt, Otto, Bürgerliches Gesetzbuch, 54. Aufl., 1995, Vorb. § 194 Rdnr. 10; Rädler, DtZ 1993, S. 296 (301); Christoph, NVwZ 1991, S. 536 (540).

ge eine solche rechtwidrige Drohung, die sich an den Kriterien des BGH bemißt, andauerte, konnte der Staatshaftungsanspruch nicht geltend gemacht werden und infolgedessen auch nicht verjähren.

Ausgehend von den geltenden Grundsätzen des BGH ist es den Gerichten möglich, in Ausnahmefällen eine bereits verjährte Forderung zuzusprechen.

3. *Ergebnis*

Folgt man der Ansicht Haugers, die einen Anspruch nach dem StHG bejaht[428], so sind zumindest Fälle denkbar, in denen ein Anspruch gedopter Sportler aus § 1 StHG/DDR gegen die Bundesrepublik Deutschland erhoben und auch die Einrede der Verjährung "überwunden" werden kann. Dies soll anhand eines Fallbeispiels aus der juristischen Praxis konkretisiert werden.

III. Fallbeispiel für Schadensersatz in DDR-Dopingfällen

Die abstrakte Darstellung von Möglichkeiten zur Erlangung von Schadensersatz durch Dopingopfer soll anhand des Beispiels eines DDR-Gewichthebers, der Schadensersatz für Gesundheitsschäden, die er durch die Einnahme von Anabolika im Rahmen eines staatlichen Dopingprogramms erlitten hatte, illustriert werden. Seine Ansprüche in Form eines angemessenen Schmerzensgeldes machte er zunächst vor dem Landgericht Dresden geltend.

1. *Der Klage zugrunde liegende Tatbestand*

Der Kläger war in den Jahren 1975 bis Frühjahr 1981 als Leistungssportler in der Disziplin Gewichtheben beim SC Einheit Dresden gewesen[429] und wurde als 17jähriger in den Jahren von 1979 bis 1981

---

428 Zur Ansicht Haugers vgl. näheres unten Teil G. Kap. III. 4.

429 Urteil des LG Dresden, Geschäftszeichen: 6-0-2436/94 vom 21.06.1995, S. 3 (unv.).

vom Chefverbandsarzt in die staatliche Dopinganwendungskonzeption einbezogen. Ihm wurde das anabole Steroid Oral-Turinabol durch den ihn betreuenden Clubarzt regelmäßig verabreicht, ohne daß dazu eine therapeutische Notwendigkeit bestanden hatte. Der Kläger wurde darüber zur Geheimhaltung verpflichtet.

Nach Beendigung seiner leistungssportlichen Laufbahn und dem damit verbundenen Absetzen des Präparates erlitt der Kläger ein beidseitiges abnormes Wachstum des nichtmuskulären Brustgewebes (Gynäkomastopathie), das ihm später operativ entfernt werden mußte.

Er behauptete, man habe ihn über die mit der Medikamenteneinnahme verbundenen Risiken nicht aufgeklärt, obgleich den Sportärzten die Gefahr der Gynäkomastopathie bekannt gewesen sei, und begehrte von den verantwortlichen Ärzten sowie von der Bundesrepublik Deutschland ein angemessenes Schmerzensgeld.[430]

2. *Vorbringen der Beklagten*

a) *Vorbringen der beiden DDR-Sportärzte*

Die beklagten Ärzte haben gegenüber der Schmerzensgeldforderung die Einrede der Verjährung erhoben. Sie trugen vor, dem Kläger habe spätestens mit der Kenntnisnahme von einer erheblichen Veränderung des Brustdrüsengewebes im Frühjahr 1981 bekannt sein müssen, daß diese aus der Medikamenteneinnahme folge.

Im übrigen sei der Kläger über alle ihnen damals bekannten Nebenwirkungsrisiken aufgeklärt worden. Der Kläger habe das Turinabol unter dem Eindruck von Vergünstigungen wie Reisen in das westliche Ausland freiwillig eingenommen.

---

430 Urteil des LG Dresden, Geschäftszeichen: 6-0-2436/94 vom 21.06.1995, S. 4, und Urteil des OLG Dresden, Aktenzeichen: 4 U 1226/95 vom 29.02.1996, S. 6; Urteil des OLG Dresden, abgedr. in: SpuRt 1997, S. 132-134; DtZ 1997, S. 291-294.

b) Vorbringen der beklagten Bundesrepublik Deutschland

Der Beklagte hat den gesamten tatsächlichen Hergang der Medikamentengabe mit Nichtwissen bestritten und war der Ansicht, daß das Rechtsinstitut der Funktionsnachfolge nicht zur Anwendung kommen könne.[431]

3. Abweisung der Klage in erster und zweiter Instanz

Das LG Dresden hat die Klage in erster Instanz abgewiesen, da die beklagten Ärzte bei der Verabreichung des Anabolika-Präparates in Ausübung einer staatlichen Tätigkeit i.S.d. StHG/DDR gehandelt hätten, so daß deren Inanspruchnahme von vornherein an § 1 Abs. 2 StHG/DDR scheiterte.

Ein ursprünglich gegen die DDR bestehender Staatshaftungsanspruch könne gegen die ebenfalls beklagte Bundesrepublik Deutschland mangels einer Zurechnungsnorm nicht durchgesetzt werden. Die Bundesrepublik sei nicht Rechtsnachfolger der DDR. Eine Haftungsübernahme ergebe sich auch nicht aus allgemeinen Grundsätzen des Völkerrechts.

Aus Art. 21, 22 des Einigungsvertrages sei eine Haftungsübernahme ebensowenig abzuleiten wie aus Art. 135a Abs. 2 GG. Aus der Fortgeltung der EMU-Anordnung als Landesrecht sei nicht zu folgern, daß alle staatshaftungsrechtlichen Ansprüche durch die Bundesrepublik ausgeglichen werden sollten. Eine Haftung unter dem Gesichtspunkt der Funktionsnachfolge scheitere daran, daß es in der Bundesrepublik weder ein staatliches sportmedizinisches Betreuungssystem noch eine derjenigen der DDR strukturell vergleichbare Sportführung gebe.[432]

Die beim OLG Dresden eingelegte Berufung blieb ohne Erfolg.[433]

---

431 Urteil des LG Dresden, S. 5; Urteil des OLG Dresden, S. 7.

432 Urteil des OLG Dresden, S. 7.

433 Urteil des OLG Dresden, S. 10.

4. Prüfung der Erfolgsaussichten einer Revision beim BGH

Mit der zunächst noch beim BGH eingelegten Revision verfolgte der Kläger nurmehr seine Ansprüche aus § 1 StHG/DDR gegenüber der Bundesrepublik Deutschland aufgrund Rechtsnachfolge, hilfsweise aus § 419 BGB oder Funktionsnachfolge auf ein Schmerzensgeld für die erlittenen Gesundheitsschäden und sonstigen Beeinträchtigungen seiner körperlichen und seelischen Unversehrtheit.

Das Urteil des OLG Dresden ist allerdings dann doch durch Rücknahme der Revision nach mehrfacher Verlängerung der Revisionsbegründungsfrist rechtskräftig geworden.[434]

Die Erfolgsaussichten einer solchen Revision sollen gleichwohl im folgenden untersucht werden: Dazu soll die Rechtsnatur des medizinischen Betreuungsverhältnisses als zivilrechtlich oder öffentlich-rechtlich untersucht werden, ob Zivilrecht oder StHG/DDR Schadensersatzansprüche zugrunde zu legen wäre und welche Anspruchsvoraussetzungen nach ZGB bzw. StHG/DDR in Betracht kämen. Schließlich sollen auf dieser Grundlage anhand des dargelegten Falls die Erfolgsaussichten der Revision oder die zu vermutenden Gründe ihres Scheiterns herausgearbeitet und Rechtsverfolgungsalternativen für den Kläger gesucht werden.

a) Rechtsnatur des medizinischen Betreuungsverhältnisses

Nach der jedenfalls seit Einführung des ZGB am 01.01.1976 in der ehemaligen DDR überwiegend vertretenen Meinung kam durch die Inanspruchnahme ärztlicher Leistungen zwischen Arzt und Patient kein Vertrag zustande, sondern ein medizinisches Betreuungsvehältnis eigener Art.[435] Dies war in der Regel zivilrechtlicher Natur, konnte aber auch verwaltungsrechtlicher Natur sein.[436]

---

434 Vgl. DtZ 1997, S. 291 ff. (294).

435 Könning, VersR 1990, S. 238 ff. (242) m.w.N.

436 Vgl. Autorenkollektiv, Lehrbuch des Verwaltungsrechts, 2. Aufl., Berlin (Ost) 1983, Kapitel 13.2.1 und 13.2.6.

Erlitt ein Patient im Rahmen des Betreuungsverhältnisses einen Körperschaden, erwuchsen ihm außervertragliche Ansprüche nach dem ZGB oder, bei Vorliegen eines verwaltungsrechtlichen Betreuungsverhältnisses, seit 1969 solche nach dem StHG/DDR.

b) Anwendbares Recht

In beiden Fällen handelte es sich um Ansprüche, die nach der Rechtsordnung der Bundesrepublik deliktischen Ansprüchen aus den §§ 823 ff. BGB vergleichbar sind, so daß sie unter die Übergangsvorschrift des Art. 232 § 10 EGBGB fallen.[437]

aa) Art. 232 § 10 EGBGB

Nach Art. 232 § 10 EGBGB finden im Beitrittsgebiet die Bestimmungen der §§ 823 - 853 BGB nur dann Anwendung, wenn sich die haftungsbegründenden Tatumstände am oder nach dem 03.10.1990 verwirklichen. War hingegen die zum außervertraglichen Schadensersatz verpflichtende Handlung bereits *vor* dem Stichtag begangen worden, gelten für den Anspruch weiterhin die einschlägigen Vorschriften des DDR-Rechts, soweit sie mit dem Grundgesetz vereinbar sind.[438]

---

437 Vgl. Hauger, S. 6.

438 BGH v. 14.07.1994, III ZR 174/92, BGHZ 127, 57, 61. Unerheblich ist, zu welchem Zeitpunkt der Schaden insgesamt oder in Teilen eintritt und ob der Anspruch bereits vor oder erstmals am oder nach dem Stichtag geltend gemacht werden kann, weil dem Geschädigten bis dahin die erforderliche Kenntnis von Schaden und Schädiger fehlte. Vgl. BGH a.a.O.; Palandt, BGB, Art. 232 § 10 EGBGB Rdnr. 2; Münchener Kommentar/Mertens, 3. Aufl., München 1994, Art. 232 § 10, Rdnr. 3.; Drobnig, Ulrich, Anwendung und Auslegung von DDR-Recht heute, DtZ 1994, S. 86 ff. Da gemäß Art. 232 § 10 EGBGB die Vorschriften der §§ 823 - 853 BGB ausgeschlossen sind, gilt das DDR-Recht einheitlich für Grund und Höhe des Anspruchs (Münchener Kommentar/Mertens, Art. 232 § 10, Rdnr. 5.), aber auch für Dauer und Beginn der Verjährungsfristen.

bb) DDR-Recht als Anspruchsgrundlage

Nach DDR-Recht kommen als Anspruchsgrundlage für die gegen die beklagte Bundesrepublik Deutschland geltend gemachten Schadensersatzansprüche die §§ 323, 324, 330 ff., 336 ff. i.V.m. § 11 Abs. 3 ZGB oder die §§ 1 - 4 StHG/DDR i.V.m. §§ 336 ff. ZGB in Betracht, je nachdem, ob die Einbeziehung des Klägers in das staatliche Dopingprogramm und die Verabreichung der Anabolika an ihn aufgrund Teilnahme des SMD am Zivilrechtsverkehr oder in Ausübung staatlicher Tätigkeit des SMD erfolgten.[439]

cc) Zwischenergebnis

Der BGH hätte die Ansprüche des Klägers also gemäß Art. 232 § 10 EGBGB nach dem Recht der ehemaligen DDR zu beurteilen, da es sich um außervertragliche Schadensersatzansprüche handelt, die im BGB in den §§ 823 ff. geregelt sind, und da die haftungsbegründenden Tatumstände durch die schädigende Handlung, die Aufnahme des Klägers in das staatliche Dopingprogramm und die Verabreichung von Dopingmitteln an ihn am 03.10.1990 vollständig verwirklicht waren.[440]

c) Erfolgsaussichten einer Revision des Klägers

aa) Entstehung materiellrechtlicher Ansprüche des Klägers aus StHG/DDR gegen die Bundesrepublik Deutschland

Bei den ursprünglich auch beklagten Sportärzten handelt es sich um Mitarbeiter einer voll umfänglich weisungsgebundenen staatlichen Einrichtung, die dem Staatssekretariat für Körperkultur und Sport beim Ministerrat, einem Staatsorgan, unterstand. Da sie als juristische Person geführt wurde und über einen eigenen Haushalt verfügte[441], waren Schadensersatzansprüche gegen den SMD geltend zu

---

[439] Vgl. auch Hauger, S. 7.

[440] Urteil des LG Dresden, S. 2 f.; Hauger, S. 5 f.

[441] § 2 Anordnung über das Statut des Sportmedizinischen Dienstes vom 10.09. 1963, GBl. II 1963, 695 ff.

machen. Es galt somit nicht das ZGB, sondern das StHG/DDR als Anspruchsgrundlage.

Das schadensursächliche Handeln der früheren beklagten Ärzte stellt eine staatliche Tätigkeit des SMD dar.

Zwischenzeitlich ist bewiesen, daß in der DDR das Dopingprogramm Thema eines Staatsplanes war und das Staatssekretariat für Körperkultur und Sport beim Ministerrat die Wirkung von Anabolika über viele Jahre hinweg nicht nur konsequent erforschen, sondern über den SMD im Bereich des Leistungssports auch umfassend zur Anwendung bringen ließ. Dabei bediente sich der SMD der für ihn arbeitenden Ärzte, die auch den Kläger behandelt und gedopt hatten.

Bereits das OLG Dresden als Berufungsgericht kam zu dem Ergebnis, daß der SMD als staatliche Einrichtung[442] bei der planmäßigen Entwicklung, Erprobung und Anwendung von Dopingmitteln im Leistungssport schon aufgrund des Umstands, daß er einen Staatsplan vollzog, im staatlichen Interesse handelte.

Die beiden Ärzte des SMD, die als letztes Glied der Kette den Staatsplan umsetzten und dem Kläger Dopingsubstanzen verabreichten, sind somit gegenüber dem Kläger gerade in bezug auf die Anordnung und Verabreichung der Anabolika ausschließlich vollziehend-verfügend tätig geworden.[443] Dem SMD und seinen Mitarbeitern war von höherer staatlicher Ebene die gegen die anerkannten Regeln ärztlichen Kunst verstoßende Behandlung ausdrücklich vorgegeben worden.

Der Kläger hat daher einen Anspruch nach dem StHG/DDR. Ein Mitverschulden des Klägers ist nicht ersichtlich.[444] Die Rechtswidrigkeit wird durch den Kausalzusammenhang indiziert.[445] Das Verhalten des SMD und des Staatssekretariats für Körperkultur und Sport waren auch nicht durch die staatliche Anordnung des Doping gerechtfertigt.

---

[442] Urteil des OLG Dresden, S. 12.

[443] Vgl. Hauger, S. 13.

[444] Ebenda.

[445] Vgl. auch Klein, Staatshaftung der DDR, S. 310.

Zwar verfolgten das Staatssekretariat für Körperkultur und Sport und der SMD das Dopingprogramm aufgrund eines Staatsplans. Sie waren als staatliche Organe grundsätzlich berechtigt, auf der Grundlage solcher Pläne "die erforderlichen Entscheidungen zu treffen" (§ 5 Abs. 1 S. 1 ZGB). Jedoch mußten nach dieser Vorschrift die Maßnahmen dazu dienen, die Lebensbedingungen der Bürger zu verbessern.

Eingriffe in die persönliche Integrität von Bürgern waren nur im Zusammenhang mit strafbaren Handlungen oder Heilbehandlungen zulässig und bedurften gemäß Art. 30 Abs. 2 der DDR-Verfassung einer gesetzlichen Grundlage.

Daran fehlte es für das Dopingprogramm und seine Umsetzung selbst dann, wenn dem Staatsplan die Rechtsnatur eines Gesetzes beizumessen ist, da das gesamte Konzept gerade nicht medizinisch indizierte Fälle betraf und daher keiner Heilbehandlung diente. Das Dopingprogramm der ehemaligen DDR und seine Umsetzung waren schlichtweg verfassungs- und damit rechtswidrig.[446]

Materiell-rechtlich sind dem Kläger gegen die Bundesrepublik Deutschland mithin Ansprüche aus dem StHG/DDR entstanden.

bb) Verjährung dieser Ansprüche

Beginn und Dauer der Verjährungsfrist bestimmen sich weiterhin nach dem Recht der ehemaligen DDR, während sich Unterbrechung und Hemmung der Frist nur bis einschließlich 02.10.1990 nach DDR-Recht und ab dem 03.10.1990 nach dem BGB richten.[447]

---

446 Hauger, S. 15. Die Rechtswidrigkeit wurde auch nicht durch eine Zustimmung des Klägers ausgeräumt. Zwar nahm er das Anabolikum in Kenntnis, daß das Medikament allein der Leistungssteigerung und nicht der Heilung einer Erkrankung dienen sollte, freiwillig ein, womit er inzidenter in die Behandlung einwilligte. Jedoch war seine Zustimmung zunächst unwirksam, da er erst 1980 das 18. Lebensjahr vollendete und bis dahin nicht voll handlungsfähig gewesen war (§§ 49, 50 Abs. 2, S. 2 ZGB). Die fehlende Einwilligung machte die Behandlung rechtswidrig.

447 Art. 232 § 10; 231 § 6 Abs. 1 S. 2 EGBGB.

Nach dem Recht der ehemaligen DDR verjährt ein Anspruch aus Staatshaftung in einem Jahr (§ 4 Abs. 1 StHG/DDR); ein zivilrechtlicher Anspruch in vier Jahren (§ 474 Abs. 1 Nr. 3 ZGB).

Der Lauf der Verjährungsfrist beginnt - wie bereits oben dargelegt - nach dem StHG/DDR mit dem Zeitpunkt, an dem der Berechtigte Kenntnis vom Schaden und dem Umstand erhielt, daß der Schaden von einem Mitarbeiter oder Beauftragten eines Organs oder einer staatlichen Einrichtung verursacht worden war (§ 4 Abs. 2 StHG/DDR). Der Antrag auf Schadensersatz bei dem Organ oder der staatlichen Einrichtung unterbrach die Frist (§ 4 Abs. 3 i.V.m. §§ 5, 6 StHG/DDR).

Im übrigen galten für Lauf, Hemmung und Unterbrechung der Frist die Vorschriften des ZGB (§ 4 Abs. 3 ZGB).

Der Lauf der Verjährungsfrist war u.a. gehemmt in der Zeit, in der eine Rechtsverfolgung nicht möglich war (§ 477 Abs. 1 Nr. 2 bzw. Nr. 4 ZGB). Somit ist der Ablauf der Frist bis zum 03.10.1990 gehemmt gewesen.

Eine eingetretene Verjährung war - allerdings nur bis zur Wiedervereinigung[448] - von Amts wegen zu berücksichtigen.[449] Jedoch konnten die Gerichte in Ausnahmefällen den Anspruch trotz Verjährung zusprechen.[450]

Der Kläger war wegen der strikten Geheimhaltungspflicht[451], der das Dopingprogramm unterlag, gehindert gewesen, weitergehende Ansprüche als die 1983 vom SMD veranlaßte medizinische Betreuung geltend zu machen. Auch nach Ansicht des BGH waren politische Zwänge geeignet, die Rechtsverfolgung i.S.d. § 477 Abs. 1 Nr. 4 ZGB zu vereiteln.[452]

---

[448] BGH v. 30.04.1993, V ZR 234/91, BGHZ 122, 309.

[449] § 472 Abs. 1 S. 1 ZGB.

[450] § 472 Abs. 2 ZGB.

[451] Vgl. auch Urteil des LG Dresden, S. 3.

[452] BGH vom 03.05.1994, VI ZR 27893, BGHZ 126, 87, 95 f.

Nach dem 03.10.1990 war der Kläger freilich keinen Repressalien mehr ausgesetzt und daher nicht gehindert den Schmerzensgeldanspruch geltend zu machen. Damit begann insoweit der Lauf der Verjährungsfrist für Ansprüche nach dem StHG/DDR, die gem. § 4 Abs. 1 ZGB am 03.10.1991 endete.

Folglich wäre ein mit der Revision gegen die Bundesrepublik Deutschland geltend gemachter Schmerzensgeldanspruch verjährt.

d) Andere Anspruchsgrundlagen: Verwaltungsrechtliches Rehabilitierungsgesetz (VwRehaG)

Der Anspruch des Klägers ist seit dem 23.06.1994 durch das "Gesetz über die Aufhebung rechtsstaatswidriger Verwaltungsentscheidungen im Beitrittsgebiet" (VwRehaG) und die daran anknüpfenden Folgeansprüche[453] geregelt. Die Körperverletzung des Klägers erfolgte nicht in ordnungsgemäßer Ausübung der dem SMD obliegenden Verwaltungsaufgaben, sondern war willkürlich und in hohem Maße rechtswidrig. Deshalb kommt ein Anspruch nach dem VwRehaG (siehe unten 5.) durchaus in Betracht.

e) Zusammenfassung zum Fallbeispiel

aa) Keine persönliche Haftung der Ärzte

Ärzte, die in ihrer Eigenschaft als Mitglieder des sog. Sportmedizinischen Dienstes der ehemaligen DDR Sportlern Dopingmittel ohne deren Kenntnis verabreichten, trifft keine Haftung für eingetretene Gesundheitsschäden, da ihre persönliche Ersatzpflicht entweder durch § 331 S. 2 ZGB/DDR oder durch § 1 Abs. 2 StHG/DDR ausgeschlossen ist.

---

453 Verwaltungsrechtliches Rehabilitierungsgesetz (VwRehaG) BGBl. I, 1311.

bb) Keine Haftung der Bundesrepublik Deutschland durch Universalsukzession

Aus dem Einigungsvertrag läßt sich keine Universalsukzession in der Weise herleiten, daß die Bundesrepublik Deutschland für sämtliche Verbindlichkeiten der ehemaligen DDR einzustehen hat. Die Fortgeltung der Anordnung über eine erweiterte materielle Unterstützung für Bürger bei Gesundheitsschäden infolge medizinischer Maßnahmen hat nicht zur Folge, daß mit dem Einigungsvertrag eine Haftungsübernahme für alle Gesundheitsschäden infolge medizinischer Maßnahmen beabsichtigt war.

cc) Keine Funktionsnachfolge der Bundesrepublik Deutschland

Die Passivlegitimation der Bundesrepublik Deutschland läßt sich auch nicht aus dem Gesichtspunkt der sog. Funktionsnachfolge herleiten.

f) Ergebnis

Nach alledem konnte einer Revision des Klägers der gewünschte Erfolg nicht beschieden sein.

5. Weitere rechtliche Möglichkeiten für den Kläger zur Durchsetzung von Ansprüchen

Der Kläger ist wegen der erlittenen Körperverletzung nach dem Recht der Bundesrepublik Deutschland keineswegs rechtlos.

Dabei scheiden die Anordnung über eine erweiterte materielle Unterstützung für Bürger bei Gesundheitsschäden infolge medizinischer Maßnahmen (EMU) und das diese Verordnung ablösende Bundesgesetz über den Abschluß von Unterstützungen der Bürger der ehemaligen Deutschen Demokratischen Republik bei Gesundheitsschäden infolge medizinischer Maßnahmen (Unterstützungsabschlußgesetz - UntAbschlG) vom 6. Mai 1994[454] jedoch aus, da beide Gesetze auf-

---

[454] BGBl. I, 990.

grund der Anspruchsvoraussetzungen nur Schadensfälle betreffen, für die kein Staatshaftungs- oder zivilrechtlicher Schadensersatzanspruch begründet wurde.

Der Bundesgesetzgeber hat aber unmittelbar vor Klageerhebung durch das VwRehaG auch Fälle wie die des Klägers einer Regulierung zugeführt. Daß die nach diesem Gesetz den Opfern von Unrechtstaten zugesprochenen Ansprüche infolge der Verweisung auf die Vorschriften des Bundesversorgungsgesetzes nicht den vom Kläger gewünschten Umfang erfahren haben, ist hinzunehmen, weil verfassungsrechtlich nicht zu beanstanden. So gewährt das VwRehaG z. B. keinen Anspruch auf Schmerzensgeld und vollen Berufsschadensausgleich. Die Begrenzung der Ansprüche ist im Hinblick auf die dem Gesetzgeber durch Art. 135a GG eingeräumte Haftungsbegrenzungsmöglichkeit zulässig[455], da eine willkürliche Ungleichbehandlung nicht erkennbar ist. Durch das Gesetz wird das Dopingopfer der ehemaligen DDR z. B. einem Kriegsversehrten gleichgestellt, der ebenfalls aufgrund staatlicher Entscheidung und Machtausübung an seiner Gesundheit Schaden genommen hat.[456]

Das VwRehaG greift aber nur bei rechtzeitiger schriftlicher Antragstellung. Nach § 9 Abs. 2 S. 1 VwRehaG endet diese Frist am 31.12. 1999.

---

[455] BVerfG 23.04.1991, 1 BvR 1170/1174, 1175/90, NJW 1991, 1597, 1599; BGH v. 04.11.1994, LwZR 12/93, a.a.O.

[456] Vgl. auch Hauger, S. 29.

H. Vorschläge zur künftigen Eindämmung des Dopings im Sport

Nach den bisherigen Ausführungen bietet das geltende Recht ausreichende Grundlage zur Bekämpfung des Dopings im Sport, soweit ihm nach Art und Folgen ein krimineller Unrechtsgehalt beizumessen ist. Es wird daher überwiegend in der Wissenschaft festgestellt, daß es grundsätzlich nicht am fehlenden oder zu lückenhaften staatlichen Recht mangelt, sondern an dessen Vollzug.[457]

Erwägenswert zur wirksameren Bekämpfung des Dopings sind deshalb folgende Vorschläge:

1. Verschärfung des geltenden Arznei- und Betäubungsmittelgesetzes:

   Mit einer Verschärfung des geltenden Arznei- und Betäubungsmittelgesetzes könnte dem Mißbrauch von Anabolika staatlicherseits erfolgreich begegnet werden. Verurteilungen wegen Verstoßes gegen das Arzneimittelgesetz sind selten und wirken wegen der zumeist ausgesprochenen Geldstrafe nicht abschreckend auf die illegalen Dopinghändler. Illegale Hersteller fälschen Dopingmittel im Industriemaßstab und vertreiben ihre Präparate kofferweise auf dem Grauen Markt. Die Stoffe werden per Post an die Kunden versandt und per Kofferträger über die Grenze geschmuggelt.[458]

   Da erkennbar ist, daß die Mittel des autonomen Sports in der Dopingbekämpfung nicht ausreichen, muß die Politik unterstützend eingreifen. Sollte beispielsweise die Erfahrung zeigen, daß die kürzliche Änderung des Arzneimittelgesetzes nicht ausreicht, muß die Bundesregierung weitere gesetzliche Verschärfungen prüfen.

2. Einheitliches, energisches Vorgehen der Staatsanwaltschaft gegen Dopingsünder:

---

[457] Vgl. Linck, NJW 1987, S. 2551; ders., MedR 1993, S. 62; Turner, MDR 1991, S. 575; Steiner, Der Sport auf dem Weg zum Verfassungsrecht - Sportförderung als Staatsziel, SpuRt 1994, S. 2 ff.

[458] Vgl. die Hinweise bei Körner, ZRP 1989, S. 420; Der Spiegel 19/1998.

Die Gefährlichkeit des Dopingmittelhandels ist von der deutschen Justiz noch nicht erkannt worden. Deshalb werden zahlreiche Ermittlungsverfahren von der Staatsanwaltschaft gemäß §§ 153, 153a, 154, 154a Strafprozeßordnung (StPO) eingestellt.[459]

Es würde sich empfehlen, die Konferenz der Justizminister mit dem Thema Doping und Strafrecht zu befassen, um sich auf ein einheitliches und energisches Vorgehen der Staatsanwaltschaft gegen Dopingsünder zu verständigen. Hierauf sollten auch die Parlamente im Rahmen der parlamentarischen Kontrolle hinwirken.[460]

3. Kontrolle der staatlichen Mittel der Sportförderung durch das Parlament:

Es ist sowohl für die Regierung als auch für das Parlament erforderlich, genauer zu kontrollieren, was mit den staatlichen Mitteln der Sportförderung in der Praxis geschieht. Ihre direkte oder mittelbare Verwendung zur Förderung und Anwendung von Dopingmaßnahmen muß über den Haushaltsvollzug und die vorgängige wie nachträgliche parlamentarische Kontrolle unterbunden werden.[461]

Die Bundesregierung und die Landesregierung von Bayern, Nordrhein-Westfalen und Rheinland-Pfalz z. B. wollen künftig diejenigen Sportverbände von der Bewilligung von Sportförderungsmitteln ausschließen, bei denen Doping geduldet oder nicht aktiv verhindert wird.[462]

---

459 Vgl. Körner, ZRP 1989, S. 420; vgl. dazu auch Franke, Funktionen und Instrumentalisierung des Sports, S. 904-909 und S. 966-969.

460 Vgl. bereits Linck, NJW 1987, S. 2551; ders., MedR 1993, S. 62.

461 Vgl. hierzu auch die "Entschließung des Rates der EG und der im Rat vereinigten Vertreter der Regierungen der Mitgliedsstaaten über eine Gemeinschaftsmaßnahme zur Bekämpfung von Doping im Sport" vom 03.12.1990, Amtsbl. der EG 1990, Nr. G 329, S. 4 f. Der Sportausschuß des Deutschen Bundetages hat im Januar 1992 entsprechende Empfehlungen für die Vergabe der Mittel für die kommenden Olympischen Spiele abgegeben. Vgl. Woche im Parlament (wip), 22. Jg. Nr. 2, 29. Januar 1992, S. 53.

462 BT-Dr. 11/5784; LT-Dr. Rh.-Pf. 11/2824 vom 18.07.1989; LT-Dr. Bay. 11/ 10770 vom 21.03./31.03.1989; LT-Dr. NRW 10/3945 vom 02.01.1989.

Unter den westlichen Ländern Europas fällt die Bundesrepublik Deutschland dadurch auf, daß ihre Regierung und alle Parteien des Bundestages nicht energisch an der Aufklärung von konkreten Dopingpraktiken und -vorgängen interessiert sind. Ein parlamentarischer Untersuchungsausschuß wurde stets und vehement abgelehnt.[463]

Andererseits haben die eigens eingesetzten Dopingkommissionen des deutschen Sports, die gemeinsame "Unabhängige Dopingkommission" unter dem Vorsitz von Heinrich Reiter und die "Ad-hoc-Kommission zur Beratung in Dopingfragen" des DSB unter dem Vorsitz des Freiherrn Manfred von Richthofen, nur allgemeine Äußerungen gemacht und nicht einen einzigen konkreten - und daher historisch wie juristisch überprüfbaren - Vorgang bezeichnet.

Die Sportorganisationen des vereinten Deutschlands haben die Opfer des DDR-Leistungssports in geradezu fahrlässiger Weise ignoriert. MfS-Akten, die zur Aufklärung von Doping im DDR-Leistungssport und den Inoffiziellen Mitarbeitern hätten beitragen können, wurden jahrelang unterdrückt. Schnell waren Sportverbände und ihre Funktionäre mit dem Wort von der Amnestie für die Täter zur Hand. Die Staatsanwaltschaft II in Berlin wirft den Sportverbänden sogar Obstruktion der Ermittlungen vor. Dringender Handlungsbedarf der Verbände und der Politik erscheint notwendig.

4. Von der Weltkonferenz gegen Doping, die vom 2. bis 4. Februar 1999 in Lausanne tagt, bleibt zu hoffen, daß sie konkrete Maßnahmen zur Bekämpfung des Dopings einleitet. Ziel der Weltkonferenz ist die Annahme einer verbindlichen Definition des Dopings, die Verabschiedung einheitlicher, für alle Sportarten geltende Dopingvorschriften in einem neuen Medical-Code, eine Festlegung der jeweiligen Zuständigkeiten der Sportbewegung und der Regierungen auf dem Gebiet der Dopingkontrollen und die Schaffung

---

463 Franke, Funktionen und Instrumentalisierung des Sports, S. 907.

einer unabhängigen Spezialeinrichtung in Form einer Anti-Doping-Agentur für die gesamte olympische Bewegung.[464]

NOK und DSB fordern heute, daß bei einem ersten Dopingverstoß eine Mindeststrafe von zwei Jahren nicht unterschritten werden dürfe. Dies stößt auf den Widerstand der internationalen Verbände für Fußball, Tennis und Radsport. Abweichend von der IOC-Haltung heißt es, daß zur Überprüfung individueller Schuld jedem Athleten die Möglichkeit offengehalten werden muß, die Entscheidungen der Verbandsgerichtsbarkeit nicht nur vom Internationalen Schiedsgerichtshof des Sports, sondern auch von ordentlichen Gerichten überprüfen zu lassen.[465]

---

464 Der Spiegel 5/1999.

465 Vgl. dazu FAZ vom 31. Dezember 1998.

Schlußbetrachtung

1.

Zum ersten Mal nach der Wiedervereinigung Deutschlands wurde das flächendeckende Staatsdoping der ehemaligen DDR nun in der Bundesrepublik unter Anklage gestellt. In den beiden bisher anhängigen Verfahren waren aus dem Betreuerstab des SC Dynamo ursprünglich vier Trainer und zwei Ärzte, aus dem Betreuerstab des TSC Berlin drei Trainer und je eine Ärztin und ein Arzt angeklagt. Vorläufiges Endergebnis der mit gewaltigem materiellen und personellen Aufwand betriebenen Recherchen und Gerichtsverhandlungen: Je fünf Verfahrenseinstellungen wegen geringer Schuld bei Geldbußen von zweimal 3.000 und je einmal 4.000, 5.000 und 7.000 DM und fünf auf mehr oder minder vagen Schuldeingeständnissen basierende Verurteilungen zu Geldstrafen von 7.000, 7.200 (dreimal) und 27.000 DM. Das Urteil gegen die Sportmediziner erfolgte wegen Beihilfe zur vorsätzlichen Körperverletzung an minderjährigen Schwimmerinnen zwischen 1975 und 1989.[466]

Die Urteile waren Anlaß, um erneut die rhetorische Staubwolke der "Siegerjustiz" aufsteigen zu lassen. Die Verteidiger sprechen von einem politischen Prozeß. Die These von der "Siegerjustiz" ist eindeutig falsch. Vor allem auch deshalb, weil vor dem Landgericht in Berlin-Moabit eben die Opfer des gesundheitsgefährdenden und verantwortungslosen Staatsdopings als Ankläger aufgetreten sind. Verfolgt wurde jedoch nicht das flächendeckende Doping in der DDR, sondern es ging um Körperverletzungsdelikte, oder - wie es der Heidelberger Molekularbiologe Werner Franke erklärt - um "sexuelle Transformation".[467]

---

466 Vgl. Knecht, Willi, DDR-Doping schrumpft zum Bagatelldelikt, in: Deutschland Archiv 6/1998, S. 880 ff.; FAZ vom 8. Dezember 1998.

467 Vgl. hierzu auch den Fall Heidi Krieger, in: Stern 1/98, S. 122-123. Zwei Jahre nach einer Geschlechtsumwandlung hat die frühere Kugelstoß-Europameisterin Heidi Krieger vom SC-Dynamo Berlin gegen ihren früheren Arzt Hans-Achim Wendler und den Trainer Lutz Kühl bei der Zentralen Ermittlungsstelle für Regierungs- und Vereinigungskriminalität Anzeige erstattet. Der Trainer Lutz Kühl steht - wie viele andere ehemalige DDR-Betreuer - inzwischen in DLV-Diensten und trainiert Speerwerferin Tanja Damaske.

Zum Zwecke der Produktion von Medaillen und der "völkerrechtlichen Anerkennung der DDR" wurden Mädchen und junge Frauen ohne entsprechende Aufklärung brutalen Hormonkuren unterworfen, die teilweise bis heute anhaltende körperliche Leiden nach sich ziehen - so lautet die Anklage. Die Anwendung von Anabolen ohne medizinische Indikation war auch nach DDR-Recht strafbar - und dies wurde bei der rechtlichen Beurteilung des Staatsdopings herangezogen. Es bleibt zu hoffen, daß der bisher geführte Dopingprozeß nur der Auftakt zur gründlichen Dopingbestandsaufnahme war und dazu beiträgt, DDR-Unrecht juristisch aufzuarbeiten.

Bis Mitte 1999 soll Anklage erhoben werden gegen Manfred Ewald, den langjährigen einstigen Präsidenten des Deutschen Turn- und Sportbundes der DDR, und andere Initiatoren des staatlich angeleiteten Dopings im Hochleistungssport der DDR. Erst nachdem der Prozeß gegen Ärzte und Trainer abgeschlossen ist, können die Täter hinter den Tätern, die keine Tablette oder Spritze in die Hand genommen haben, zur Verantwortung gezogen werden, so der Generalstaatsanwalt Christoph Schaefgen, der in Berlin für DDR-Unrecht und Vereinigungskriminalität zuständig ist.

2.

Ab Juli 1997 wurden neue Sanktionsregeln bei Dopingverstößen durch den Internationalen Leichtathletikverband (IAAF) erlassen.

Der ukrainische Kugelstoßer Alexander Bagatsch ist bei der Weltmeisterschaft in Athen 1997 ebenso wie der französische Hürdenläufer Pascal Maran und die Drei-Springerin Oksana Zelinskaja des Dopings mit Stimulantien überführt und disqualifiziert worden. Damit verlor zum ersten Mal in der vierzehnjährigen WM-Geschichte seit 1983 ein Weltmeister noch während der Veranstaltung den Titel - und die Prämie von 60.000 Dollar. Bagatsch wurde die Einnahme der Substanz Ma Huang nachgewiesen: Ephedrin. Es war im Mittel mit dem vielsagenden Namen "Kwik energy" enthalten.

Als willkommene Unterstützung seiner Dopingbekämpfung wertet der Internationale Leichtathletikverband (IAAF) die drei Fälle, weil sie die Wirksamkeit der Dopingtests beweisen und gleich auch den Nutzen der neuen Sanktionsregeln zeigen.

Die Vorarbeit der Dopingbekämpfung hatte der Kongreß des Weltverbandes IAAF vor Beginn der Weltmeisterschaft in Athen im Juli 1997 geleistet, indem er die unpraktikable Dreimonatssperre für Dopingverstöße aufhob und durch eine neue Praxis ersetzte.[468]

In der Dopingbekämpfung benötigte die IAAF drei Versuche, um den angestrebten Erfolg zu schaffen: auf ein Strafmaß zurückzukommen, das in allen 209 Mitgliedsländern der IAAF ohne den Widerspruch ordentlicher Gerichte und die Gefahr von hohen Schadensersatzforderungen durchgesetzt werden kann.

Nach zwei Fehlversuchen in Stuttgart 1993 und Göteborg 1995, die Sperre im ersten schweren Manipulationsfall von rechtlich anfechtbaren vier Jahren wieder auf juristisch akzeptable zwei Jahre zu reduzieren, ist der IAAF-Kongreß von Athen 1997 dem Vorschlag bedeutender Verbände und der Empfehlung des Weltverbandspräsidiums gefolgt. Die Rückkehr zu einer Mindestsperre von zwei Jahren, die erst 1991 in Tokio kategorisch verdoppelt worden war, wurde nach hitzigen Diskussionen mit 112 : 56 Stimmen angenommen.

Außerdem akzeptierte die Vollversammlung der IAAF in Athen mit einer Mehrheit von 111 : 34 auch den Vorschlag ihrer Anti-Doping-Kommission, in Fällen von Koffeinsünden und Mißbrauch von Aufputsch- oder Beruhigungsmitteln die unpraktische Drei-Monats-Sperre aufzuheben. Stattdessen wird der erste Dopingverstoß künftig mit einer unmißverständlichen Warnung geahndet, der zweite Fehltritt dann aber mit zwei Jahren Ausschluß bestraft.

Beide Entscheidungen des Plenums sind zur Zufriedenheit ihres deutschen Verfechters, DLV-Präsident Prof. Helmut Digel, "klarer als erwartet angenommen worden".

Mit anderen Worten: Mit sofortiger Wirkung wird der Mißbrauch von Aufputsch-, Beruhigungsmitteln oder Narkotika nicht mehr mit drei Monaten Sperre bedacht, sondern im ersten Fall nur noch mit einer strengen Verwarnung und der Aberkennung der jeweiligen Wettkampfleistung geahndet (wie im Falle von Alexander Bagatsch), beim zweiten Fall allerdings mit einer zweijährigen Sperre. Dies hatte die

---

468 Vgl. FAZ vom 1. August 1997.

IAAF-Vollversammlung beschlossen, weil selbst für einen dreimonatigen Ausschluß aus juristischen Gründen ein Test- und Anhörungsverfahren nötig war, das in den meisten Fällen länger dauerte als die vorgesehene Sperre.

Bestehen bleibt die Regel, daß es für den schwerwiegenden Wiederholungsfall eine lebenslängliche Sperre gibt.

Über eine Resolution Norwegens, die darauf zielte, den Umfang der IAAF-Trainingskontrollen von 1.500 auf eine Zahl von 2.500 zu erhöhen, wurde nicht abgestimmt.

3.

Der ehemalige DDR-Gewichtheber Roland Schmidt verklagte in Dresden die Ärzte, die ihm Hormonpräparate verabreicht hatten, ohne ihn über deren Wirkung zu informieren. Doping sei Staatsziel der DDR gewesen, stellte das OLG Dresden fest. Führende Mitglieder des ZK wie Honecker, Mielke, Krenz, Ewald und Verner hätten das flächendeckende Dopingsystem unterstützt. Dafür konnte das Gericht, unter Berücksichtigung des Staatshaftungsgesetzes der DDR, die Mediziner nicht haftbar machen und wies die Klage ab. Es empfahl Politik und Sport aber dringend, die Opfer des Dopings zu rehabilitieren - ein Vorschlag, den kein Sportverband bisher aufgenommen hat.

Im Zusammenhang mit der Aufarbeitung der Dopingvergangenheit im DDR-Sport mahnte Helmut Digel, Präsident des Deutschen Leichtathletikverbandes (DLV), mehr Eigeninitiative der Sportverbände an. Bislang wurde eine engagierte Aufarbeitung nur bedingt durch die Sportverbände selbst durchgeführt. Sie haben immer nur reagiert, wenn andere die Dopingvergangenheit der DDR aufgegriffen haben.

Digel empfiehlt dem Deutschen Sportbund (DSB) und dem Nationalen Olympischen Komitee (NOK) die Bildung einer Arbeitsgruppe zur zeitgeschichtlichen Aufarbeitung der Leistungsmanipulation auch im Westen. Bei den Stellungnahmen des NOK ist immer wieder nur von einer "Fürsorgepflicht" für vermeintliche Täter die Rede - die Einrichtung eines Fonds für die vielen hundert Opfer des DDR-Staatsdopings lehnt das NOK dagegen bis heute konsequent ab.

Peter Busse, stellvertretender Direktor des Bundesbeauftragten für die Unterlagen des Staatssicherheitsdienstes der ehemaligen DDR, hat die Zustände im deutschen Sport bereits vor zwei Jahren so umschrieben: "Westdeutsche Funktionäre hätten die Erfolge des DDR-Sports für sich nutzen und an ihre blütenweiße Weste heften wollen."

Die Kraft zur Aufarbeitung der Dopingproblematik in Ost und West ist nicht gefunden worden.

4.

Seit 1993 bemüht sich das IOC darum, den ausgearbeiteten "Medical Code" als "Doping-Gesetzbuch des Internationalen Sports" zu etablieren. Bisher war dies an der Haltung internationaler Sportverbände aufgrund deren "starken Autonomie-Verständnisses" gescheitert. Nach einer Vereinfachung des Reglements über Strafen, Regularien und Berufungsmöglichkeiten haben sich aber in der letzten Zeit viele Sportverbände dem Regelwerk angeschlossen. Vor allem von Seiten des Fußball-, des Tennis- und des Radsportverbandes gibt es aber seit Jahren starke Vorbehalte gegen einen vom IOC ausgearbeiteten Doping-Kodex.

Nach Ansicht von Thomas Bach, deutsches Präsidiumsmitglied des IOC, müsse die Kontrolldichte erhöht und eine Durchsetzung von Strafen erreicht werden. "Es gibt nach wie vor Verbände, die haben gar kein Regelwerk. Andere haben eines, halten sich aber nicht daran", bedauert Thomas Bach.

5.

Die erhebliche Verbreitung von Doping im Sport, seine teilweise noch unzulängliche Kontrolle und Ahndung durch die Sportverbände und die Rechtsentwicklung in anderen Ländern haben zu der Frage geführt, ob von staatlicher Seite ein spezielles Anti-Doping-Gesetz geschaffen werden sollte.

In den Ausführungen wurde versucht nachzuweisen, daß bereits geltendes Recht eine ausreichende Grundlage darstellt, um das Doping im Sport wirksam zu bekämpfen. Erwägenswert ist eine Verschärfung des geltenden Arznei- und Betäubungsmittelrechts, um insbesondere dem Mißbrauch von Anabolika auch staatlicherseits erfolgreich begegnen zu können. Es liegt also im Grundsatz nicht an fehlendem oder zu lückenhaftem staatlichen Recht, sondern an dessen Vollzug. Weder die Staatsanwaltschaften noch die ärztliche Berufsgerichtsbarkeit haben sich bisher ausreichend um die widerrechtlichen Formen von Doping ausreichend gekümmert. Bevor man also nach neuen oder schärferen Gesetzen ruft, sollte man die Sanktionsmöglichkeiten, die das bestehende Recht bietet, erkennen und konsequent ausschöpfen.

Daneben wäre es sowohl für die Regierungen als auch für die Parlamente erforderlich, die Bekämpfung von Doping zu verstärken, insbesondere auch zu kontrollieren, was mit den staatlichen Mitteln der Sportförderung tatsächlich in der Praxis geschieht. Ihre direkte oder mittelbare Verwendung zur Förderung und Anwendung von Dopingmaßnahmen muß über den Haushaltsvollzug und die parlamentarische Kontrolle unterbunden werden.

Der Sport muß dort beim Kampf gegen Doping staatlicherseits unterstützt werden, wo die Mittel und Instrumente des autonomen Sports nicht mehr ausreichen.

Literaturverzeichnis

Abschlußbericht
der "Ad-hoc-Kommission zur Beratung in Dopingfragen", Frankfurt a.M. 1991.

Acker, Helmut (Hrsg.):
Rekorde aus der Retorte, Leistungssteigerung im modernen Hochleistungssport, Stuttgart 1972.

Ahlers, Rainer:
Doping und strafrechtliche Verantwortlichkeit - zum strafrechtlichen Schutz des Sportlers vor Körperschäden durch Doping, Jur. Diss., Universität Kiel 1994, Baden-Baden 1994.

Akademie für Staats- und Rechtswissenschaft der DDR (Hrsg.):
Verwaltungsrecht, Lehrbuch, Berlin (Ost) 1979.

Akademie für Staats- und Rechtswissenschaft der DDR (Hrsg.):
Völkerrecht, Lehrbuch, Berlin (Ost) 1982.

Akademie für Staats- und Rechtswissenschaft der DDR (Hrsg.):
Staatsrecht der DDR, Lehrbuch, 2. Aufl. Berlin (Ost) 1984.

Akademie für Staats- und Rechtswissenschaft der DDR (Hrsg.):
Strafrecht der DDR, Kommentar zum Strafgesetzbuch, Berlin (Ost) 1987.

Anklageschrift
der Staatsanwaltschaft II bei dem Landgericht Berlin, Az: 28 Js 39/97.

Autorenkollektiv (Hrsg.):
Völkerrecht. Dokumente Teil 1 bis Teil 3, Berlin (Ost) 1973.

Autorenkollektiv (Hrsg.):
Grundrechte des Bürgers in der sozialistischen Gesellschaft, Berlin (Ost) 1980.

Autorenkollektiv (Hrsg.):
Strafrecht der DDR, Lehrbuch, Berlin (Ost) 1988.

Berber, Friedrich:
Lehrbuch des Völkerrechts, Bd. I, 2. Aufl., München 1975.

Berendonk, Brigitte:
Von der Forschung zum Betrug, Berlin 1991, 2. erw. Aufl. 1992.

Berendonk, Brigitte:
Doping Dokumente - Von der Forschung zum Betrug, Berlin/Heidelberg 1991, 2. erw. Aufl. 1992.

Berendonk, Brigitte / Franke Werner:
Hormondoping als Regierungsprogramm, in: Hartmann, Grit, Goldkinder. Die DDR im Spiegel ihres Spitzensports, Leipzig 1997, S. 166 ff.

Berr, Helmut:
Sport und Strafrecht, Jur.Diss. Univ. Saarbrücken, Saarbrücken 1973.

Beschluß
des Rechtsausschusses des DLV, NJW 1992, S. 2588 ff.

Bette, Karl-Heinrich / Schimank, Uwe:
Doping im Hoch-leistungssport - Anpassung durch Abweichung, Frankfurt a.M. 1995.

Blumenwitz, Dieter:
Der Vertrag vom 12.09.1990 über die abschließende Regelung in bezug auf Deutschland, NJW 1990, S. 3041 ff.

Blumenwitz, Dieter:
Staatennachfolge und die Einigung Deutschlands (Teil I), Kulturstiftung der deutschen Vertriebenen (Hrsg.), Berlin 1992.

Blumenwitz, Dieter:
Zu den völkerrechtlichen Schranken einer Restitutions- oder Ausgleichsregelung in der Bundesrepublik Deutschland, DtZ 1993, S. 258 ff.

Brügel, Johann Wolfgang:
Die allgemeine Erklärung der Menschenrechte, Europa-Archiv 1949, S. 2529 ff.

Brügel, Johann Wolfgang:
Die Konvention des Europarates über die Menschenrechte, Europa-Archiv 1951, S. 3615 ff.

Brunner, Georg:
Einführung in das Recht der DDR, 2. Aufl., München 1979.

Brunner, Georg (Hrsg.):
Menschrechte in der DDR, Baden-Baden 1989.

Brunner, Georg / Klein, Eckhart:
Internationale Menschenrechtsverpflichtungen der DDR, in: Brunner, Georg (Hrsg.), Menschrechte in der DDR, Baden-Baden 1989, S. 15 ff.

Bürgerkomitee Leipzig (Hrsg.):
STASI intern. Macht und Banalität, Leipzig 1991.

Bundesbauftragter
für die Unterlagen des Staatssicherheitsdienstes der ehemaligen Deutschen Demokratischen Republik (BStU): "Dokumente. Die Organisationsstruktur des Ministeriums für Staatssicherheit 1989", Reihe A Nr. 2/93, Berlin 1993.

BStU:
Zur Tätigkeit des Ministeriums für Staatssicherheit im Leistungssport der DDR. Ein vorläufiges Rechercheergebnis, unv. Berlin 1994.

BStU, Zentralarchiv (ZA):
Unerschlossener Bestand der Hauptabteilung XX/3: "Konzeption zur politisch-operativen Sicherungsarbeit auf dem Gebiet des Leistungssports der DDR für den Zeitraum 1989-1994".

BStU, Zentralarchiv (ZA):
Reg.-Nr. 1832/60, ursprünglich 1960 als Sondervorgang angelegt und 1976 auf der Grundlage der Ordnung des Ministers "über die Erfassung von Personen in der Abteilung XII auf der Grundlage von Sicherungsvorgängen" vom 1. Juni 1976 als Sicherungsvorgang weitergeführt.

Burens, Peter-Claus:
Die politische Funktion der Grundrechte in der DDR, Der Staat 1974, S. 169 ff.

Christoph, Rainer:
Die Staatshaftung im beigetretenen Gebiet, NVwZ 1991, S. 536 ff.

Clasing, Dirk (Hrsg.):
Doping - verbotene Arzneimittel im Sport, Stuttgart 1992.

Dahm, Georg:
Völkerrecht, Bd. I, Stuttgart 1958.

Dahm, Georg:
Völkerrecht, Bd. II, Stuttgart 1961.

Dahm, Georg / Delbrück, Jost / Wolfrum, Rüdiger:
Völkerrecht. Grundlagen und Völkerrechtssubjekte, Band I/1, 2. Aufl. 1989.

Degenhart, Christoph:
Deutsche Einheit und Rechtsangleichung - Öffentliches Recht, JuS 1993, S. 627 ff.

Derleder, Peter / Deppe, Ulrike:
Die Verantwortung des Sportarztes gegenüber Doping, JZ 1992, S. 116 ff.

Deutsch, Erwin:
Medizinrecht: Arztrecht und Arzneimittelrecht, 3. Aufl., Berlin 1997.

Deutscher Sportbund (DSB) / Nationales Olympisches Komitee (NOK):
Bericht der Unabhängigen Doping-Kommission, Frankfurt/a.M. 1991.

Deutscher Sportbund (DSB):
Ständige Kommission zur Überwachung der Dopingkontrollen außerhalb des Wettkampfes: Doping-Kontroll-System, Sportausschuß Drucksache Nr. 43, Frankfurt/a.M. 1992.

Dienstanweisung Nr. 4/71 des Ministers für Staatssicherheit:
"Über die politisch-operative Arbeit im Bereich Körperkultur und Sport", Dezember 1971 mit Durchführungsbestimmung, BStU, Zentralarchiv (ZA), Dokumentenstelle 10 06 60.

Donike, Manfred:
Verfahren und Probleme der Dopingkontrolle, in: Wolfgang Schild (Hrsg.), Rechtliche Fragen des Dopings, Heidelberg 1986, S. 1 ff.

Donike, Manfred / Rauth, Susanne:
Dopingkontrollen, 2. Aufl., Köln 1996.

dpa:
Doping im Sport, Nr. 3401 vom 03.07.1992.

Dreher, Eduard / Tröndle, Herbert:
Strafgesetzbuch und Nebengesetze, 48. Aufl., München 1997.

Drinhausen, Florian:
Die Auswirkungen der Staatensukzession auf Verträge eines Staates mit privaten Partnern. Dargestellt mit besonderen Bezügen zur deutschen Wiedervereinigung, Frankfurt/a.M. 1995.

Drobnig, Ulrich:
Anwendung und Auslegung von DDR-Recht heute, DtZ 1994, S. 86 ff.

Duckwitz, Günther:
Sozialistische Gesetzlichkeit und Staatshaftung, NJ 1979, S. 480 ff.

Enquete-Kommission
"Aufarbeitung von Geschichte und Folgen der SED-Diktatur in Deutschland" des Deutschen Bundestages (Hrsg.): Band III/1, Rolle des Sports in der DDR, Baden-Baden 1995, S. 637 ff.

Entschließung des Rates der EG
und der im Rat vereinigten Vertreter der Regierungen der Mitgliedsstaaten über eine Gemeinschaftsmaßnahme zur Bekämpfung von Doping im Sport vom 03.12.1990, Amtsbl. der EG 1990, Nr. G 329, S. 4 ff.

Fastenrath, Ulrich:
Der deutsche Einigungsvertrag im Lichte des Rechts der Staatennachfolge, ÖZöRV 44, (1992), S. 1 ff.

Fieberg, Gerhard:
Zu den Eckwerten der offenen Vermögensfragen, in: Weber, Jürgen / Piazola, Michael (Hrsg.), Eine Diktatur vor Gericht. Aufarbeitung von SED-Unrecht durch die Justiz, München und Landsberg am Lech 1995, S.201 ff.

Fiedler, Wilfried:
Das Kontinuitätsproblem im Völkerrecht, 1978.

Fiedler, Wilfried:
Das völkerrechtliche Kontinuitätsproblem und die besonderen Fragen der Rechtslage Deutschlands, in: Meissner, Boris / Zieger, Gottfried, Staatliche Kontinuität unter besonderer Berücksichtigung der Rechtslage Deutschlands, Köln/Berlin 1983, S. 9 ff.

Fiedler, Wilfried:
Zur rechtlichen Bewältigung von Revolutionen und Umbrüchen in der staatlichen Entwicklung Deutschlands, in: Der Staat, 32 (1992), S. 436 ff.

Franke, Werner:
Rolle des Sports in der DDR, in: Materialien der Enquete-Kommission "Aufarbeitung von Geschichte und Folgen der SED-Diktatur in Deutschland", hrsg. vom Deutschen Bundestag, Bd. III/1, Baden-Baden 1995, S. 675 ff., S. 698 ff.

Franke, Werner:
Funktionen und Instrumentalisierung des Sports in der DDR: Pharmakologische Manipulationen (Doping) und die Rolle der Wissenschaft, in: Materialien der Enquete-Kommission "Aufarbeitung von Geschichte und Folgen der SED-Diktatur in Deutschland", hrsg. vom Deutschen Bundestag, Bd. III/2, Baden-Baden 1995, S. 904 ff.

Franz, Kurt / Hartl, Monika:
"Doping" durch den Arzt als "ärztliche Tätigkeit", NJW 1988, S. 2277 ff.

Fricke, Karl Wilhelm:
"MfS intern. Macht, Strukturen, Auflösung der DDR-Staatssicherheit", Köln 1991.

Friedrich, Walther J.:
Doping und zivilrechtliche Haftung, SpuRt 1995, S. 8 ff.

Frowein, Jochen:
Deutschlands aktuelle Verfassungslage: Die Verfassungslage Deutschlands im Rahmen des Völkerrechts, in: VVDStRL 49, 1990, S. 7 ff.

Gebler, Herbert (Hrsg.):
Apotheken- und Arzneimittelrecht (Kommentar), Loseblattausgabe, Frankfurt a.M. 1953 ff.

Geiger, Hansjörg:
Protokoll der 35. Sitzung des Sportausschusses und der Enquete-Kommission des Deutschen Bundestages (Hrsg.) "Aufarbeitung von Geschichte und Folgen der SED-Diktatur in Deutschland", Rolle des Sports in der DDR, Bd. III/1, Baden-Baden 1995, S. 662 ff., S. 700 ff.

Gesetz
über den Verkehr mit Arzneimitteln (Arzneimittelgesetz/DDR) vom 27.11. 1986, DDR-GBl. I, 473.

Gesetz
über den Verkehr mit Arzneimitteln (Arzneimittelgesetz) vom 24.08.1976, BGBl. I, 2445, in der Fassung der Bekanntmachung vom 19.10.1994, BGBl. I, 3018, zuletzt geändert durch Gesetz vom 11.09.1998, BGBl. I, 2649.

Göhring, J. / Posch, M. (Hrsg.):
Lehrbuch des ZivilR der DDR, Teil 1 und 2, Berlin (Ost) 1981.

Gornig, Gilbert-Hanno:
Meinungsäußerungsrecht und Pressefreiheit nach marxistisch-leninistischem Grundrechtsverständnis, ROW, 31 (1987), S. 79 ff.

Gornig, Gilbert-Hanno:
Äußerungsfreiheit und Informationsfreiheit als Menschenrechte, zugl.: Universität Würzburg, Habil.-Schr. 1986, Berlin 1988.

Gornig, Gilbert-Hanno:
Die Verantwortlichkeit politischer Funktionsträger nach völkerrechtlichem Strafrecht, NJ 1992, S. 4 ff.

Gornig, Gilbert-Hanno:
Staatennachfolge und die Einigung Deutschlands, Band II, Staatsvermögen und Staatsschulden, Kulturstiftung der deutschen Vertriebenen (Hrsg.), Berlin 1992.

Gornig, Gilbert-Hanno / Jahn, Ralf:
Fälle zum Sicherheits- und Polizeirecht, München 1994.

Gornig, Gilbert-Hanno / Ney, Martin:
Die Erklärung der DDR zur UN-Antifolterkonvention aus völkerrechtlicher Sicht: Ein Beitrag zur Zulässigkeit von Vorbehalten und ihren Rechtsfolgen, JZ 1988, 22, S. 1048 ff.

Graefrath, Bernhard:
Zu internationalen Aspekten der Menschenrechtsdiskussion, in: Demokratie, Freiheit und Menschenrechte in der entwickelten sozialistischen Gesellschaft, Berlin (Ost) 1979, S. 26 ff.

Gräf, Dieter:
Handbuch zur Rechtspraxis in der DDR, Köln, 1988.

Gropp, Hans:
Suizidbeteiligung und Sterbehilfe in der Rechtsprechung, NStZ 1995, S. 97 ff.

Guradze, Heinz:
Der Stand der Menschenrechte im Völkerrecht, Göttingen 1956.

Gutheil, Ulrike:
Doping. Die haftungsrechtliche und sportrechtliche Verantwortung von Sportler, Trainer, Arzt und Sportverband, Hamburg 1996.

Haas, Ulrich:
Das Übereinkommen des Europarates gegen Doping, SpuRt 1996, S. 107 ff.

Haas, Ulrich / Prokop, Clemens:
Sind Staatsanwälte verpflichtet, gegen Dopingärzte Ermittlungsverfahren einzuleiten?, SpuRt 1997, S. 56 ff.

Hartmann, Grit:
Goldkinder. Die DDR im Spiegel ihres Spitzensports, Leipzig 1997.

Hartmann, Grit:
Wie das Gold geschmiedet wurde. Auslese, Ausbildung, Erziehung, in: Hartmann, Grit, Goldkinder. Die DDR im Spiegel ihres Spitzensports, Leipzig 1997, S. 109 ff.

Hasenmüller, Heidi:
Die Kehrseite der Medaille: Jugend, Hochleistungssport, Doping, Recklinghausen 1995.

Hauger, Maria:
Unveröffentl. gutachterliche Stellungnahme vom 30.12.1996 zu den Erfolgsaussichten des Revisionsverfahren Roland Schmidt/Bundesrepublik Deutschland, Aktenzeichen des BGH: VI ZR/96

Huhn, Klaus:
Die unendliche Doping-Story, Berlin 1997.

Ipsen, Knut:
Völkerrecht, 3. Aufl., München 1990.

Ipsen, Knut:
Die Selbstdarstellung der DDR vor internationalen Menschenrechtsorganisationen, in: Materialien der Enquete-Kommission des Deutschen Bundestages (Hrsg.), "Aufarbeitung von Geschichte und Folgen der SED-Diktatur in Deutschland", Bd. IV: Recht, Justiz, Polizei, Baden-Baden 1995, S. 547 ff.

Isensee, Josef:
Verfassungsrechtliche Wege zur deutschen Einheit, Zeitschrift für Parlamentsfragen (ZfP), 1990, S. 309 ff.

Isensee, Josef (Hrsg.):
Vergangenheitsbewältigung durch Recht, Berlin 1992.

Isensee, Josef:
Schlußbestimmung des Grundgesetzes: Art. 146 GG, in: Handbuch des Staatsrechts der Bundesrepublik Deutschland (HStR), Bd.7, 1992, S.271 ff.

Jakobs, Günther:
Strafrecht. Allgemeiner Teil. Die Grundlagen und Zurechnungslehre, 2. Aufl., Berlin 1991.

Jakobs, Günther:
Vergangenheitsbewältigung durch Strafrecht? Zur Leistungsfähigkeit des Strafrechts nach einem politischen Umbruch, in: Isensee, Josef (Hrsg.): Vergangenheitsbewältigung durch Recht, Berlin 1992, S. 37 ff.

Jarass, Hans / Pieroth, Bodo:
Grundgesetz für die Bundesrepublik Deutschland, 3. Aufl., Berlin 1995.

Jescheck, Hans-Heinrich / Weigend, Thomas:
Lehrbuch des Strafrechts, Allgemeiner Teil, 5. Aufl., Berlin 1996.

Katz, Alfred:
Staatsrecht. Grundkurs im öffentlichen Recht, 10. Aufl., Heidelberg 1991.

Kauffmann, Hans:
Einige Gedanken zum öffentlichen Interesse an der Verfolgung von Körperverletzungen im Sport, in: Strafverfahren im Rechtsstaat. Festschrift für Th. Kleinknecht, München 1985, S. 203 ff.

Kelsen, Hans:
Reine Rechtslehre, 2. Aufl., Wien 1960.

Kimminich, Otto:
Menschenrechte, München, Wien 1973.

Kimminich, Otto:
Einführung in das Völkerrecht, 3. Aufl., München 1990.

Klaus, Alexander:
Ärztliche Schweigepflicht - Ihr Inhalt und ihre Grenzen, Wien 1991.

Klein, Eckart:
Staatshaftung DDR, in: Bürger und Staat, Materialien zur Lage der Nation, hrsg. vom Bundesministerium für innerdeutsche Beziehungen, 1990, S. 301 ff.

Klenner, Hermann:
Marxismus und Menschenrechte, Berlin (Ost) 1982.

Kloesel, Arno:
Arzneimittelrecht, Loseblattausgabe, Stuttgart 1974 ff., Stand 44 Lieferung, zitiert "Kloesel/Cyran AMG".

Knecht, Willi:
DDR-Doping schrumpft zum Bagatelldelikt, in: Deutschland Archiv 6/ 1998, S. 880 ff.

Kohlhaas, Max:
Zur Anwendung aufputschender Mittel im Sport, NJW 1970, S. 1958 ff.

Kohlhaas, Max:
Das Doping aus rechtlicher Sicht, in: Schroeder, Friedrich-Christian / Kauffmann, Hans (Hrsg.), Sport und Recht, Berlin 1972, S. 48 ff.

Kohlhaas, Max:
Doping aus rechtlicher Sicht, in: Acker Helmut (Hrsg.), Rekorde aus der Retorte, Leistungssteigerung im modernen Hochleistungssport, Stuttgart 1972, S. 53 ff.

Konvention zum Schutze der Menschenrechte und Grundfreiheiten
BGBl. 1952 II, 686.

Körner, Harald Hans:
Betäubungsmittelgesetz, 3. Aufl., München 1990.

Körner, Harald Hans:
Doping. Drogenmißbrauch im Sport und im Stall, ZRP 1989, S. 418 ff.

Kriele, Martin:
Die Menschenrechte zwischen Ost und West, Köln 1977.

Kühn, Wolfgang:
Die Haftung der Bundesrepublik Deutschland für zivilrechtliche Verpflichtungen der DDR, DtZ 1992, S. 198 ff.

Kühl, Kristian:
Rechtliche Zulässigkeit von Blut-/Urin-Dopingtests, SpuRt 1995, S. 190 ff.

Lampe, Ernst-Joachim (Hrsg.):
Deutsche Wiedervereinigung, Bd. II, Die Verfolgung von Regierungskriminalität der DDR nach der Wiedervereinigung, Köln, Berlin, Bonn, München 1993.

Lange, Manfred:
Wem gehört das ehemalige Volkseigentum? - Grundfragen der Art. 21 und 22, EinigungsV, DtZ 1991, S. 329 ff.

Lehner, Michael / Freibuechler, Torsten:
Doping im DDR-Sportsystem - Schadensersatzansprüche der Opfer?, SpuRt 1995, S. 2 ff.

Lerche, Peter:
Fortgeltung von DDR-Recht und Gesetzesvorbehalt, Festschrift Herbert Helmrich, 1994, S. 57 ff.

LG Dresden:
Urteil vom 21.06.1995, Geschäftszeichen: 6-0-2436/94, unv.

Linck, Joachim:
Doping und staatliches Recht, NJW 1987, S. 2545 ff.

Linck, Joachim:
Dopende Ärzte künftig auf der Anklagebank, Therapiewoche 39 (1989), S. 1777 f.

Linck, Joachim:
Doping aus juristischer Sicht, MedR 1993, S. 55 ff.

Lindemann, Hannsjörg:
Sportgerichtsbarkeit - Aufbau, Zugang, Verfahren, SpuRt 1994, S. 17 ff.

Lörler, Sieghart:
Das StaatshaftungsR und seine Anwendung, Potsdam 1981.

Lörler, Sieghart:
Die Staatshaftung in der DDR, NVwZ 1990, S. 830 ff.

Luchterhand, Otto:
Allgemeiner Status des Staatsbürgers in der Deutschen Demokratischen Republik, in: Klein Eckart, Bürger und Staat. Materialien zur Lage der Nation, hrsg. vom Bundesministerium für innerdeutsche Beziehungen, 1990, S. 15 ff.

Lübchen, Gustav-Adolf:
Die gesetzliche Regelung der Staatshaftung - eine weitere Garantie für den Rechtsschutz der Bürger, NJ 1969, S. 394 ff.

Lüschen, Günther:
Internationales Symposium "Doping in Sport and Its Legal and Social Control" vom 6. bis 10. August 1996 in Birmingham/Alabama, SpuRt 1996, S. 215 f.

Mampel, Siegfried:
Die sozialistische Verfassung der Deutschen Demokratischen Republik, Kommentar, 2. neubearbeitete. Aufl., Frankfurt/a.M. 1982.

Maunz, Theodor / Dürig, Günther / Herzog, Roman:
Grundgesetz, Kommentar; Bd. I, 1993.

Maurach, Reinhart / Gössel, Karl Heinz / Zipf, Heinz:
Strafrecht. Allgemeiner Teil, Teilband 1, 8. Aufl., Heidelberg 1992, Teilband 2, 7. Aufl., Heidelberg 1989.

Menzel, Eberhard:
Die Einwirkung der Europäischen Menschenrechtskonvention auf das deutsche Recht. Die öffentliche Verwaltung 1970, S. 509 ff.

Menzel, Eberhard / Ipsen, Knut:
Völkerrecht, 3. Aufl., 1990.

Mestwerdt, Thomas:
Doping - Sittenwidrigkeit und staatliches Sanktionsbedürfnis?, Hamburg 1997.

Mestwerdt, Thomas:
Notwendigkeit und verfassungsrechtliche Grundlage eines staatlichen Dopingverbots, SpuRt 1997, S. 119 ff.

Mimiague, Marie-Jose:
The Doping-Problem in comparative penal law, Lausanne, Olympic Revue 1974, S. 80 f., S. 313 ff., S. 82 f., S. 456 ff., S. 85 f., S. 617 ff.

Ministerrat der Deutschen Demokratischen Republik,
Ministerium für Staatssicherheit, Der Minister, Geheime Verschlußsache MfS 008 Nr. 100 76, Richtlinie Nr. 1/76 zur Entwicklung und Bearbeitung Operativer Vorgänge (OV), Berlin 1976.

Müller, Anja:
Doping im Sport als strafbare Gesundheitsbeschädigung (§§ 223 Abs. 1, 230 StGB)?, Jur. Diss., Universität Tübingen 1992, Baden-Baden 1993.

Münch, Ingo von (Hrsg.):
Dokumente der Wiedervereinigung Deutschlands, Stuttgart 1991.

Nafziger, James A.R.:
International sports law, New York 1988.

OLG Dresden:
Urteil vom 29.02.1996, Aktenzeichen: 4 U 1226/95, abgedruckt in: SpuRt 1997, S. 132 ff., DtZ 1997, S. 291 ff.

Ossenbühl, Fritz:
Das Staatshaftungsrecht in den neuen Bundesländern, NJW 1991, S. 1201 ff.

Ossenbühl, Fritz:
StaatshaftungsR, 4. Aufl., 1991.

Otto, Harro:
Grundkurs Strafrecht, Allgemeine Strafrechtslehre, 4. Aufl. Berlin 1992.

Otto, Harro:
Zur Strafbarkeit des Doping - Sportler als Täter und Opfer, SpuRt 1994, S. 10 ff.

Palandt, Otto:
Bürgerliches Gesetzbuch. Kommentar, 54. Aufl., München 1995.

Pfister, Bernhard:
Autonomie des Sports, sporttypisches Verhalten und staatliches Recht, in: Bernhard Pfister u.a. (Hrsg.), Festschrift für Werner Lorenz, Tübingen 1991, S. 171 ff.

Poppe, Eberhard:
Die Selbstbestimmung der Deutschen und die Menschenrechte in der DDR, in: Deutsche Außenpolitik, 1968, S. 548 ff.

Poppe, Eberhard:
Der Verfassungsentwurf und die Grundrechte und Grundpflichten der Bürger, StuR, 1968, S. 532 ff.

Poppe, Eberhard:
Zum sozialistischen Menschenbild in der Verfassung der DDR, StuR 1969, S. 1451 ff.

Poppe, Eberhard:
Zur Entwicklung sozialistischer Menschenrechte - Rückbesinnung und Ausblick, in: DDR-Komitee für Menschenrechte, Schriften und Informationen, Heft 1/89, Berlin (Ost) 1989, S. 17 ff.

Prokop Ludwig:
Zur Geschichte des Doping, in: Acker Helmut (Hrsg.), Rekorde aus der Retorte, Leistungssteigerung im modernen Hochleistungssport, Stuttgart 1972, S. 22 ff.

Rädler, Peter:
Wer haftet für Altansprüche aus dem DDR-Staatshaftungsgesetz?, DtZ 1993, S. 296 ff.

Rauschning, Dietrich:
Deutschlands aktuelle Verfassungslage, DVBl. 1990, S. 393 ff.

Rechtsprechung
(9 Urteile zum Doping), SpuRT 1995, S. 211 ff.

Rebmann, Kurt / Säcker, Franz-Jürgen (Hrsg.):
Münchener Kommentar zum Bürgerlichen Gesetzbuch, Band 1, 3. Aufl., München 1993.

Rebmann, Kurt / Säcker, Franz-Jürgen (Hrsg.):
Münchener Kommentar zum Bürgerlichen Gesetzbuch, Band 2, 3. Aufl., München 1994.

Rehbach, Wilfried:
Bemerkungen zur Geschichte der Selbstmordbestrafung, DRZ 1986, S. 241 ff.

Reschke, Eike (Hrsg.):
Handbuch des Sportrechts. Dokumentation mit Erläuterungen, Darmstadt 1989.

Roxin, Claus:
Strafrecht, Allgemeiner Teil, Bd. I, 3. Aufl., München 1997.

Roxin, Claus:
Täterschaft und Tatherrschaft, 5. Aufl., München, Berlin 1990.

Schaefgen, Christoph:
Vergangenheitsbewältigung durch die Justiz: Die Strafverfolgung von DDR-Regierungskriminalität, Regensburg 1996.

Schild, Wolfgang (Hrsg.):
Rechtliche Fragen des Dopings, Heidelberg 1986.

Schild, Wolfgang:
Doping in strafrechtlicher Sicht, in: Schild, Wolfgang (Hrsg.), Rechtliche Fragen des Dopings, Heidelberg 1986, S. 13 ff.

Schneider-Grohe, Christa:
Doping. Eine kriminologische und kriminalistische Untersuchung zur Problematik der künstlichen Leistungssteigerung im Sport und zur rechtlichen Handhabung dieser Fälle, Jur. Diss., Universität Lübeck 1978, Lübeck 1979.

Schönke, Adolf / Schröder, Horst:
Kommentar zum Strafgesetzbuch, 25. Aufl., München 1997.

Schroeder, Friedrich-Christian:
Haftung der PDS für Justizunrecht?, DtZ 1993, S. 203 f.

Schroeder, Friedrich-Christian / Kauffmann, Hans (Hrsg.):
Sport und Recht, Berlin 1972.

Schwab, Dieter:
Zivilrechtliche Haftung beim Doping, in: Schild Wolfgang (Hrsg.), Rechtliche Fragen des Dopings, Heidelberg 1986, S. 35 ff.

Sehling, Michael / Pollert, Reinhold / Hackfort, Dieter:
Doping im Sport, Medizinische, sozialwissenschaftliche und juristische Aspekte, München 1989.

Sievers, Martin:
Die zivilrechtliche Haftung des Sportlers wegen Dopings, Jur. Diss., Universität Hannover 1996, Clausthal-Zellerfeld 1996.

Silagi, Michael:
Staatsuntergang und Staatennachfolge mit besonderer Berücksichtigung des Endes der DDR, zugl.: Universität Göttingen, Habil.-Schr., 1996, Frankfurt/a.M. 1996.

Sohn, Louis B.:
The Human Rights Law of the Charter, in: Texas International Law Journal 1977, S. 129 ff.

Sontheimer, Kurt / Bleek, Wilhelm:
Die DDR. Politik – Gesellschaft - Wirtschaft, 5. Aufl., Hamburg 1979.

Sorensen, Max:
Völkerrechtlicher Schutz der Menschenrechte. Festschrift, Institut für Internationales Recht, Hamburg 1965, S. 22 ff.

Sorgenicht, Klaus / Weichelt, Wolfgang u.a. (Hrsg.):
Verfassung der Deutschen Demokratischen Republik - Dokumente, Kommentar, 2 Bde., Berlin (Ost) 1969.

Spann, Wolfgang:
Das Doping aus medizinischer Sicht, in: Schroeder, Friedrich Christian/ Kauffmann, Hans (Hrsg.), Sport und Recht, Berlin 1972, S. 42 ff.

Spitzer, Giselher:
Gläserne Sportler. Nachwuchsleistungssport als "Sicherheitsrisiko", in: Hartmann, Grit, Goldkinder. Die DDR im Spiegel ihres Spitzensports, Leipzig 1997, S. 127 ff.

Spitzer, Giselher:
Inoffizielle Mitarbeiter im Sport: Fallstudie Leipzig, in: Hartmann, Grit, Goldkinder. Die DDR im Spiegel ihres Spitzensports, Leipzig 1997, S. 188 ff.

Spitzer, Giselher:
Doping in der DDR. Ein historischer Überblick zu einer konspirativen Praxis, Wissenschaftliche Berichte und Materialien des Bundesinstituts für Sportwissenschaft, Bd. 3, Köln 1998.

Staatshaftungsgesetz der DDR
(StHG/DDR) vom 12.05.1969, GBl I, 34, geändert durch Gesetz vom 14.12. 1988, GBl. I, 329.

Steinbach, Manfred:
Zum Dopingproblem, in: Acker, Helmut (Hrsg.), Rekorde aus der Retorte, Stuttgart 1972, S. 31 ff.

Steinbach, Manfred:
Doping - Symptom einer maßlosen Gesellschaft, Regensburg 1989.

Steiner, Udo:
Verfassungsfragen des Sports, NJW 1991, S. 2729 ff.

Steiner, Udo:
Der Sport auf dem Weg ins Verfassungsrecht - Sportförderung als Staatsziel, SpuRt 1994, S. 2 ff.

Stern, Klaus:
Das Staatsrecht der Bundesrepublik Deutschland, Bd. III/1, Allgemeine Lehren der Grundrechte, 1. Halbband, 1988.

Stern, Klaus:
Der verfassungsändernde Charakter des EinigungsV, DtZ 1990, S. 289 ff.

Stern, Klaus:
Der Staatsvertrag im völkerrechtlichen und verfassungsrechtlichen Kontext, in: Stern, Klaus / Schmidt-Bleibtreu, Bruno, Staatsvertrag zur Währungs-, Wirtschafts- und Sozialunion, Berlin 1990, S. 3 ff.

Strafgesetzbuch der Deutschen Demokratischen Republik
- StGB - vom 12. Januar 1968, GBl. I 1968, 591, i.d.F. vom 28. Juni 1979, GBl. I 1979, 139.

Süss, Herbert:
The GDR and Human Rights, in: The German Democratic Republic - 10 Years United Nations Membership, Dresden 1983.

Taupitz, Jochen:
Die ärztliche Schweigepflicht in der aktuellen Rechtsprechung des BGH, MDR 1992, S. 421 ff.

Tettinger, Peter J.:
Blut und/oder Urin zum Nachweis von Dopingsubstanzen aus Sicht des öffentlichen Rechts, SpuRt 1995, S. 190 f.

Treutlein, Gerhard:
Doping mit Minderjährigen, Leibesübungen und Leibeserziehung (Wien) 1992, Heft 1, S. 28 ff.

Treutlein, Gerhard:
Doping mit Minderjährigen, Sportpädagogik 1991, Heft 6, S. 5 ff.

Triffterer, Otto:
Was kann das Völkerstrafrecht zur Bewältigung der Regierungskriminalität in der DDR beitragen?, in: Lampe, Ernst-Joachim (Hrsg.), Deutsche Wiedervereinigung, Bd. II, Die Verfolgung von Regierungskriminalität der DDR nach der Wiedervereinigung, Köln, Berlin, Bonn, München 1993, S. 131 ff.

Türk, Heinz:
Zum Gesetz über die Fortführung von Unterstützungen der Bürger der ehemaligen DDR bei Gesundheitsschäden infolge medizinischer Maßnahmen (Unterstützungsfortführungsgesetz - UntFortG) - Ein völlig unpraktikabler Gesetzentwurf der Bundesregierung, VersorgVerw 1993, S. 90 f.

Turner, George:
Rechtsprobleme beim Doping im Sport, MDR 1991, S. 569 ff.

Turner, George:
Die Einwilligung des Sportlers zum Doping. Zur strafrechtlichen und zivilrechtlichen Problematik der Sittenwidrigkeit, NJW 1991, S. 2943 ff.

Turner, George:
Doping und Zivilrecht, NJW 1992, S. S. 720 ff.

Turner, George:
Ist ein Anti-Doping-Gesetz erforderlich?, ZRP 1992, S. 121 ff.

Verfassung der Deutschen Demokratischen Republik
vom 6. April 1968 (GBl. I, 199) in der Fassung des Gesetzes zur Ergänzung und Änderung der Verfassung der Deutschen Demokratischen Republik vom 7. Oktober 1974 (GBl. I, 429).

Vieweg, Klaus:
Zur Einführung: Sport und Recht, JuS 1983, S. 825 ff.

Vieweg, Klaus:
Doping und Verbandsrecht, NJW 1991, S. 1511 ff.

Vieweg, Klaus:
Doping und Verbandsrecht - Zum Beschluß des DLV-Rechtsausschusses im Fall Breuer, Krabbe, Möller, NJW 1992, S. 2539 ff.

Vieweg, Klaus:
Sponsoring und Sportrecht, SpuRt 1994, S. 6 ff.

Vieweg, Klaus:
Disziplinargewalt und Inhaltskontrolle - Zum "Reiter-Urteil" des Bundesgerichtshofs, SpuRt 1995, S. 97 ff.

Vieweg, Klaus:
Zivilrechtliche Beurteilung der Blutentnahme zum Zwecke der Dopingkontrolle, SpuRt 1995, S. 188 ff.

Wagner, Gerd:
Negative Wirkungen eines Anti-Doping-Gesetzes, ZRP 1992, S. 369 ff.

Wagner, Gerd:
The triple doping dilemma: an economic analysis of anti-doping regulations, Bochum 1993.

Wassermann, Rudolf:
Sind politische Verbrechen justitiabel? Möglichkeiten und Grenzen des Strafrechts, in: Weber, Jürgen / Piazola, Michael (Hrsg.), Eine Diktatur vor Gericht. Aufarbeitung von SED-Unrecht durch die Justiz, München und Landsberg am Lech 1995, S. 21 ff.

Wassermann, Rudolf:
Gestörtes Gleichgewicht. Kritische Essays zu Politik und Recht, 1995.

Weber, Jürgen / Piazola, Michael (Hrsg.):
Eine Diktatur vor Gericht. Aufarbeitung von SED-Unrecht durch die Justiz, München und Landsberg am Lech 1995.

Wessels, Johannes:
Strafrecht, Allgemeiner Teil, 27. Auflage, Heidelberg 1997.

Westen, Klaus:
Die Rolle der Grundrechte im Sowjetstaat, in: Maurach, Reinhart / Meissner, Boris (Hrsg.), 50 Jahre Sowjetrecht, Stuttgart 1969, S. 78 ff.

Westen, Klaus:
Das Staatshaftungsgesetz der DDR, ROW 15 (1971), S. 105 ff.

Wittkowski, Ralf:
Die Staatensukzession in völkerrechtliche Verträge unter besonderer Berücksichtigung der Herstellung der staatlichen Einheit Deutschlands, Frankfurt/a.M. 1992.

Woslenskij, Michael:
Nomenklatura. Die herrschende Klasse der Sowjetunion, Wien/München/ Zürich/ Innsbruck 1980.

Zentrum für Wissenschaftsinformation Körperkultur und Sport, Leipzig (Hrsg.):
Doping und Anti-Doping im Sport. Eine internationale Dokumentation, Leipzig 1991.

Zittlau, Dieter J.:
Doping - Auch ein polizeiliches Problem?, Zeitschrift für die gesamte Kriminalistik Wissenschaft und Praxis, 8-9/1993, S. 559 ff.

Zivilgesetzbuch der DDR
vom 19.06.1975, GBl. I 1975, 465.

Anhang

Anlage 1

Die wichtigsten systematisch angewandten Dopingsubstanzen in der DDR:[1]

Trivialname	Alternativer bzw. internationaler Name	DDR-Deckname	Chemische Identität
1) Androgen-anabole Steroide			
Oral einzunehmende Präparate			
Oral-Turinabol	-	OT, M 1	Dehydrochlormethyltestosteron, 4-Chlor-1-dehydro-17α-methyltestosteron
Steroidsubstanz 646	Mestanolon	STS 646, M 2	17α-Methyl-17β-hydroxy-5α-androstan-3-on
Steroidsubstanz XII	-	SXII, U2	11-β-Hydroxy-OT
Steroidsubstanz 482	-	STS 482	4-Chlor-17α-methyl-17β-hydroxy-5α-androst-4-en-3-on
Steroidsubstanz 648	-	STS 648	4-Chlor-17α-methyl-17β-hydroxy-5α-androst-3-on
Dianabol	Methandienon, Methandrostenolon	-	17α-Methyl-17β-hydroxy-1,4-androstandien-3-on
Zu injizierende Präparate			
Testosteron-Ampullen	Testosteronproprionat	TP	
Testosteron-Depot-Ampullen	Testosteronenanthat	TD	
Testo-Tropin-Ampullen (25 mg TP und 1000 IE hCG per ml)	(zu hCG s.u.)	TT	
Turinabol-Ampullen	Nandrolonphenyl-proprionat, Durabolin	TA	Phenylproprionatester d. 17β-Hydroxy-19-norandrost-4en-3on
Turinabol-Depot-Ampullen	Nandrolondecanoat, Deca-Durabolin		Decanoatester derselben Verbindung
Als Nasenspray			
Testeronester Androstendion	AD		
2) Mittel z. Stimulierung d. körpereigenen Testosteronsynthese			
Gonabion-Ampullen (zur Injektion)	Choriogonadotropin (hCG)		
Clomiphen, Clomifen (Tabletten)			
3) Neuropeptide			
Lysin-Vasopressin		LVP	
Oxytocin		OXT, B 17	
Substanz P		SP	
4) Stimulanzien, Aufputschmittel			
Amphetamin, Methamphetamin (Pervitin)			
5) Neurotropica,, Psychotropica, Nootropica			
ACTH (Adrenocorticotropes Hormon), Piracetam, Nicergolin, Nivalin			
6) Polypeptid-Hormone			
Menschliches Wachstums-Hormon (Somatropin)			

1 Quelle: Berendonk/Franke, Hormondoping als Regierungsprogramm, S. 185-186.

Anlage 2

1987 forderte Manfred Höppner jährlich 63.000 Tabletten der in der DDR nicht zugelassenen Substanz STS 646 an:

Sportmedizinischer Dienst
Stellvertreter des Direktors

1040 Berlin
Chausseestraße 13

Forschungsinstitut fürk
Körperkultur und Sport
Gen. Prof. Dr. Häcker
Fr.-L.-Jahn-Allee 59
Leipzig

7 0 1 0

Berlin, 13. April 1987

Arzneimittelplanung 1985 – 1990

Auf Grund eines zunehmenden Verbrauches von STS 646 5 mg und 10 mg, der bei der Planung vom 19.11.1985 (VVS B 433-44/85) nicht zu erwarten war, benötigen wir für

	1987	1988	1989	1990
5 mg	12 000	20 000	20 000	20 000
10 mg	25 000	43 000	43 000	43 000

Wir bitten zu prüfen, ob unsere Bestellung zu realisieren ist.

OMR Dr. Höppner
Chefarzt

Anlage 3

Deckblatt aus der Dissertation B von Hartmut Riedel (1986): "Zur Wirkung anaboler Steroide auf die sportliche Leistungsentwicklung in den leichtathletischen Sprungdisziplinen":

Geheimhaltungsgrad aufgehoben

Zentralinstitut des Sportmedizinischen Dienstes Kreischa
(Direktor: OMR Dr. med. R. Donath)

und

Forschungsinstitut für Körperkultur und Sport Leipzig
(Direktor: Prof. Dr. H. Schuster)

ZUR WIRKUNG ANABOLER STEROIDE AUF DIE SPORTLICHE LEISTUNGSENTWICKLUNG IN DEN LEICHTATHLETISCHEN SPRUNGDISZIPLINEN

D i s s e r t a t i o n B

zur

Erlangung des akademischen Grades

Doktor der Wissenschaften (Dr. sc. med.)

dem

Wissenschaftlichen Rat

der

Militärmedizinischen Akademie

vorgelegt von

Dr. med. Hartmut Riedel

geboren am 23.11.1943 in Weißenborn

Bad Saarow 1986

Anlage 3/1

Gutachter der Dissertation B von Hartmut Riedel (1986): "Zur Wirkung anaboler Steroide auf die sportliche Leistungsentwicklung in den leichtathletischen Sprungdisziplinen":

Vertrauliche Verschlußsache
DRI - 181/6 – 86
4. Ausfertigung 2. Blatt

Geheimhaltungsgrad aufgehoben

Chef der Militärmedizinischen Akademie:
Generalleutnant OMR Prof. Dr. sc. med. Geutewitz

1. Gutachter: *Oberst Prof. Dr. sc. med. Stremmel*

2. Gutachter: *Prof. Dr. sc. med. Hächer*

3. Gutachter: *Prof. Dr. sc. med. Gürtler*

Tag der Promotion: *07.04.1987*

Anlage 3/2

Vorwort aus der Dissertation B von Hartmut Riedel (1986): "Zur Wirkung anaboler Steroide auf die sportliche Leistungsentwicklung in den leichtathletischen Sprungdisziplinen":

Vertrauliche Verschlußsache
DRI – 181/6 – 86
4. Ausfertigung 3. Blatt

Riedel, Hartmut
Zur Wirkung anaboler Steroide auf die sportliche Leistungsentwicklung in den leichtathletischen Sprungdisziplinen
- 1986. – 208 S.: 78 Abb., 31 Tab.

Bad Saarow, Militärmedizinische Akademie, Diss. B
413 Lit.

In einer klinisch-epidemiologischen Studie wurde die Anwendung anaboler Steroide bei 191 männlichen und 174 weiblichen Sportlern der leichtathletischen Sprungdisziplinen über einen Zeitraum von 7 Jahren im Hinblick auf die Verbesserung der Leistungsfähigkeit untersucht.

Im experimentellen Teil wurde die Wirkung mehrerer Steroide (Oral-Turinabol, Mestanolol, Testosteronpropionat, Human-Choriogonadotropin) auf leistungsvoraussetzende konditionelle Fähigkeiten, anthropometrische Parameter, Substrate und anabole/katabole Hormone unter den Bedingungen eines sprungspezifischen Trainings und kontrollierter Ernährung überprüft.

Anhand der ermittelten anabolen Wirkungen werden für eine wissenschaftlich begründete Verordnung in der sportmedizinischen Betreuungspraxis Empfehlungen zur Dosierung, Ernährungsgestaltung und zur Einordnung in das Tagesregime der Sportler gegeben.

Für den praktischen Betreuungsprozeß werden sportmotorische Tests zur Objektivierung der Leistungsfähigkeit vorgeschlagen.

Inhaltsverzeichnis

VVS DRI – 181/6 – 86 – 4 – 66

Tab. 15: Subjektive Einschätzung der Wirkung von OT auf die Leistungsfähigkeit
(Männer: n = 85, Frauen: n = 60)

Wirkung	Beeinflussung von				Optimum
	Kraft	Schnellkraft	WKL	Wiederherstellung	Leistungsfähigkeit (Tage)
positiv	81 %	66 %	60 %	62 %	15-28 (55 %)
negativ	15 %	27 %	5 %	5 %	7-14 (80 %)
nicht eindeutig	4 %	7 %	35 %	33 %	0-40 (10 %)

Tab. 16: Medizinische Nebenwirkungen bei der Anwendung von OT in unterschiedlichen Dosierungen und Zeiträumen (Männer: n = 85, Frauen: n = 60)

Nebenwirkung	%	**Dosierung***
Tonuserhöhung der Skelettmuskulatur	65	1, 4, 5
Gewichtszunahme	23	1, 4, 5, 6
Muskelkrämpfe	15	1, 3
Regeltempostörungen	15	1, 6, 7
Probleme mit Begleitmedikation	10	5, 1
Akne/Hirsutismus	10	7, 8
Veränderungen Libido/Potenz/Fertilität	8	1, 5, 7, 8
Ödemneigung	2	1
Durchfälle, Obstipation	2	1, 6
Funktionelle oder morphologische Leberstörungen	0-1	7, 8, 5

* 1 = Dosierung > 15 mg/Tag
2 = Dosierung < 5 mg/Tag
3 = kurzes Behandlungsintervall ≤ 14 Tage
4 = langes Behandlungsintervall ≥ 28 Tage
5 = gleichzeitige Medikation hormoneller Kontraseptiva
6 = erste Medikation
7 = hohe Dosierung pro Jahr (> 1000 mg)
8 = lange Anwendungszeit (≥ 5 Jahre)

** Regeltempostörungen der Menstruation bis zum totalen Ausfall (Amenorrhoe)

Anlage 4

Graphische Darstellung der Leistungssteigerung
nach Einnahme des Anabolika-Dopings (Oral-Turinabol),
hier am Beispiel der DDR-Kugelstoßerin Margitta Gummel:

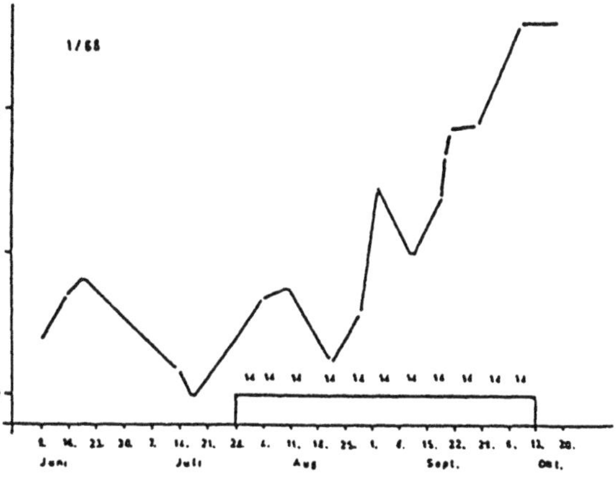

Abb. a)

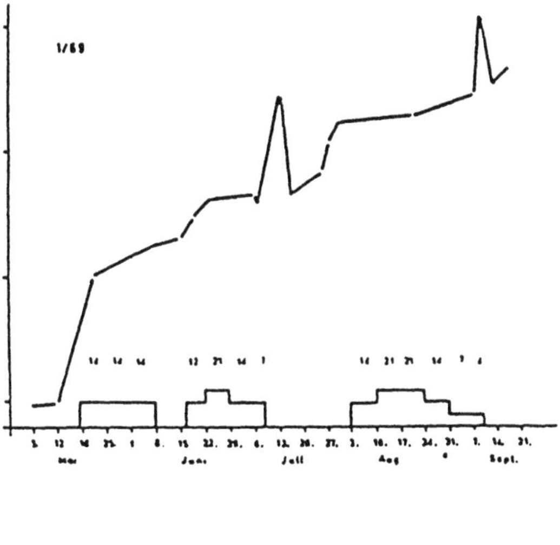

Abb. b)

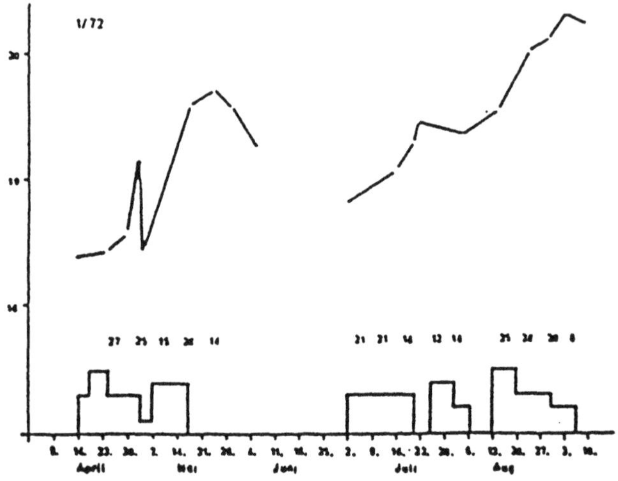

Abb. c)

Abb. a) – c):
Graphische Darstellung der Bedeutung des Anabolikadopings (Oral-Turinabol) für eine Übung der Leichtathletik, hier das Kugelstoßen der Frauen am Beispiel der Karriere der DDR-Kugelstoßerin Margitta Gummel, späteres DVfL-Präsidiumsmitglied und heutiges NOK-Mitglied, in den Jahren 1968 (Abb. a), 1969 (Abb. b) und 1972 (Abb. c). Links (Ordinate, y-Achse) ist die Kugelstoßweite (17 m – 19 m bzw. 17 m – 20 m bzw. 18 m – 20 m) bestimmter Wettkämpfe aufgetragen, die Kalenderwochen sind unten (x-Achse) dargestellt, ebenso wie die entsprechenden Oral-Turinabol-Einnahmen (rechteckige Kästchen: die jeweilige Höhe bzw. die Zahl darüber gibt die Zahl der Tabletten pro Woche an). Man beachte die starke Anabolika-Abhängigkeit der Leistung in jedem Jahr (2 – 3 m), insbesondere beim Olympiasieg 1968 (Abb. a) und beim Gewinn der Silbermedaillen bei den Europameisterschaften 1969 (Abb. b) und den Olympischen Spielen 1972.
(Abbildungen fotografisch aus: Bauersfeld et al. (1973))

Anlage 5

Staatliche Planauflagen Wissenschaft und Technik 1989 zum Aufgabenkomplex 08 Z. 14.25 (Vertrauliche Verschlußsache)
Verantwortliches zentrales Organ: Staatssekretariat für Körperkultur und Sport:

Staatliche Planauflagen Wissenschaft und Technik 1989
zum Aufgabenkomplex 08 Z.14.25
Verantwortliches zentrales Organ: Staatssekretariat für Körperkultur und Sport
- Akademie der Wissenschaften der DDR -

Aufgaben-Nr.		Bezeichnung der Aufgabe	Arbeitsstufe, Termin, Geheimhaltungsgrad		Verantwortlicher Betrieb/ Einrichtung
ZF.14.25. 13087	A	Weiterführung der experimentellen Prüfung des unterstützenden Effekts von Substanz P auf die Wettkampfstabilität von Leistungssportlern	A 3 VVS	06/89	Institut für Wirkstoffforschung, Berlin
	B	Untersuchungen zur Wirkungsdifferenzierung von Lys (ZNO_2)-Pro-HCL	G 3 Dienstsache	06/89	Institut für Wirkstoffforschung, Berlin

Aufgaben-Nr.	Bezeichnung der Aufgabe	Arbeitsstufe, Termin, Geheimhaltungsgrad		Verantwortlicher Betrieb/ Einrichtung
ZF.14.25. 20515	Abschluß der tierexperimentellen Untersuchungen von STS 646	A 4 Dienstsache	06/89	ZI für Mikrobiologie und experimentelle Therapie, Jena
ZF.14.25 20516	Unterstützung bei der präparativen Herstellung von Steroidderivaten bzw. bei verschiedenen Bestimmungsmethoden (Zusammenarbeit mit FKS, VEB Jenapharm und Dopingkontrollabor des SMD)	A 3 Dienstsache	09/89	ZI für Mikrobiologie und experimentelle Therapie, Jena

Staatliche Planauflagen Wissenschaft und Technik 1989

zum Aufgabenkomplex 08 Z.14.25

Verantwortliches zentrales Organ: Staatssekretariat für Körperkultur und Sport

- Ministerium für Gesundheitswesen -

Aufgaben-Nr.		Bezeichnung der Aufgabe	Arbeitsstufe, Termin, Geheimhaltungsgrad	Verantwortlicher Betrieb/ Einrichtung
ZF.14.25. 20545	A	Erprobung des Festphasenassays von Kortisol und Testosteron auf der Grundlage von Materialien, die das Sächsische Serumwerk bereitstellt	A 3 10/89 Dienstsache	VEB Sächsisches Serumwerk, Dresden
	B	Herstellung eines Antikörpers gegen Androstendien, einschl. der Präparation des Immunogens	A 3 10/89 Dienstsache	

Staatliche Planauflagen Wissenschaft und Technik 1989

zum Aufgabenkomplex 08 Z.14.25

Verantwortliches zentrales Organ: Staatssekretariat für Körperkultur und Sport

- Staatssekretariat für Körperkultur und Sport -

Aufgaben-Nr.	Bezeichnung der Aufgabe	Arbeitsstufe, Termin, Geheimhaltungsgrad	Verantwortlicher Betrieb/ Einrichtung
ZF.14.25. 20580	Erarbeitung einer langfristigen Forschungsstrategie für die Weiterführung der Arbeiten zur Leistungsförderung (Komplex 08)	St 03/89 VVS	Forschungsinstitut für Körperkultur und Sport in Zusammenarbeit mit AdW, MHF, MCI und MGes.

Staatliche Planauflagen Wissenschaft und Technik 1989

zum Aufgabenkomplex 08 Z.14.25

Verantwortliches zentrales Organ: Staatssekretariat für Körperkultur und Sport

- Ministerium für Chemische Industrie -

Aufgaben-Nr.	Bezeichnung der Aufgabe	Arbeitsstufe, Termin, Geheimhaltungsgrad		Verantwortlicher Betrieb/ Einrichtung
ZF.14.25. 20546	Gemeinsame Erprobung des Einsatzes von Präcursoren durch VEB Jenapharm und FKS – Entscheidung zur Unbedenklichkeit durch MfG – Prüfung der Wirkung auf die Leistungsentwicklung – galenische Bearbeitung für unterschiedliche Applikationsformen auf der Grundlage der Arbeitsergebnisse 1988	A 3 VVS	10/89	VEB Pharmazeutisches Kombinat GERMED - VEB Jenapharm
ZF.14.25. 20547	Fortsetzung der Erzeugnisentwicklung der STS 646 für die Leistungssportforschung (Abschluß klinische Prüfung)	A 3 VVS	10/89	- VEB Jenapharm

Aufgaben-Nr.	Bezeichnung der Aufgabe	Arbeitsstufe, Termin, Geheimhaltungsgrad		Verantwortlicher Betrieb/ Einrichtung
ZF.14.25. 20548	Entscheidung zur Erzeugnisentwicklung der Substanz XII in Abhängigkeit von den Ergebnissen der geplanten Pilotstudie unter Belastungsbedingungen	A 3 VVS	10/89	- VEB Jenapharm
ZF.14.25. 20549	Herstellung von Steroidpräparaten für experimentelle Überprüfungen und klinische Untersuchungen (Arbeitsvereinbarung mit FKS 10/88)	A 3 VVS	06/89	- VEB Jenapharm
ZF.14.25. 20550	Galenische Bearbeitung von Versuchsmustern für FKS und SMD 11 (Arbeitsvereinbarung mit FKS 10/88)	A 3 VVS	10/89	- VEB Jenapharm

Staatliche Planauflagen Wissenschaft und Technik 1989
zum Aufgabenkomplex 08 Z.14.25
Verantwortliches zentrales Organ: Staatssekretariat für Körperkultur und Sport
- Ministerium für Chemische Industrie -

Aufgaben-Nr.	Bezeichnung der Aufgabe	Arbeitsstufe, Termin, Geheimhaltungsgrad	Verantwortlicher Betrieb/ Einrichtung
ZF.14.25. 20551	Experimentelle Zusammenarbeit zur nontropen Substanz AWD 52 – 39 im Rahmen der Kooperation (Arbeitsvereinbarung mit FKS 10/88)	A 3 06/89 VVS	VEB Pharmazeutisches Kombinat GERMED - VEB Arzneimittelwerk Dresden
ZF.14.25. 20552	Informationsbericht über Erkenntnisfortschritte bei Neotropica, speziell Nicergoline	A 3 12/89 Dienstsache	- VEB Arzneimittelwerk Dresden
ZF.14.25 20553	Herstellung von Nasenspray zur Selbstabfüllung durch FKS und SMD 11 (Arbeitsvereinbarung mit FKS 10/88)	A 3 06/89 Dienstsache	- VEB Arzneimittelwerk Dresden
ZF.14.25 20554	Herstellung und/oder Beschaffung von Versuchsmustern für FKS und SMD 11 (Arbeitsvereinbarung mit FKS 10/88)	A 3 06/89 Dienstsache	- VEB Arzneimittelwerk Dresden
ZF.14.25 20555	Substanzbereitstellung von AWD 52 – 39 für die vergleichende experimentelle Prüfung	A 3 06/89 Dienstsache	- VEB Arzneimittelwerk Dresden

Anlage 6

Deutscher Sportbund

Rahmen-Richtlinien zur Bekämpfung des Dopings

Beschlossen am 26.09.1970
durch den Hauptausschuß des DSB in Mannheim

Geändert vom Hauptausschuß des DSB am
03.12.1977 in Frankfurt/M.
03.12.1988 in Mainz
14.12.1991 in Frankfurt/M.
30.05.1992 in Rostock
15.05.1993 in Frankfurt/M.

Präambel

Die im Deutschen Sportbund zusammengeschlossenen Turn- und Sportverbände verpflichten sich, gemäß §§ 2, 3, 4 und 7 der Satzung des DSB die Verwendung von Doping-Substanzen im Sport zu verbieten und das Doping mit allen ihnen zu Gebote stehenden Mitteln zu bekämpfen. Mit diesem Ziel beschließen alle Mitgliedsorganisationen des DSB diese Rahmen-Richtlinien als gemeinschaftliche Orientierung zur Bekämpfung des Doping im Bereich des Deutschen Sportbundes; weitergehende Bestimmungen internationaler Sportorganisationen werden hierdurch nicht berührt.

Erster Abschnitt
Dopingverbot

§ 1

Geltungsbereich des Verbots

1. Für Sportler/innen der Mitgliedsorganisationen des Deutschen Sportbundes und deren Hilfspersonen gelten diese Rahmen-Richtlinien innerhalb und außerhalb des Deutschen Sportbundes.

2. Für Sportler/innen oder Hilfspersonen, die nicht den Mitgliedsorganisationen des DSB angehören, gelten diese Rahmen-Richtlinien nur innerhalb des Gesamtbereichs des Deutschen Sportbundes.

3. Die zuständige Mitgliedsorganisation oder die von ihr bestimmten Stellen müssen die Sportler/innen oder Hilfspersonen über die Doping-Richtlinien unterrichten.
Sie verpflichten sich, keinen Sportler/keine Sportlerin zu Wettkämpfen zu melden oder zuzulassen, der/die die sich aus diesen Rahmen-Richtlinien ergebenden Pflichten nicht anerkannt und die in Anlage 4 zu den Rahmen-Richtlinien aufgeführte Bescheinigung nach Aufforderung nicht unterzeichnet hat.

§ 2
Begriffsbestimmungen

1. Doping ist der Versuch der Leistungssteigerung durch die Anwendung (Einnahme, Injektion oder Verabreichung) von Substanzen der verbotenen Wirkstoffgruppen oder durch die Anwendung verbotener Methoden (z. B. Blutdoping).

2. Die Liste der verbotenen Wirkstoffgruppen umfaßt z. B. Stimulantien, Narkotika, anabole Substanzen, Diuretika, Peptidhormone und Verbindungen, die chemisch, pharmakologisch oder von der angestrebten Wirkung her verwandt sind.

3. Sportartspezifisch können weitere Substanzen und Wirkstoffgruppen, z. B. Alkohol, Sedativa, Psychopharmaka, Beta-Blocker unter den Doping-Substanzen aufgeführt werden.

4. Sportler/innen können sich dann nicht auf Unklarheit berufen, wenn die Anwendung der Medikamente ohne ärztliche Verschreibung aufgrund medizinischer Indikation erfolgt ist. Das gleiche gilt für Medikamente, die nicht gem. § 9 Abs. 1 Satz 2 angegeben worden sind.

5. Die "Dopingdefinition der Medizinischen Kommission des IOC für die XIV. Winterspiele in Lillehammer 1994 vom 17.03.1993" einschließlich der Beispiele und Erläuterungen (Anlage 1) ist Bestandteil dieser Rahmen-Richtlinien. Sie ist von den Spitzenverbänden zum Bestandteil ihrer Wettkampfbestimmungen zu machen.

§ 3
Verbot der Anwendung vor und während des Wettkampfes

Die Anwendung der Substanzen und Methoden gem. § 2 ist vor und während des Wettkampfes verboten und wird durch Wettkampfkontrollen i.S.d. § 7 überprüft.

§ 4
Verbot und Anwendung außerhalb des Wettkampfes

Die Anwendung von (Schleifen-)Diuretika, anabolen Substanzen, Peptidhormonen und verwandten Verbindungen i.S.d. § 2 ist auch außerhalb des Wettkampfes verboten und wird zusätzlich durch Trainingskontrollen i.S.d. § 7 überprüft.

§ 5
Umsetzung des Verbots der Anwendung durch die Mitgliedsorganisationen

1. Die Mitgliedsorganisationen des Deutschen Sportbundes erlassen für ihren Bereich die erforderlichen Bestimmungen über Zuständigkeiten und Verfahren in Fällen des vollendeten und versuchten Dopings sowie der vollendeten und versuchten Verweigerung, Vereitelung oder Manipulation von Dopingkontrollen. Der Deutsche Sportbund gibt Empfehlungen für die Verhängung von Zulassungssperren (Anlage 2).
2. Der Deutsche Sportbund und seine Mitgliedsorganisationen nehmen in Arbeits- oder Dienstverträge von Personen, die Sportler/innen betreuen, Bestimmungen für den Fall eines Verstoßes gegen das Doping-Verbot sowie eine Verpflichtung zur Unterstützung von Dopingkontrollen auf. Für die Maßregeln gibt der Deutsche Sportbund eine Empfehlung (Anlage 3).

§ 6
Anwendung aus medizinischen Gründen

1. Auch aus medizinischen Gründen dürfen die unter § 2 Abs. 2 genannten Doping-Substanzen von Sportler/innen nicht eingenommen werden, sofern sie noch im Wettkampf stehen. Ausgenommen sind Lokalanästhetika bei Verletzungen. Der Arzt/die Ärztin hat die Anwendung der Wettkampfleitung unverzüglich mitzuteilen.
2. Für die Anwendung von anabolen Hormonen bei Sportler(n)/innen besteht keine Indikation.

Zweiter Abschnitt
Dopingkontrollen

§ 7
Kreis der Veranstaltungen

1. Die zuständigen Mitgliedsorganisationen regeln gem. den Rahmen-Richtlinien und den Bestimmungen der internationalen Sportorganisationen die Durchführung der Dopingkontrollen innerhalb und außerhalb der Wettkämpfe, wobei hinsichtlich der Wettkämpfe insbesondere Deutsche Meisterschaften, Länderkämpfe sowie nationale und internationale Veranstaltungen einbezogen sein sollen.

2. Die Wettkampfordnungen und Ausschreibungen von Veranstaltungen haben sicherzustellen, daß Sportler/innen nicht teilnahmeberechtigt sind und nicht für internationale Veranstaltungen gemeldet werden, die eine Dopingkontrolle verweigert oder schulhaft vereitelt oder manipuliert haben.

§ 8
Art der Dopingkontrollen

Dopingkontrollen bestehen in der Entnahme von Ausscheidungsprodukten der Sportler/innen.

§ 9
Duldungs- und Informationspflicht

1. Sportler/innen und Hilfspersonen haben die Vornahme der Dopingkontrolle zu dulden. Medikamente, die in den letzten 40 Stunden vor Durchführung der Kontrolle eingenommen worden sind, sind von dem/der Sportler/in im Protokoll über die Durchführung der Dopingkontrolle anzugeben.
2. Die Verweigerung oder schuldhafte Vereitelung der Dopingkontrollen oder die pharmakologische, chemische oder physikalische Manipulation der zu überprüfenden Urinprobe oder Dopingkontrolle werden behandelt, als wenn der Tatbestand des Dopings erfüllt wäre.

§ 10
Zuständigkeit für Dopingkontrollen

Die Dopingkontrollen obliegen der Mitgliedsorganisation oder einer von ihr bestimmten zuständigen Stelle.

§ 11
Untersuchungsstellen

Die Untersuchungsstellen sind das Institut für Biochemie in Köln, das Institut für Dopinganalytik und Sportbiochemie in Kreischa und alle IOC-akkreditierten Labors.

§ 12
Kreis der zu kontrollierenden Sportler/innen

Nach § 8 werden kontrolliert

a) bei Einzelwettbewerben und bei Wettbewerben zwischen Mannschaften mit zwei Sportler(n)/innen die Sportler/innen, welche die ersten drei Plätze erreicht haben, sowie weitere drei durch Los ermittelte Sportler/innen;
b) bei Wettbewerben zwischen Mannschaften mit mehr als zwei Sportler(n)/innenje zwei Sportler/innen der drei erstplazierten Mannschaften sowie drei weitere Sportler/innen, die durch das Los ermittelt werden;

c) bei Wettbewerben zwischen zwei Mannschaften je drei durch das Los ermittelte Sportler/innen der beiden Mannschaften;

d) die Sportler/innen, bei denen Dopingverdacht besteht;

e) Sportler/innen außerhalb des Wettkampfes.

§ 13
Durchführung der Dopingkontrollen

Die Sportler/innen, bei denen Kontrollen nach § 8 durchgeführt werden, haben unter Aufsicht einer von der zuständigen Mitgliedsorganisation beauftragten Person unmittelbar nach dem Wettkampf und ggf. außerhalb des Wettkampfes Urin abzugeben. Sportler/innen, die angeben, keinen Urin lassen zu können, sind unter Aufsicht zu halten, bis Urin geliefert wird. Jede Urinprobe ist in zwei Fläschchen (A- und B-Probe) zu füllen. Die Fläschchen werden beschriftet und versiegelt.
Die Würde der Sportler/innenist zu wahren.

§ 14
Untersuchung

1. Die zuständige Stelle übersendet die Urinproben – A- und B-Probe – (§ 13) unverzüglich der Untersuchungsstelle.
2. Die Untersuchungsstelle prüft, ob die A-Probe einen verbotenen Wirkstoff enthält und teilt der zuständigen Stelle (§ 10) das Ergebnis mit. Bei Trainingskontrollen im Rahmen des Doping-Kontroll-Systems des Deutschen Sportbundes leitet diese das Ergebnis an die zuständige Mitgliedsorganisation weiter.
3. Die Mitgliedsorganisation teilt dem Sportler/der Sportlerin ein positives Analyseergebnis der A-Probe mit. Der/die Sportler/in kann innerhalb von zehn Tagen nach Empfang der Mitteilung eines positiven Analyseergebnisses eine Untersuchung der B-Probe bei der gleichen oder auf seine/ihre Kosten einer anderen Untersuchungsstelle i.S.d. § 11 in der Bundesrepublik Deutschland oder in Europa (letzteres bis zur Wiederanerkennung des Instituts in Kreischa) verlangen. Sollte das Analyseergebnis der B-Probe negativ sein, sind dem Sportler/der Sportlerin die Kosten zu erstatten. Bei Nichteinhaltung der Frist gilt das Ergebnis der A-Probe als anerkannt.

§ 15
Kosten

Die Kostenregelung der Dopingkontrollen erfolgt durch die zuständige Mitgliedsorganisation.

Dritter Abschnitt
Verfahren

§ 16
Einhaltung des Verfahrens

1. Ist aufgrund eines Untersuchungsergebnisses (§ 14 Abs. 2 und 3) oder auf andere Weise die Anwendung eines verbotenen Wirkstoffes oder einer verbotenen Methode festgestellt, so hat die zuständige Mitgliedsorganisation bei der Verbandsinstanz, die über Zulassungssperren oder Maßregeln entscheidet, ein Verfahren einzuleiten. Die gemeinsame Anti-Doping-Kommission des Deutschen Sportbundes und des Nationalen Olympischen Komitees für Deutschland ist von der Verfahrenseinleitung und von dem Ergebnis des Verfahrens jeweils unverzüglich zu unterrichten. Im Rahmen dieses Verfahrens sind rechtsstaatliche Grundsätze zu beachten; insbesondere ist dem/der Sportler/in rechtliches Gehör zu gewähren.
2. Im Falle der Verweigerung oder schuldhaften Vereitelung der Dopingkontrolle oder der pharmakologischen, chemischen oder physikalischen Manipulation der Urinprobe oder Dopingkontrolle (§ 5 Abs. 2) ist entsprechend zu verfahren.

§ 17
Veröffentlichung von Entscheidungen

Entscheidungen, durch die Zulassungssperren oder Maßregeln verhängt werden, werden von der zuständigen Mitgliedsorganisation veröffentlicht.

§ 18
Anerkennung der Entscheidungen anderer Mitgliedsorganisationen

Zulassungssperren und Maßregeln wegen Verstoßes gegen das Dopingverbot werden hinsichtlich der Rückfallvoraussetzungen, der Wettkampfsperre und des Ausschlusses von der Teilnahme an Veranstaltungen von allen Mitgliedsorganisationen für ihren Bereich anerkannt.

Vierter Abschnitt
Schlußvorschriften

§ 19
Durchführung der Rahmen-Richtlinien

Die Mitgliedsorganisationen des Deutschen Sportbundes sind für die Einhaltung dieser Rahmen-Richtlinien verantwortlich. Soweit ihre Bestimmungen nicht ohne weiteres auch im Bereich ihrer Unterorganisationen und Gliederungen gelten, wirken sie besonders darauf hin, daß im Sinne dieser Rahmen-Richtlinien verfahren wird.

§ 20

Änderung der Rahmen-Richtlinien

Diese Rahmen-Richtlinien können vom Bundestag und vom Hauptausschuß des Deutschen Sportbundes geändert werden.

Anlage 1

Dopingdefinition der Medizinischen Kommission des IOC für die XIV. Winterspiele in Lillehammer 1994 – 17. März 1993

Liste der verbotenen Wirkstoffgruppen und Methoden

I. Verbotene Wirkstoffgruppen
   A. Stimulantien
   B. Narkotika
   C. Anabole Wirkstoffe
   D. Diuretika
   E. Peptidhormone und Analoge

II. Verbotene Methoden
   A. Blutdoping
   B. Pharmakoligische, chemische und physikalische Manipulation

III. Wirkstoffgruppen (zugelassen nur mit gewissen Einschränkungen)
   A. Alkohol
   B. Marihuana
   C. Lokalanästethika
   D. Kortikosteroide
   E. Beta-Blocker

Anmerkung:
Gemäß der Dopingdefinition der Medizinischen Kommission des IOC ist Doping der Gebrauch von Substanzen, die zu den verbotenen pharmakologischen Wirkstoffgruppen gehören, und die Anwendung unzulässiger Methoden, wie das Blutdoping.
Der Begriff "und verwandte Verbindungen" beschreibt Substanzen, die durch ihre pharmakologische Wirkung und/oder chemische Struktur zu der verbotenen Substanzenklasse gehören.
Diese Art der Definition hat den Vorteil, daß neue pharmakologische Wirkstoffe, die zum Teil speziell für Dopingzwecke synthetisiert sein mögen, automatisch wegen ihrer Zugehörigkeit zu einer verbotenen Wirkstoffgruppe verboten sind. Um das Dopingverbot zu verdeutlichen, werden Beispiele für verbotene Wirkstoffe aufgezählt. Verwendet werden die "Internationalen Freinamen" (INN), die die Weltgesundheitsorganisation registriert. Diese Aufzählung ist nicht als eine vollständige, abgeschlossene Liste aller Substanzen aufzufassen.
Substanzen aus den verbotenen Wirkstoffgruppen dürfen unter keinen Umständen an im Wettkampf befindliche Athleten/innen verabreicht werden, es sei

denn, die Medizinische Kommission des IOC hat ihre Verwendung ausdrücklich erlaubt.
Wenn Substanzen aus den verbotenen Wirkstoffgruppen bei einer Dopingkontrolle analytisch nachgewiesen werden, wird die Medizinische Kommission des IOC entsprechend den Dopingkontrollregeln des IOC vorgehen. In diesem Zusammenhang sei darauf hingewiesen, daß die Gegenwart einer verbotenen Substanz einen Verstoß gegen die Dopingregeln darstellt, unabhängig von der Applikationsart.

I. Verbotene Wirkstoffgruppen

Beispiele und Erläuterungen zu den verbotenen Wirkstoffgruppen:

A. Stimulantien, zum Beispiel:

Amfepramon	Etamivan	Nikethamid
Amfetaminil	Etilamfetamin	Pemolin
Amineptin	Fencamfamin	Pentetrazol
Amiphenazol	Fenetyllin	Phendimetrazin
Amphetamin	Fenproporex	Phenmetrazin
Benzphetamin	Furfenorex	Phentermin
Cathin	Koffein**	Phenylpropanolamin
Chlorphentermin	Kokain	Pipradol
Clobenzorex	Mefenorex	Prolintan
Chlorprenalin	Mesocarb	Propylhexedrin
Cropropamid*	Methamphetamin	Pyrovaleron
Crothetamid*	Methoxyphenamin	Strychnin
Dimetamfetamin	Mehylephedrin	und verwandte Verbindungen
Ephedrin	Methylphenidat	
Etafedrin	Morazon	

* Bestandteile von Micoren
** Ein positiver Dopingfall mit Koffein liegt vor, wenn die Koffeinkonzentration im Urin 12 µg/ml übersteigt.

Unter der Wirkstoffgruppe "Stimulantien" finden sich verschiedene pharmakologische Substanzen, die die Aufmerksamkeit erhöhen und in der Lage sind, die Leistungsbereitschaft, aber auch die Aggressivität zu steigern. Die Anwendung dieser Substanzen kann auch zu einer Verringerung der Selbstkontrolle führen, wodurch in einigen Sportarten eine Gefährdung anderer Wettkampfteilnehmer erfolgen kann.
Amphetamin und die verwandten Verbindungen sind bekannt dafür, daß sie Probleme im Sport hervorrufen. Einige Todesfälle sind unter den Bedingungen der maximalen körperlichen Anstrengung vorgekommen, auch wenn nur "normale" pharmakologische Dosen verabreicht wurden. Es gibt keine medizinische Rechtfertigung für die Anwendung von Amphetaminen im Sport.

Zu der Gruppe der Stimulantien gehören auch die sympathomimelischen Amine, zu denen Ephedrin zählt. In hohen Dosen kann diese Verbindung auf die Psyche stimulierend wirken und den Kreislauf anregen. Nicht erwünschte Effekte sind höherer Blutdruck und Kopfschmerzen, erhöhter und unregelmäßiger Puls, Angstgefühle und Zittern. In geringen Dosen sind Ephedrin, Pseudoephedrin, Norophedrin und Norpseudoephedrin häufig in Mitteln gegen Erkältungskrankheiten und gegen Heufieber enthalten, die in Apotheken und anderen Geschäften z. T. ohne ärztliches Rezept erstanden werden können.

Daher sollte kein Medikament, das zur Behandlung von Erkältungskrankheiten, Fieber oder Allergien gekauft wurde, kritiklos verwendet werden. Ein Arzt oder ein Apotheker sollte überprüfen, ob das Medikament einen verbotenen Wirkstoff enthält.

Zur Frage der Verwendung von B2-Agonisten:

Die Auswahl der Medikamente für die Behandlung von Asthma und Erkrankungen der Atemwege hat viele Probleme aufgeworfen. Noch vor einigen Jahren wurden Ephedrin und seine nahen verwandten Verbindungen fast ausnahmslos angewendet. Sie unterliegen aber dem Dopingverbot, da sie zu der Gruppe der "sympathomimelischen Amine" gehören und somit als Stimulantien zu betrachten sind.

Nur die folgenden B2-Agonisten sind zur Inhalation erlaubt: Spibutamol, Terbutalin.

Jeder Mannschaftsarzt, der diese B2-Agonisten einem Athleten zur Inhalation verschreiben will, muß der Medizinischen Kommission des IOC ein schriftliches Attest vorlegen.

B. Narkotika, zum Beispiel:

Alphaprodin	Dipipanon	Pentazocin
Anileridin	Ethoheptazin	Pethidin
Buprenorphin	Ethylmorphin	Phenazocin
Dextromoramid	Levorphanol	Trimeperidin
Dextropropoxyphen	Methadon	und verwandte Ver-
Diamorphin (Heroin)	Nalbuphin	bindungen

Die Substanzen dieser Wirkstoffklasse, bestehend aus Morphin und seinen chemischen und pharmakologischen Verwandten, wirken recht spezifisch als schmerzstillende Mittel, auch bei starken Schmerzen. Diese Aussage bedeutet jedoch nicht, daß die klinisch ausnutzbaren Wirkungen auf die Schmerzbeseitigung beschränkt sind. Viele dieser Substanzen haben starke Nebenwirkungen, von denen vor allem die dosisabhängige Depression der Atmung genannt sei. Weiterhin führte ihre Anwendung häufig zu physischer und psychischer Abhängigkeit.

Es gibt genügend Anhaltspunkte, daß die narkotisch wirkenden Schmerzmittel im Sport mißbraucht wurden, z. T. heute noch mißbraucht werden, so daß

die Medizinische Kommission des IOC vor Jahren schon diese Substanzen auf die Liste der Dopingmittel gesetzt hat und dieses Verbot für die Zeit der Olympischen Spiele auch aufrechterhält. Dieses Verbot ist weiter dadurch gerechtfertigt, daß internationale Vereinbarungen den Vertrieb und die Anwendung dieser Substanzen einschränken. Ein Verbot dieser Substanzen steht darüber hinaus im Einklang mit den Empfehlungen der Weltgesundheitsorganisation bezüglich der Bekämpfung des Mißbrauchs der Narkotika.
Darüber hinaus ist die Medizinische Kommission des IOC der Meinung, daß die Behandlung von leichten bis mittelschweren Schmerzen wirksam durch die Verwendung von anderen Substanzen mit analgetischen (schmerzstillenden), antipyrotischen (fiebersenkenden) Wirkungen geschehen kann. Die Alternativen, die mit Erfolg für die Behandlung von Sportverletzungen angewendet wurden, bestehen in der Verwendung von Anthranilsäurederivaten und von Derivaten der Phonylalkylsäuren.
Die Medizinische Kommission des IOC erinnert die Athleten/innen und die Mannschaftsärzte/innen daran, daß Aspirin und die neueren Aspirinderivate nicht verboten sind. Beachtung sollte jedoch der Tatsache geschenkt werden, daß Aspirin häufig in Verbindung mit verbotenen Substanzen wie Codein zu finden ist. Mit Vorsicht sollten auch alle Mittel gegen Husten- und Erkältungskrankheiten betrachtet werden, da sie oft Wirkstoffe der verbotenen Wirkstoffgruppen enthalten.

C. Anabole Wirkstoffe

1. Androgen anabole Steroide, zum Beispiel:

Bolasteron	Metandienon	Oxymetholon
Boldenon	Metenolon	Stanozolol
Clostebol	Methyltestosteron	Testosteron
Dehydrochlormethyl-testeron	Nandrolon	und verwandte Verbindungen
	Oxandrolon	
Mesterolon	Oxymesteron	

Als Verstoß gegen die Dopingregeln gilt ein Verhältnis Testosteron zu Epitestosteron von höher als 8 zu 1 im Urin eines Athleten/einer Athletin, solange kein Beweis vorliegt, daß diesem Verhältnis eine physiologische oder pathologische Ursache zugrunde liegt.

2. Andere anabole Substanzen, z. B.
Beta-2-Agonisten, z. B. Clenbuterol

Die Substanzklasse der androgen anabolen Steroide umfaßt Verbindungen, die strukturell und von der Wirksamkeit her mit dem männlichen Keimdrüsenhormon Testosteron, das ebenfalls als Dopingmittel gilt, vergleichbar sind. Die androgen anabolen Steroide wurden und werden im Sport mißbraucht, nicht allein um die Muskelmasse und die Muskelkraft in Verbin-

dung mit einer gesteigerten Nahrungsaufnahme zu erhöhen, sondern auch in geringen Dosen bei normaler Nahrungsaufnahme, um die Wettkampfbereitschaft zu steigern (psychogene Wirkung der androgenen Steroide).
Die Anwendung von Anabolika kann bei Heranwachsenden, deren Längenwachstum noch nicht abgeschlossen ist, zu einer Beendigung des Wachstums führen. Ihre Anwendung kann weiterhin psychische Veränderungen verursachen, Leberschädigungen hervorrufen sowie die Zusammensetzung der Blutfette und des kardio-vaskuläre System nachteilig beeinflussen. Bei Männern kann ihr Gebrauch zu einer Reduzierung des Hodenvolumens führen und die Samenproduktion verringern. Bei Frauen führt ihre Anwendung zur Maskulinisierung, Akne, Bartwuchs und Unterdrückung der normalen Funktion der Eierstöcke und der Menstruation.
Obwohl der Mißbrauch von androgen anabolen Steroiden durch vermehrte Dopingkontrollen zurückgegangen ist, befürchtet die Medizinische Kommission des IOC, daß Athleten/innen versuchen, die Regeln zu unterlaufen, indem sie Testosteron, Testosteronvorläufer und Epitestosteron applizieren. Daher empfiehlt die Medizinische Kommission, ärztliche Untersuchungen, die andokrinologische Tests und Langzeituntersuchungen beinhalten, um die Möglichkeiten einer Applikation von Testosteron oder anderen endogenen Steroiden auszuschließen.
Um bei dieser Überprüfung zu helfen, sollen die IOC-akkreditierten Laboratorien jeden Fall an die zuständige Institution berichten, der die folgenden Kriterien erfüllt:

a) Negativ, wenn das Verhältnis Testosteron zu Epitestosteron (T/E) kleiner als 6 ist, oder
b) T/E größer als 6, aber nicht größer als 10,
c) T/E größer als 10.

Im Fall von b) empfiehlt die Medizinische Kommission des IOC die Durchführung weiterer Untersuchungen, bevor das Ergebnis als positiv oder negativ angesehen wird. Diese Untersuchungen können sein:

– Überprüfung vorhergehender Proben (von Wettkampf- und Trainingskontrollen,
– endokrinologische Untersuchungen,
– unangekündigte Dopingkontrollen über mehrere Monate.

D. Diuretika, zum Beispiel:

Acetazolamid	Chlormerodrin	Mersalyl
Amilorid	Chlortalidon	Spironolacton
Bendroflumethiazid	Diclofenamid	Triamteren
Benzthiazid	Etacrynsäure	und verwandte Verbindungen
Bumetanid	Furosemid	
Canrenon	Hydrochlorothiazid	

Bei einer strengen Indikationsstellung ist die Anwendung von Diuretika in der medizinischen Klinik und in der medizinischen Praxis von großem Nut-

zen, beispielsweise bei Wasseransammlungen in Geweben und bei Bluthochdruck. diese Indikationsstellungen sind jedoch im Leistungssport nicht gegeben.
Diuretika werden im Sport aus zwei Gründen mißbraucht:
1. um schnell an Gewicht zu verlieren; das geschieht in erster Linie in den Kampfsportarten mit Gewichtsklassen;
2. um positive Ergebnisse bei der Dopingkontrolle zu vermeiden. Hierbei wird eine Verringerung der Urinkontrollen von Dopingmitteln angestrebt, so daß die Nachweisgrenze der Analyseverfahren unterschritten wird.

Der Mißbrauch von Diuretika kann große gesundheitliche Schäden verursachen.
Der Versuch, das Gewicht künstlich zu verringern, um in einer niedrigeren Gewichtsklasse starten zu können, stellt ebenso wie der Versuch, die Konzentrationen eventueller Dopingmittel im Urin zu erniedrigen, eindeutig eine Manipulation dar, die aus ethischen Gründen nicht akzeptiert werden kann. Daher hat die Medizinische Kommission des IOC beschlossen, die Diuretika in die Liste der verbotenen Substanzklassen aufzunehmen.

E. Peptidhormone und Analoge, zum Beispiel:

Choriongonadotropin (HCG – Human Chorionic Gonadotropin): Es ist wohlbekannt, daß die Gabe von Choriongonadotropin (HCG) und Substanzen mit ähnlicher Wirkung bei Männern zu einer erhöhten Produktion von endogenen androgenen Steroiden führt Deswegen ist die Gabe von HCG mit einer Gabe von Testosteron gleichzusetzen.
Adrenocorticotropes Hormon (ACTH – Corticotrophin): Adrenocorticotropes Hormon (ACTH) ist in einigen Sportarten mißbraucht worden, um die Blutspiegel von endogenen Kortikosteroiden zu erhöhen und den damit verbundenen euphorischen Effekt auszunutzen. Die Applikation von ACTH wird als äquivalent zu einer oralen oder intravenösen Applikation von Kortikosteroiden betrachtet (vgl. III. D.)
Wachstumshormon (HGH) – Human Growth Hormone, Somatotropin): Der Mißbrauch von Somatotropin im Sport wird als unethisch und aufgrund verschiedener nachteiliger Effekte als gefährlich angesehen, wie zum Beispiel allergische Reaktionen, diabologene Wirkungen und, in hohen Dosen angewandt, Akromegalie.
Die Medizinische Kommission des IOC verbietet außerdem alle entsprechenden Releasing-Faktoren (Hypothalamus-Hormone) der o.g. Substanzen.
Erytropietin (EPO): Erythropietin ist ein Glykoprotein, das in der Niere gebildet wird und die Synthesegeschwindigkeit der roten Blutkörperchen regelt.

II. Verbotene Methoden

A. Blutdoping

Unter Bluttransfusion versteht man die intravenöse Verabreichung von roten Blutzellen oder Blutpräparaten, die rote Blutzellen enthalten. Diese Produkte können von Blut stammen, das von der gleichen oder von einer anderen Person stammt (autologe bzw. heterologe Bluttransfusion). Die übliche Indikation für die Übertragung von roten Blutkörperchen sind starker Blutverlust und Blutarmut (Anämie).
Unter Blutdoping versteht man die Verabreichung von Vollblut oder von Zubereitungen, die rote Blutkörperchen enthalten, wenn keine medizinische Indikation für eine solche Behandlung vorliegt. Dieser Prozedur kann die Abnahme einer bestimmten Blutmenge vorhergehen, so daß der Athlet/die Athletin in einem Zustand relativer Blutarmut trainiert. Diese Maßnahmen stehen nicht im Einklang mit der medizinischen Ethik und der Ethik des Sports. Sie beinhalten Risiken wie allergische Reaktionen und akute hämolytische Reaktionen mit Nierenschädigungen, wenn falsch gekennzeichnetes Blut verwendet wird. Ferner können Nebenwirkungen auftreten wie Fieber, Gelbsucht, Infektionen (Virushepatitis und AIDS) sowie Überlastungen des Herzkreislauf-Systems und metabolischer Schock.
Aus diesen Gründen verbietet die Medizinische Kommission des IOC das Blutdoping.
Die Medizinische Kommission des IOC verbietet die Anwendung von Erythropietin (vgl. I. Verbotene Wirkstoffgruppen, E. Peptidhormone und Analoge).

B. Pharmakologische, chemische und physikalische Manipulationen einer Urinprobe

Die Medizinische Kommission des IOC verbietet die Verwendung von Substanzen und Methoden, die die Unversehrtheit und die Rechtsgültigkeit von Urinproben beeinflussen, z. B. Katheterisierung, Urinaustausch, Verdünnen von Urin, Unterdrückung der renalen Elimination und die Applikation von Epitestosteron.
Wenn eine Epitestosteronkonzentration höher als 150 ng/ml Urin gemessen wird, muß das Labor den zuständigen Verband oder die zuständige Behörde unterrichten. Die Medizinische Kommission des IOC empfiehlt die Durchführung weiterer Untersuchungen eines solchen Athleten/einer solchen Athletin.

III. Wirkstoffgruppen, zugelassen nur mit gewissen Einschränkungen

A. Alkohol

Der Genuß von Alkohol ist nicht verboten. Jedoch können in einigen Sportarten Alkoholkontrollen (Blutalkohol oder Alkohol in der Atemluft) aufgrund des Verlangens der internationalen Fachverbände durchgeführt werden.

B. Marihuana

Marihuana gilt nicht als Dopingmittel, jedoch können auf Verlangen eines internationalen Sportverbandes Marihuanakontrollen durchgeführt werden.

C. Lokalanästhetika

Injektionen von Lokalanästhetika sind unter den Voraussetzungen gestattet, daß
a) Procain, Xylocain, Carbocain etc., aber nicht Kokain verwendet,
b) nur lokale oder intramuskuläre Injektionen verabreicht werden und
c) eine strenge ärztliche Indikation vorliegt.
Diagnose, Dosis und Art der Anwendung müssen der Medizinischen Kommission des IOC schriftlich mitgeteilt werden.

D. Kortikosteroide

Die natürlich vorkommenden und die synthetischen Kortikosteroide werden hauptsächlich als entzündungshemmende Substanzen verwendet, die auch Schmerzen verringern. Diese Substanzen beeinflussen die Konzentration der zirkulierenden körpereigenen Kortikosteroide. Sie verursachen Euphorie und weitere Nebeneffekte, so daß ihre Anwendung mit Ausnahme der äußerlichen in Form von Salben etc. kontrolliert werden muß.
Seit 1975 hat die Medizinische Kommission des IOC versucht, den Gebrauch von Kortikosteroiden während Olympischer Spiele zu reduzieren, indem nach Applikation ein Attest des Mannschaftsarztes verlangt wurde. Der Grund hierfür war, daß Kortikosteroide aus nicht medizinischen Gründen oral, intramusuklär und sogar intravenös in einigen Sportarten angewendet wurden. Die Vorschrift, ein Attest nach Anwendung von Kortikosteroiden vorzulegen, soll jedoch nicht einen gerechtfertigten therapeutischen Gebrauch dieser Verbindungen verhindern.
Die Benutzung von Kortikosteroiden ist verboten außer in Form der äußeren Anwendung (Ohr, Auge und Haut), der Inhalationstherapien (Asthma und allergische Rhinitis) und der lokalen oder intra-artikulären Injektionen.
Jeder Mannschaftsarzt/jede Mannschaftsärztin, der/die die Anwendung von Kortikosteroiden lokal oder intra-artikulär vornehmen will oder zur Inhalation verschreibt, muß diese Behandlung schriftlich der Medizinischen Kommission des IOC mitteilen.

E. Beta-Blocker, zum Beispiel:

Acebutolol	Metoprolol	Sotalol
Alprenolol	Nadolol	und verwandte Verbindungen
Atenolol	Oxprenolol	
Labetalol	Propranolol	

Die Medizinische Kommission des IOC hat die therapeutischen Indikationen der B-Blocker-Anwendung überprüft. Es ist festzustellen, daß für die Kontrolle des Bluthochdrucks, der Störungen des Herzrhythmus, der Verhinderung von Angina Pectoris und von Migräneanfällen eine breite Palette von anderen wirksamen Medikamenten vorhanden ist. Wegen der anhaltenden Verwendung von B-Blockern in einigen Sportarten, bei denen die körperliche Anstrengung von keiner oder geringerer Bedeutung ist, behält sich die Medizinische Kommission des IOC das Recht vor, in diesen Sportarten die Verwendung von B-Blockern zu überprüfen. Diese Überprüfung wird jedoch nicht in den Ausdauersportarten stattfinden, bei denen über längere Zeiten höhere Anforderungen an das Herz-Kreislauf-System und die Energieerzeugung gestellt werden. In diesen Fällen schränken bekanntlich B-Blocker die Leistungsfähigkeit ein, so daß sich eine Kontrolle erübrigt.

Anlage 7

Übereinkommen des Europarats vom 16.11.1989 gegen Doping:

SpuRt-Dokumentation: Übereinkommen gegen Doping

Vom 16. November 1989
(BGBl. 1994 II, S. 335)

Präambel

Die Mitgliedstaaten des Europarats, die anderen Vertragsstaaten des Europäischen Kulturabkommens und die anderen Staaten, die dieses Übereinkommen unterzeichnen

in der Erwägung, daß es das Ziel des Europarats ist, eine engere Verbindung zwischen seinen Mitgliedern herbeizuführen, um die Ideale und Grundsätze, die ihr gemeinsames Erbe sind, zu wahren und zu fördern und ihren wirtschaftlichen und sozialen Fortschritt zu erleichtern;

in dem Bewußtsein, daß Sport für die Erhaltung der Gesundheit, die geistige und körperliche Erziehung und die Förderung der internationalen Verständigung eine wichtige Rolle spielen soll;

besorgt über die zunehmende Anwendung von Dopingwirkstoffen und – methoden durch Sportler und Sportlerinnen im gesamten Sportbereich und die sich daraus ergebenden Folgen für die Gesundheit der Sportler und die Zukunft des Sports;

im Hinblick darauf, daß dieses Problem die ethischen Grundsätze und erzieherischen Werte gefährdet, die in der Olympischen Charta, in der Internationalen Charta der UNESCO für Sport und Leibeserziehung und in der Entschließung (76) 41 des Ministerkomitees des Europarats, auch bekannt als die "Europäische Charta des Sports für Alle", enthalten sind;

eingedenk der von den internationalen Sportorganisationen angenommenen Vorschriften, Leitlinien und Erklärungen gegen Doping;

in Anbetracht dessen, daß staatliche Behörden und freiwillige Sportorganisationen einander ergänzende Verantwortung im Kampf gegen Doping im Sport tragen, insbesondere für die Gewähr, daß Sportveranstaltungen ordnungsgemäß und gestützt auf den Grundsatz des fairen Spiels durchgeführt werden, sowie für den Schutz der Gesundheit derjenigen, die an diesen Sportveranstaltungen teilnehmen;

in der Erkenntnis, daß diese Behörden und Organisationen zu diesem Zweck auf allen geeigneten Ebenen zusammenarbeiten müssen;

unter Hinweis auf die Entschließungen über Doping, die von der Konferenz der für den Sport zuständigen europäischen Minister angenommen wurden, insbesondere unter Hinweis auf die Entschließung Nr. 1, die auf der 6. Konferenz in Reykjavik angenommen wurde;

unter Hinweis darauf, daß das Ministerkomitee des Europarats bereits die Entschließung (67) 12 über Doping von Sportlern, die Empfehlung Nr. R (79) 8 über Doping im Sport, die Empfehlung Nr. R (84) 19 über die Europäische Charta gegen Doping im Sport und die Empfehlung Nr. R (88) 12 über die Einrichtung nicht angekündigter Dopingkontrollen außerhalb von Wettkämpfen angenommen hat;

unter Hinweis auf die Empfehlung Nr. 5 über Doping, die von der 2. von der UNESCO veranstalteten Internationalen Konferenz der für den Sport und die Leibeserziehung zuständigen Minister und Leitenden Beamten in Moskau (1988) angenommen wurde;

jedoch entschlossen, eine weitere und engere Zusammenarbeit zu verfolgen, die darauf gerichtet ist, Doping im Sport zu verringern und endgültig auszumerzen, wobei die in diesen Übereinkünften enthaltenen ethischen Werte und praktischen Maßnahmen als Grundlage dienen sollen

sind wie folgt übereingekommen:

Art. 1.
Ziel des Übereinkommens

Die Vertragsparteien verpflichten sich, im Hinblick auf die Verringerung und schließlich die endgültige Ausmerzung des Dopings im Sport innerhalb der Grenzen ihrer jeweiligen verfassungsrechtlichen Bestimmungen die für die Anwendung dieses Übereinkommens notwendigen Maßnahmen zu ergreifen.

Art. 2.
Begriffsbestimmung und Geltungsbereich des Übereinkommens

(1) Im Sinne dieses Übereinkommens

a) bedeutet "Doping im Sport" die Verabreichung pharmakologischer Gruppen von Dopingwirkstoffen oder Dopingmethoden an Sportler und Sportlerinnen oder die Anwendung solcher Wirkstoffe oder Methoden durch diese Personen;

b) bedeutet "pharmakologische Gruppen von Dopingwirkstoffen oder Dopingmethoden", vorbehaltlich des Absatzes 2, diejenigen Gruppen von Dopingwirkstoffen oder Dopingmethoden, die von den betreffenden internationalen Sportorganisationen verboten wurden und in Listen aufgeführt sind, welche nach Artikel 11 Absatz 1 Buchstabe b von der Beobachtenden Begleitgruppe bestätigt wurden;

c) bedeutet "Sportler und Sportlerinnen" die Personen, die regelmäßig an Sportveranstaltungen teilnehmen.

(2) Bis eine Liste der verbotenen pharmakologischen Gruppen von Dopingwirkstoffen und Dopingmethoden von der Beobachtenden Begleitgruppe nach Artikel 11 Absatz 1 Buchstabe b bestätigt wird, gilt die Bezugsliste im Anhang zu diesem Übereinkommen.

Art. 3.
Innerstaatliche Koordinierung

(1) Die Vertragsparteien stimmen die Politik und das Vorgehen ihrer Ministerien und anderer staatlicher Stellen, die sich mit der Bekämpfung des Doping im Sport befassen, aufeinander ab.

(2) Sie sorgen dafür, daß dieses Übereinkommen praktische Anwendung findet und insbesondere die Vorschriften des Artikels 7 eingehalten werden, indem sie gegebenenfalls eine zu diesem Zweck bezeichnete staatliche oder nichtstaatliche, für den Sport zuständige Stelle oder eine Sportorganisation mit der Durchführung einiger Be-

stimmungen des Übereinkommens betrauen.

Art. 4.
Maßnahmen zur Einschränkung der Verfügbarkeit und anwendung verbotener Dopingwirkstoffe und Dopingmethoden

(1) Die Vertragsparteien erlassen in geeigneten Fällen Gesetze, Vorschriften oder Verwaltungsmaßnahmen, um die Verfügbarkeit (einschließlich der Bestimmungen über die Kontrolle der Verbreitung, des Besitzes, der Einfuhr, der Verteilung und des Verkaufs) sowie die Anwendung verbotener Dopingwirkstoffe und –methoden im sport und insbesondere anaboler Steroide einzuschränken.

(2) Zu diesem Zweck machen die Vertragsparteien beziehungsweise die betreffenden nichtstaatlichen Organisationen die Vergabe öffentlicher Fördermittel an Sportorganisationen davon abhängig, daß diese die Vorschriften gegen Doping wirksam anwenden.

(3) Die Vertragsparteien werden ferner

a) ihre Sportorganisationen bei der Finanzierung von Dopingkontrollen und –analysen entweder durch unmittelbare Fördermittel oder Zuschüsse oder durch Anrechnung der Kosten solcher Kontrollen und Analysen bei der Feststellung der gesamten Fördermittel oder Zuschüsse, die diesen Organisationen zukommen sollen, unterstützen;

b) angemessene Maßnahmen ergreifen, um die Vergabe öffentlicher Fördermittel zum Zweck des Trainings an einzelne Sportler und Sportlerinnen, die wegen eines Dopingvergehens im Sport zeitweilig ausgeschlossen worden sind, für die Dauer des Ausschlusses zu versagen;

c) die Durchführung von Dopingkontrollen durch ihre nationalen Sportorganisationen, die von den betreffenden internationalen Sportorganisationen sowohl während als auch außerhalb der Wettkämpfe gefordert werden, fördern und, soweit angebracht, erleichtern;

d) den Abschluß von Vereinbarungen durch die Sportorganisationen fördern und erleichtern, wonach es erlaubt ist, ihre Mitglieder einem Test durch ordnungsgemäß befugte Dopingkontrollgruppen anderer Länder unterziehen zu lassen.

(4) Die Vertragsparteien behalten sich das Recht vor, von sich aus und in eigener Verantwortung Vorschriften gegen Doping zu erlassen und Dopingkontrollen durchzuführen, sofern diese mit den einschlägigen Grundsätzen dieses Übereinkommens vereinbar sind.

Art. 5.
Laboratorien

(1) Jede Vertragspartei verpflichtet sich,

a) in ihrem Hoheitsgebiet mindestens ein Dopingkontrollaboratorium einzurichten oder dessen Einrichtung zu erleichtern, das geeignet ist, nach den Kriterien anerkannt zu werden, die von den betreffenden internationalen Sportorganisationen angenommen und von der Beobachtenden Begleitgruppe nach Artikel 11 Absatz 1 Buchstabe b bestätigt wurden, oder

b) den Sportorganisationen dabei behilflich zu sein, zu einem solchen Laboratorium im Hoheitsgebiet einer anderen Vertragspartei Zugang zu erhalten.

(2) Diesen Laboratorien wird nahegelegt,

a) geeignete Maßnahmen zu ergreifen, um befähigte Mitarbeiter einzustellen, zu beschäftigen sowie aus- und fortzubilden;
b) geeignete Forschungs- und Entwicklungsprogramme über die für Dopingzwecke im Sport verwendeten oder mutmaßlich verwendeten Dopingwirkstoffe und -methoden sowie über den Bereich der analytischen Biochemie und Pharmakologie durchzuführen, um größere Kenntnisse über die Wirkung der verschiedenen Wirkstoffe auf den menschlichen Körper und die Folgen für die sportliche Leistung zu erlangen;
c) neue Forschungsergebnisse zu veröffentlichen und zu verbreiten.

Art. 6.
Erziehung

(1) Die Vertragsparteien verpflichten sich, gegebenenfalls in Zusammenarbeit mit den betreffenden Sportorganisationen und den Massenmedien, Erziehungsprogramme und Informationsfeldzüge auszuarbeiten und durchzuführen, in denen die Gesundheitsgefahren und die Schädigung der ethischen Werte durch Doping im Sport deutlich gemacht werden. Sie richten sich sowohl an junge Menschen in Schulen und Sportvereinen als auch an deren Eltern und an erwachsene Sportler und Sportlerinnen, an Sportverantwortliche und -betreuer sowie an Trainer. Für die im medizinischen Bereich Tätigen wird in diesen Erziehungsprogrammen die Bedeutung hervorgehoben, die der Beachtung der medizinischen Ethik zukommt.

(2) Die Vertragsparteien verpflichten sich, in Zusammenarbeit mit den betreffenden regionalen, nationalen und internationalen Sportorganisationen Forschungsarbeiten zur Aufstellung physiologischer und psychologischer Lehrprogramme auf wissenschaftlicher Grundlage anzuregen und zu fördern, welche die Unversehrtheit des menschlichen Körpers achten.

Art. 7.
Zusammenarbeit mit den Sportorganisationen bei den von ihnen zu ergreifenden Maßnahmen

(1) Die Vertragsparteien verpflichten sich, ihre Sportorganisationen und über diese die internationalen Sportorganisationen zu ermutigen, alle in ihren Zuständigkeitsbereich fallenden geeigneten Maßnahmen gegen Doping im Sport auszuarbeiten und anzuwenden.

(2) Zu diesem Zweck regen sie an, daß ihre nationalen Sportorganisationen ihre entsprechenden Rechte, Pflichten und Aufgaben klar herausstellen und aufeinander abstimmen, insbesondere durch Abstimmung ihrer

a) Vorschriften gegen Doping mit den von den betreffenden internationalen Sportorganisationen vereinbarten Vorschriften;
b) Listen verbotener pharmakologischer Gruppen von Dopingwirkstoffen und verbotener Dopingmethoden mit den von den betreffenden internationalen Sportorganisationen vereinbarten Listen;
c) Dopingkontrollverfahren;
d) Disziplinarverfahren, wobei sie die international anerkannten Grundsätze der natürlichen Gerechtigkeit anwenden und die Achtung der Grundrechte verdächtiger Sportler und Sportlerinnen gewährleisten; bei diesen Grundsätzen handelt es sich insbesondere um folgende:

i) die Meldestelle darf nicht gleichzeitig die Disziplinarstelle sein;
ii) die Betroffenen haben das Recht auf eine gerechte Verhandlung, auf Hilfe oder Vertretung;
iii) es müssen klare und durchsetzbare Bestimmungen über Rechtsmittel gegen ergangene Urteile gegeben sein;

e) Verfahren zur Verhängung wirksamer Strafen für Verantwortliche, Ärzte, Tierärzte, Betreuer, Physiotherapeuten und für andere Personen, die für Verletzungen der Vorschriften gegen Doping durch Sportler und Sportlerinnen verantwortlich oder daran beteiligt sind;
f) Verfahren zur gegenseitigen Anerkennung des Ausschlusses oder anderer Strafen, die von anderen Sportorganisationen im eigenen Land oder in anderen Ländern verhängt werden.

(3) Darüber hinaus ermutigen die Vertragsparteien ihre nationalen Sportorganisationen,

a) in wirksamem Umfang Dopingkontrollen nicht nur bei, sondern auch ohne Ankündigung jederzeit außerhalb von Wettkämpfen vorzunehmen; diese Kontrollen sind in einer für alle Sportler und Sportlerinnen gleichen Art und Weise durchzuführen, und die Personen, die einem Test oder einem Wiederholungstest unterzogen werden, sind gegebenenfalls stichprobenartig auszuwählen;
b) Vereinbarungen mit Sportorganisationen anderer Länder zu treffen, wonach es erlaubt ist, die in einem anderen Land trainierenden Sportler und Sportlerinnen einem Test durch eine ordnungsgemäß befugte Dopingkontrollgruppe jenes Landes unterziehen zu lassen;
c) die Vorschriften über die Berechtigung zur Teilnahme an Sportveranstaltungen zu klären und aufeinander abzustimmen, darunter auch die Kriterien gegen Doping;
d) die aktive Teilnahme der Sportler und Sportlerinnen selbst am Kampf der internationalen Sportorganisationen gegen Doping zu fördern;
e) die in den in Artikel 5 vorgesehenen Laboratorien für Dopingaanalysen zur Verfügung stehenden Einrichtungen sowohl während als auch außerhalb der Wettkämpfe voll und wirksam zu nutzen;
f) wissenschaftliche Trainingsmethoden zu untersuchen und Richtlinien zu erarbeiten, um Sportler und Sportlerinnen jedes Alters entsprechend der einzelnen Sportart zu schützen.

Art. 8.
Internationale Zusammenarbeit

(1) Die Vertragsparteien arbeiten in den in diesem Übereinkommen behandelten Angelegenheiten eng zusammen und fördern eine ähnliche Zusammenarbeit zwischen ihren Sportorganisationen.

(2) Die Vertragsparteien verpflichten sich,

a) ihre nationalen Sportorganisationen zu ermutigen, ihre Arbeit so zu gestalten, daß die Anwendung dieses Übereinkommens in allen internationalen Sportorganisationen, denen sie angeschlossen sind, gefördert wird, insbesondere durch die Weigerung, Weltrekorde oder regionale Rekorde anzuerkennen, wenn dabei kein beglaubigtes negatives Ergebnis eines Dopingtests vorliegt;

b) die Zusammenarbeit zwischen den Mitarbeitern ihrer aufgrund des Artikels 5 eingerichteten oder betriebenen Dopingkontrollaboratorien zu fördern;
c) die zweiseitige und mehrseitige Zusammenarbeit zwischen ihren zuständigen Stellen, Behörden und Organisationen in die Wege zu leiten, um auch auf internationaler Ebene die in Artikel 4 Absatz 1 genannten Ziele zu erreichen.

(3) Die Vertragsparteien, die über die nach Artikel 5 eingerichteten oder betriebenen Laboratorien verfügen, verpflichten sich, anderen Vertragsparteien behilflich zu sein, die für die Einrichtung eigener Laboratorien notwendigen Erfahrungen, Kenntnisse und Techniken zu erwerben.

Art. 9.
Weitergabe von Informationen

Jede Vertragspartei übermittelt dem Generalsekretär des Europarats in einer der Amtssprachen des Europarats alle einschlägigen Informationen über gesetzgeberische und sonstige Maßnahmen, die sie ergriffen hat, um den Bestimmungen dieses Übereinkommens gerecht zu werden.

Art. 10.
Beobachtende Begleitgruppe

(1) Für die Zwecke dieses Übereinkommens wird hiermit eine Beobachtende Begleitgruppe eingesetzt.

(2) Jede Vertragspartei kann in dieser Beobachtenden Begleitgruppe durch einen oder mehrere Delegierte vertreten sein. Jede Vertragspartei hat eine Stimme.

(3) Jeder in Artikel 14 Absatz 1 bezeichnete Staat, der nicht Vertragspartei dieses Übereinkommens ist, kann in der Gruppe durch einen Beobachter vertreten sein.

(4) Die Beobachtende Begleitgruppe kann auf einstimmigen Beschluß jeden Nichtmitgliedstaat des Europarats, der nicht Vertragspartei dieses Übereinkommens ist, sowie jede einschlägige Sportorganisation oder andere Fachorganisation einladen, sich auf einer oder mehreren Sitzungen durch einen Beobachter vertreten zu lassen.

(5) Die Beobachtende Begleitgruppe wird vom Generalsekretär einberufen. Ihre erste Sitzung findet so bald wie möglich statt, in jedem Fall innerhalb eines Jahres nach Inkrafttreten dieses Übereinkommens. Danach tritt sie bei Bedarf auf Veranlassung des Generalsekretärs oder einer Vertragspartei zusammen.

(6) Die Beobachtende Begleitgruppe ist beschlußfähig, wenn die Mehrheit der Vertragsparteien auf einer Sitzung vertreten ist.

(7) Die Beobachtende Begleitgruppe tagt unter Ausschluß der Öffentlichkeit.

(8) Die Beobachtende Begleitgruppe gibt sich nach Maßgabe dieses Übereinkommens eine Geschäftsordnung.

Art. 11

(1) Die Beobachtende Begleitgruppe verfolgt die Anwendung dieses Übereinkommens. Sie kann insbesondere
a) die Bestimmungen des Übereinkommens laufend überprüfen und notwendige Änderungen untersuchen;
b) die in Artikel 2 Absätze 1 und 2 genannte Liste – und gegebenenfalls deren Neufassung – der von den betreffenden Sportorganisationen verbotenen pharmakologischen Gruppen von Dopingwirkstoffen und Do-

pingmethoden sowie die Kriterien für die Anerkennung von Laboratorien und gegebenenfalls jede Änderung der Kriterien, die von diesen Organisationen nach Artikel 5 Absatz 1 Buchstabe a angenommen wurden, bestätigen und den Zeitpunkt für das Inkrafttreten der betreffenden Beschlüsse festlegen;

c) Konsultationen mit den betreffenden Sportorganisationen führen;

d) Empfehlungen an die Vertragsparteien über die für die Zwecke dieses Übereinkommens zu ergreifenden Maßnahmen richten;

e) geeignete Maßnahmen empfehlen, um die betreffenden internationalen Organisationen und die Öffentlichkeit über die im Rahmen dieses Übereinkommens durchgeführten Schritte auf dem laufenden zu halten;

f) Empfehlungen an das Ministerkomitee über die Einladung an Nichtmitgliedstaaten des Europarates richten, diesem Übereinkommen beizutreten;

g) Vorschläge zur Verbesserung der Wirksamkeit dieses Übereinkommens machen.

(2) In Erfüllung ihrer Aufgaben kann die Beobachtende Begleitgruppe von sich aus Zusammenkünfte von Sachverständigengruppen veranlassen.

Art. 12

Nach jeder Sitzung erstattet die Beobachtende Begleitgruppe dem Ministerkomitee des Europarats Bericht über ihre Arbeit und über die Wirkungsweise des Übereinkommens.

Art. 13.
Änderungen der Artikel des Übereinkommens

(1) Änderungen der Artikel dieses Übereinkommens können von einer Vertragspartei, dem Ministerkomitee des Europarats oder der Beobachtenden Begleitgruppe vorgeschlagen werden.

(2) Jeder Änderungsvorschlag wird vom Generalsekretär des Europarats den in Artikel 14 genannten Staaten und jedem Staat übermittelt, der diesem Übereinkommen beigetreten ist oder nach Artikel 16 zum Beitritt eingeladen wurde.

(3) Jede von einer Vertragspartei oder dem Ministerkomitee vorgeschlagene Änderung wird der Beobachtenden Begleitgruppe mindestens zwei Monate vor der Sitzung übermittelt, auf der die Änderung geprüft werden soll. Die Beobachtende Begleitgruppe legt dem Ministerkomitee gegebenenfalls nach Konsultierung der betreffenden Sportorganisationen ihre Stellungnahme zu dem Änderungsvorschlag vor.

(4) Das Ministerkomitee prüft den Änderungsvorschlag und jede von der Beobachtenden Begleitgruppe vorgelegte Stellungnahme; es kann die Änderung beschließen.

(5) Der Wortlaut jeder vom Ministerkomitee nach Absatz 4 beschlossenen Änderung wird den Vertragsparteien zur Annahme übermittelt.

(6) Jede nach Absatz 4 beschlossene Änderung tritt am ersten Tag des Monats in Kraft, der auf einen Zeitabschnitt von einem Monat nach dem Tag folgt, an dem alle Vertragsparteien dem Generalsekretär ihre Annahme der Änderung mitgeteilt haben.

Schlußklauseln

Art. 14

(1) Dieses Übereinkommen liegt für die Mitgliedstaaten des Europarats, für andere Vertragsstaaten des Europäischen Kulturabkommens sowie für Nichtmitgliedstaaten, die an der Ausarbeitung des Übereinkommens beteiligt waren, zur Unterzeichnung auf; sie können ihre Zustimmung, gebunden zu sein, ausdrücken,

a) indem sie es ohne Vorbehalt der Ratifikation, Annahme oder Genehmigung unterzeichnen oder
b) indem sie es vorbehaltlich der Ratifikation, Annahme oder Genehmigung unterzeichnen und später ratifizieren, annehmen oder genehmigen.

(2) Die Ratifikations-, Annahme- oder Genehmigungsurkunden werden beim Generalsekretär des Europarats hinterlegt.

Art. 15

(1) Das Übereinkommen tritt am ersten Tag des Monats in Kraft, der auf einen Zeitabschnitt von einem Monat nach dem Tag folgt, an dem fünf Staaten, darunter mindestens vier Mitgliedstaaten des Europarats, nach Artikel 14 ihre Zustimmung ausgedrückt haben, durch das Übereinkommen gebunden zu sein.

(2) Für jeden Unterzeichnerstaat, der später seine Zustimmung ausdrückt, durch das Übereinkommen gebunden zu sein, tritt es am ersten Tag des Monats in Kraft, der auf einen Zeitabschnitt von einem Monat nach der Unterzeichnung oder der Hinterlegung der Ratifikations-, Annahme- oder Genehmigungsurkunde folgt.

Art. 16

(1) Nach Inkrafttreten dieses Übereinkommens kann das Ministerkomitee des Europarats nach Konsultierung der Vertragsparteien durch einen mit der in Artikel 20 Buchstabe d der Satzung des Europarats vorgesehenen Mehrheit und mit einhelliger Zustimmung der Vertreter der Vertragsstaaten, die Anspruch auf einen Sitz im Komitee haben, gefaßten Beschluß, jeden Nichtmitgliedstaat einladen, dem Übereinkommen beizutreten.

(2) Für jeden beitretenden Staat tritt das Übereinkommen am ersten Tag des Monats in Kraft, der auf einen Zeitabschnitt von einem Monat nach Hinterlegung der Beitrittsurkunde beim Generalsekretär des Europarats folgt.

Art. 17

(1) Jeder Staat kann bei der Unterzeichnung oder bei der Hinterlegung seiner Ratifikations-, Annahme-, Genehmigungs- oder Beitrittsurkunde einzelne oder mehrere Hoheitsgebiete bezeichnen, auf die dieses Übereinkommen Anwendung findet.

(2) Jeder Staat kann jederzeit danach durch eine an den Generalsekretär des Europarats gerichtete Erklärung die Anwendung dieses Übereinkommens auf jedes weitere in der Erklärung bezeichnete Hoheitsgebiet erstrecken. Das Übereinkommen tritt für dieses Hoheitsgebiet am ersten Tag des Monats in Kraft, der auf einen Zeitabschnitt von einem Monat nach Eingang der Erklärung beim Generalsekretär folgt.

(3) Jede nach den Absätzen 1 und 2 abgegebene Erklärung kann in bezug auf jedes darin bezeichnete Hoheits-

gebiet durch eine an den Generalsekretär gerichtete Notifikation zurückgenommen werden. Die Rücknahme wird am ersten Tag des Monats wirksam, der auf einen Zeitabschnitt von sechs Monaten nach Eingang der Notifikation beim Generalsekretär folgt.

Art. 18

(1) Jede Vertragspartei kann dieses Übereinkommen jederzeit durch eine an den Generalsekretär des Europarats gerichtete Notifikation kündigen.
(2) Die Kündigung wird am ersten Tag des Monatswirksam, der auf einen Zeitabschnitt von sechs Monaten nach Eingang der Notifikation beim Generalsekretär folgt.

Art. 19

Der Generalsekretär des Europarats notifiziert den Vertragsparteien, den anderen Mitgliedstaaten des Europarats, den anderen Vertragsstaaten des Europäischen Kulturabkommens, den Nichtmitgliedstaaten, die an der Ausarbeitung des Übereinkommens beteiligt waren, und jedem Staat, der diesem Übereinkommen beigetreten ist oder zum Beitritt eingeladen wurde,

a) jede Unterzeichnung nach Artikel 14;
b) jede Hinterlegung einer Ratifikations-, Annahme-, Genehmigungs- oder Beitrittsurkunde nach Artikel 14 oder 16;
c) jeden Zeitpunkt des Inkrafttretens dieses Übereinkommens nach den Artikeln 15 und 16;
d) jede nach Artikel 9 übermittelte Information;
e) jeden nach Artikel 12 erstellten Bericht;
f) jeden Änderungsvorschlag und jede nach Artikel 13 beschlossene Änderung sowie den Tag, an dem die Änderung in Kraft tritt;
g) jede nach Artikel 17 abgegebene Erklärung;
h) jede nach Artikel 18 erfolgte Kündigung und den Tag, an dem die Kündigung wirksam wird;
i) jede andere Handlung, Notifikation oder Mitteilung im Zusammenhang mit diesem Übereinkommen.

Zu Urkund dessen haben die hierzu gehörig befugten Unterzeichneten dieses Übereinkommen unterschrieben.

Geschehen zu Straßburg am 16. November 1989 in englischer und französischer Sprache, wobei jeder Wortlaut gleichermaßen verbindlich ist, in einer Urschrift, die im Archiv des Europarats hinterlegt wird. Der Generalsekretär des Europarats übermittelt allen Mitgliedstaaten des Europarats, den anderen Vertragsstaaten des Europäischen Kulturabkommens, den Nichtmitgliedstaaten, die an der Ausarbeitung dieses Übereinkommens beteiligt waren, und allen zum Beitritt zu dem Übereinkommen eingeladenen Staaten beglaubigte Abschriften.

Anhang

Bezugsliste der pharmakologischen Gruppen von Dopingwirkstoffen und Dopingmethoden

I. Gruppen von Dopingwirkstoffen
   A. Stimulantien
   B. Narkotika
   C. Anabole Steroide
   D. Beta-Blocker
   E. Diuretika

F. Peptidhormone und entsprechende Wirkstoffe
II. Dopingmethoden
A. Blutdoping
B. Pharmakologische, chemische und physikalische Manipulation
III. Gruppen von Wirkstoffen, die bestimmten Einschränkungen unterliegen
A. Alkohol
B. Marihuana
C. Lokalanästhetika
D. Kortikosteroide

Beispiele

I. Gruppen von Dopingwirkstoffen
A. z. B. Stimulantien
Amfepramon
Amfetaminil
Amineptin
Amiphenazol
Amphetamin
Benzphetamin
Cathin
Chlorphentermin
Clobenzorex
Chlorprenalin
Cropropamid
(Bestandteil von Micoren)
Crothetamid
(Bestandteil von Micoren)
Dimetamfetamin
Ephedrin
Etafedrin
Etamivan
Etilamfetamin
Fencamfamin
Fenetyllin
Fenproporex
Furfenorex
Koffein (Coffein)*
Kokain (Cocain)
Mefenorex
Mesocarb
Methamphetamin
Methoxyphenamin
Mehylephedrin
Methylphenidat
Morazon
Nikethamid
Pemolin
Pentetrazol
Phendimetrazin
Phenmetrazin
Phentermin
Phenylpropanolamin
Pipradol
Prolintan
Propylhexedrin
Pyrovaleron
Strychnin
und verwandte Verbindungen
B. z. B. Narkotische Analgetika
Alphaprodin
Anileridin
Buprenorphin
Codein
Dextromoramid
Dextropropoxyphen
Diamorphin (Heroin)
Dihydrocodein
Dipipanon
Ethoheptazin
Ethylmorphin
Levorphanol
Methadon
Morphin
Nalbuphin
Pentazocin
Pethidin
Phenazocin
Trimeperidin
und verwandte Verbindungen
C. z. B. Anabole Steroide
Bolasteron
Boldenon
Clostebol
Dehydrochlormethyltestosteron
Fluoxymesteron
Mesterolon
Metandienon

Metenolon
Methyltestosteron
Nandrolon
Norethandrolon
Oxandrolon
Oxymesteron
Oxymetholon
Stanozolol
Testosteron**
und verwandte Verbindungen

D. z. B. Beta-Blocker
Acebutolol
Alprenolol
Atenolol
Labetalol
Metoprolol
Nadolol
Oxprenolol
Propranolol
Sotalol
und verwandte Verbindungen

E. z. B. Diuretika
Acetazolamid
Amilorid
Bendroflumethiazid
Benzthiazid
Bumetanid
Canrenon
Chlormerodrin
Chlortalidon
Diclofenamid
Etacrynsäure
Furosemid
Hydrochlorothiazid
Mersalyl
Spironolacton
Triamteren
und verwandte Verbindungen

F. Peptidhormone und entsprechende Wirkstoffe
Chorionisches Gonadotrophin (HCG – menschliches chorinisches Gonadotrophin)
Corticotrophin (ACTH)
Erytropietin (EPO)
Wachstumshormon (HGH, Somatotrophin)

II. Dopingmethoden
A. Blutdoping
B. Pharmakologische, chemische und physikalische Manipulation

III. Gruppen von Wirkstoffen, die bestimmten Einschränkungen unterliegen
A. Alkohol
B. Marihuana
C. Lokalanästhetika
D. Kortikosteroide

Anmerkung: Bei dieser Liste handelt es sich um die vom Internationalen Olympischen Komitee im Dezember 1991 angenommene Liste der Gruppen von Dopingwirkstoffen und Dopingmethoden.

* Bei Koffein gilt die Probe als positiv, wenn die Koffeinkonzentration im Urin 12 mg/ml übersteigt.

** Bei Testosteron gilt die Probe als positiv, wenn die Verabreichung von Testosteron oder jede andere Manipulation dazu führt, daß das Verhältnis der Konzentration von Testosteron zu Epitestosteron im Urin höher ist als 6.

Anlage 8

Chronologischer Abriß zur Aufklärung des Dopings in der DDR ab 1990:

Entdeckungen - Ermittlungen - Erkenntnisse - Ergebnisse

Dezember 1990:
Die Illustrierte "Stern" dokumentiert wissenschaftliche Arbeiten über Doping aus der DDR. Gleichzeitig entdecken Brigitte Berendonk und Prof. Dr. Werner Franke an der Militärmedizinischen Akademie Bad Saarow geheime Dopingunterlagen.

Juni 1991:
Die unabhängige Doping-Kommission des Deutschen Sportbundes (DSB) unter Leitung des ehemaligen Vorsitzenden des Bundesarbeitsgerichts, Prof. Heinrich Reiter, berichtet über zentralistisch verordnetes und kontrolliertes Doping in der DDR. Sie empfiehlt eine Amnestie für Sportler. Trainer, Ärzte und Funktionäre aus dem DDR-Sport sollten nur nach Einzelfallprüfung und bei günstiger Prognose weiterbeschäftigt werden.

August 1991:
Prof. Werner Franke erstattet bei den Staatsanwaltschaften Berlin und Leipzig gegen einige Wissenschaftler Strafanzeige wegen Körperverletzung, Verstoßes gegen das Arzneimittelgesetz sowie "illegaler und unethischer Versuche an Menschen, besonders Minderjährigen, darunter die Behandlung junger Mädchen mit Androgenen".

September 1991:
Das Buch "Doping-Dokumente" von Brigitte Berendonk erscheint. Es beschreibt und belegt neben Dopingfällen in der Bundesrepublik die zentral gesteuerten Forschungen und Manipulationen im Sport der DDR.

Dezember 1991:
Die Ad-hoc-Kommission unter Leitung des heutigen DSB-Präsidenten Manfred von Richthofen legt ihren Bericht vor, in dem sie sich als Beratungs- und nicht als Untersuchungsgremium bezeichnet. Auch sie empfiehlt eine Generalamnestie für Athleten sowie für hohe Funktionäre bei Weiterbeschäftigung den Nachweis, nicht Teil des Dopingsystems der DDR gewesen zu sein.

Juni 1993:
Die Gauck-Behörde veröffentlicht anläßlich einer Anhörung der Enquete-Kommission "Aufarbeitung von Geschichte und Folgen der SED-Diktatur in Deutschland" des Deutschen Bundestages Unterlagen des Staatssicherheitsdienstes, darunter detaillierte Berichte des stellvertretenden Leiters des Sportmedizinischen Dienstes, Manfred Höppner (IM Technik).

Oktober 1993:
Die Berliner Staatsanwaltschaft nimmt ein Ermittlungsverfahren auf. Daraus entstehen mehr als 90 Verfahren.

Januar 1994:
Die Zentrale Ermittlungsstelle für Regierungs- und Vereinigungskriminalität (ZERV) in Berlin übernimmt die Ermittlungen.

April 1994:
Die Gauck-Behörde macht die aus rund 130 Treffberichten bestehende Akte "IM Technik" zugänglich, in der Höppner die Dopingpraxis im DDR-Sport und Folgen des Mißbrauchs beschreibt.

Mai 1996:
Bei mehr als 50 Durchsuchungen beschlagnahmt die Staatsanwaltschaft Aufzeichnungen und Dopingpräparate. Unter den Betroffenen befindet sich auch die Spitze des DDR-Sports.

März 1997:
Die Staatsanwaltschaft beginnt, Fragebogen an ehemalige Sportlerinnen und Sportler zu verschicken, um Zeugen zu finden. Die Aktion dauert bis August 1997. Die Rücklaufquote der mehr als 1000 Fragebogen ist unbekannt.

Oktober 1997:
Die Berliner Staatsanwaltschaft berichtet über die ersten Anklageerhebungen. Sie richten sich gegen vier ehemalige Schwimmtrainer des SC Dynamo Berlin: Dieter Lindemann, Volker Frischke, Rolf Gläser und Dieter Krause.

November 1997:
Die Berliner Staatsanwaltschaft gibt die erste Anklage gegen zwei Sportärzte bekannt. Bernd Pansold und Dieter Binus sollen sich wegen Körperverletzung verantworten.

März 1998:
Der erste Prozeß gegen die vier Trainer und die beiden Sportärzte beginnt in Berlin.

August 1998:
Erste Urteile im Dopingprozeß vor dem Landgericht Berlin.

Dezember 1998:
Die Generalstaatsanwaltschaft kündigt neue Dopingprozesse gegen Hintermänner im DDR-Leistungssport an.

Anlage 9

Auszüge aus der DDR-Verfassung:

Verfassung der Deutschen Demokratischen Republik vom 6. April 1968 (GBl. I, 199) in der Fassung des Gesetzes zur Ergänzung und Änderung der Verfassung der Deutschen Demokratischen Republik vom 7. Oktober 1974 (GBl. I, 429)

- **Art. 4:**
  "Alle Macht dient dem Wohle des Volkes. Sie sichert sein friedliches Leben, schützt die sozialistische Gesellschaft und gewährleistet die sozialistische Lebensweise der Bürger, die freie Entwicklung des Menschen, wahrt seine Würde und garantiert die in dieser Verfassung verbürgten Rechte."
- **Art. 19 Abs. 2:**
  "Achtung und Schutz der Würde und Freiheit der Persönlichkeit sind Gebot für alle staatlichen Organe, alle gesellschaftlichen Kräfte und jeden einzelnen Bürger."
- **Art. 19 Abs. 3:**
  "Frei von Ausbeutung, Unterdrückung und wirtschaftlicher Abhängigkeit hat jeder Bürger gleiche Rechte und vielfältige Möglichkeiten, seine Fähigkeiten in vollem Umfange zu entwickeln und seine Kräfte aus freiem Entschluß zum Wohle der Gesellschaft und zu seinem eigenen Nutzen in der sozialistischen Gesellschaft ungehindert zu entfalten. So verwirklicht er Freiheit und Würde seiner Persönlichkeit. Die Beziehungen der Bürger werden durch gegenseitige Achtung und Hilfe, durch die Grundsätze sozialistischen Moral geprägt."
- **Art. 30 Abs. 1:**
  "Die Persönlichkeit und Freiheit jedes Bürgers der Deutschen Demokratischen Republik ist unantastbar."
- **Art. 30 Abs. 2:**
  "Einschränkungen sind nur im Zusammenhang mit strafbaren Handlungen oder einer Heilbehandlung zulässig und müssen gesetzlich begründet sein. Dabei dürfen die Rechte solcher Bürger nur insoweit eingeschränkt werden, als dies gesetzlich zulässig und unumgänglich ist."
- **Art. 30 Abs. 3:**
  "Zum Schutz seiner Freiheit und der Unantastbarkeit seiner Persönlichkeit hat jeder Bürger den Anspruch auf die Hilfe der staatlichen und gesellschaftlichen Organe."
- **Art. 35 Abs. 1:**
  "Jeder Bürger der Deutschen Demokratischen Republik hat das Recht auf Schutz seiner Gesundheit und seiner Arbeitskraft."

Anlage 10

Auszüge aus dem Strafgesetzbuch der DDR und dem StGB:

StGB/DDR vom 12. Januar 1968 (GBl. I 1968, 591) in der Fassung vom 28. Juni 1979 (GBl. I 1979, 139)

- **§ 115 StGB/DDR (Vorsätzliche Körperverletzung):**
  (1) Wer vorsätzlich die Gesundheit eines Menschenschädigt oder ihn körperlich mißhandelt, wird von einem gesellschaftlichen Organ der Rechtspflege zur Verantwortung gezogen oder mit öffentlichem Tadel, Geldstrafe, Verurteilung auf Bewährung oder Freiheitsstrafe bis zu zwei Jahren bestraft.
  (2) Der Versuch ist strafbar, wenn gefährliche Mittel oder Methoden angewandt werden.
- **§ 116 StGB/DDR (Schwere Körperverletzung):**
  (1) Wer durch die vorsätzliche Körperverletzung eine lebensgefährliche Gesundheitsschädigung, eine nachhaltige Störung wichtiger körperlicher Funktionen oder eine erhebliche oder dauernde Entstellung des Verletzten fahrlässig verursacht, wird mit Freiheitsstrafe bis zu fünf Jahren oder mit Verurteilung auf Bewährung bestraft.
  (2) Wer eine der genannten Folgen vorsätzlich verursacht, wird mit Freiheitsstrafe von zwei bis zu acht Jahren bestraft. Der Versuch ist strafbar.
- **§ 22 (Täter und Teilnehmer) Abs. 2 Nr. 2 StGB/DDR:**
  Als Teilnehmer an einer Straftat ist strafrechtlich verantwortlich, wer gemeinschaftlich mit anderen eine vorsätzliche Straftat ausführt (Mittäterschaft).
- **§ 64 StGB/DDR (Bestrafung bei mehrfacher Gesetzesverletzung):**
  (1) Bei Bestrafung wegen mehrfacher Gesetzesverletzung hat das Gericht eine Hauptstrafe auszusprechen, die dem Charakter und der Schwere des gesamten strafbaren Handelns angemessen und in einem der verletzten Gesetze angedroht ist.
  (2) Das Mindestmaß einer Freiheitsstrafe wird durch die höhere Untergrenze und ihr Höchstmaß durch die höchste Obergrenze der in den angewandten Gesetzen angedrohten Freiheitsstrafen bestimmt.
  (3) Erfordern bei einer Verurteilung wegen mehrerer Straftaten (Tatmehrheit) der Charakter und die Schwere des gesamten strafbaren Handelns eine schwerere Freiheitsstrafe, als es die höchste Obergrenze zuläßt, kann das Gericht diese überschreiten, jedoch nicht um mehr als die Hälfte. Das gesetzliche Höchstmaß darf nicht überschritten werden.
  (4) Bei Verurteilung zu Freiheitsstrafe wegen einer Handlung, die vor einer früheren Verurteilung begangen wurde, ist nach den Absätzen 1 bis 3 eine neue Strafe festzusetzen, sofern eine bereits verhängte Freiheitsstrafe noch nicht vollzogen, verjährt oder erlassen wird.

- **§ 223 StGB (Körperverletzung):**
  Wer eine andere Person körperlich mißhandelt oder an der Gesundheit beschädigt, wird mit Freiheitsstrafe bis zu fünf Jahren oder mit Geldstrafe bestraft.

- **§ 232 StGB (Strafantrag):**
  (1) Die vorsätzliche Körperverletzung nach § 223 und die fahrlässige Körperverletzung nach § 230 werden nur auf Antrag verfolgt, es sei denn, daß die Strafverfolgungsbehörde wegen des besonderen öffentlichen Interesses an der Strafverfolgung ein Einschreiten von Amts wegen für geboten hält. Stirbt der Verletzte, so geht bei vorsätzlicher Körperverletzung das Antragsrecht nach § 77 Abs. 2 auf die Angehörigen über.

- **§ 25 Abs. 2 StGB (Täterschaft):**
  (2) Begehen mehrere die Straftat gemeinschaftlich, so wird jeder als Täter bestraft (Mittäter).

- **§ 53 StGB (Tatmehrheit):**
  (1) Hat jemand mehrere Straftaten begangen, die gleichzeitig abgeurteilt werden, und dadurch mehrere Freiheitsstrafen oder mehrere Geldstrafen verwirkt, so wird auf eine Gesamtstrafe erkannt.
  (2) Trifft Freiheitsstrafe mit Geldstrafe zusammen, so wird auf eine Gesamtstrafe erkannt. Jedoch kann das Gericht auf Geldstrafe auch gesondert erkennen; soll in diesen Fällen wegen mehrerer Straftaten Geldstrafe verhängt werden, so wird insoweit auf eine Gesamtgeldstrafe erkannt.
  (3) Hat der Täter nach dem Gesetz, nach welchem § 43 a Anwendung findet, oder im Fall des § 52 Abs. 4 als Einzelstrafe eine lebenslange oder eine zeitliche Freiheitsstrafe von mehr als zwei Jahren verwirkt, so kann das Gericht neben der nach Abs. 1 oder 2 zu bildenden Gesamtstrafe gesondert eine Vermögensstrafe verhängen; soll in diesen Fällen wegen mehrerer Straftaten Vermögensstrafe verhängt werden, so wird insoweit auf eine Gesamtvermögensstrafe erkannt. § 43 a Abs. 3 gilt entsprechend.
  (4) § 52 Abs. 3 und 4 Satz 2 gilt sinngemäß.

Anlage 11

Streitpunkte während der Dopingkonferenz in Lausanne 1999:

Das IOC und die Internationalen Sportverbände haben im November 1998 eine Übereinkunft zur Dopingbekämpfung getroffen. Diese Vereinbarung ist Beratungsgrundlage für die Konferenz in Lausanne. Sie hat folgenden wesentlichen Inhalt:

1. Auch das neue Doping-Gesetzbuch (Medical Code) soll sich auf die bisherige Definition des Dopings beziehen, einschließlich der auch bisher schon verbotenen Substanzen und Methoden. Verboten sind Methoden und Substanzen, die die Gesundheit des Athleten schädigen und/oder seine Leistungsfähigkeit verbessern.
2. Bei schweren Dopingvergehen soll eine Mindeststrafe von zwei Jahren gelten, im Wiederholungsfall eine lebenslange Sperre. In allen Fällen sollen künftig ergänzende Sanktionen möglich sein wie Geldstrafen.
3. Es soll eine unabhängige Anti-Doping-Agentur der Olympischen Bewegung mit Sitz in Lausanne geschaffen werden. Mitglieder sollen Experten des IOC, der Verbände, der Nationalen Olympischen Komitees, von zwischenstaatlichen und wissenschaftlichen Organisationen sowie Athleten sein. Präsident der Institution soll der IOC-Präsident sein, Vizepräsidenten der Vorsitzende der Medizinischen Kommission des IOC sowie je ein Vertreter der Sommersport- und Wintersportverbände und des NOK. Die Agentur soll alle Anstrengungen gegen Doping anleiten und koordinieren und vor allem die Tests in der Trainingsphase ausweiten.
4. Ein neues Modell der Zusammenarbeit zwischen Regierungen und Sportorganisationen soll ausgearbeitet werden, das die Verantwortlichkeiten definiert.
5. Durch Informationskampagnen und Erziehungsmaßnahmen soll Doping vorgebeugt werden.
6. Das IOC und die internationalen Verbände behalten ihre Zuständigkeit und Verantwortlichkeit bei der Überwachung und Einhaltung ihrer Dopingregeln. Daraus erwächst ihr ausschließliches Recht, alle rechtlichen Auseinandersetzungen in erster Instanz selbst zu behandeln. Als letzte Instanz soll der Internationale Sportgerichtshof in Lausanne zuständig sein.
7. Nur die Verbände, die diese Prinzipien und Absprachen einhalten, können mit ihren Sportarten an Olympischen Spielen teilnehmen.

Die größte Schwierigkeit, einen Konsens zu schaffen, wird vermutlich Punkt 2 bereiten: Über die Höhe einer Mindeststrafe für einen Ersttäter gehen die Meinungen der Verbände auseinander. Während der Internationale Schwimmverband einen Sportler schon beim ersten Dopingvergehen mit anabolen Steroiden für vier Jahre sperren kann, lassen der Internationale Fußballverband (FIFA) und der Internationale Skiverband (FIS) die Sanktionen völlig offen. Die Präsidien entscheiden nach Gutdünken "von Fall zu Fall". Dadurch entsteht eine ungleiche Behandlung der Sportler.

Der Internationale Ruderverband behält sich für den Erstfall eine lebenslange Sperre vor.

Die Leichtathleten führen die Masse der Olympischen Sportverbände an, die bei Anabolika-Mißbrauch Athleten im Erstfall für zwei Jahre sperren. Mehr als ein Drittel dieser Verbände (13 von 36) unterscheiden beim Dopingmißbrauch zwischen anabolen Steroiden und Stimulantien wie Ephedrin. In diesen Fällen müssen die Täter im Erstfall nur drei Monate pausieren.

Wie die FIFA und die FIS ist auch der Internationale Radsportverband der Radsportler zurückhaltend: Profis müssen im ersten positiven Fall zwischen sechs und zwölf Monaten aussetzen, im Wiederholungsfall zwischen ein und zwei Jahren und erst im dritten Fall "lebenslänglich".

auch der Gewichthebersport sperrt Ersttäter trotz zahlreicher Dopingfälle nur für sechs Monate.

Im Tennis müssen Spieler laut Statuten ein Jahr aussetzen, falls nicht- wie angeblich im Fall Petr Korda – "höhere Gewalt" als Grund des Dopings vermutet wird.

Schriften zum internationalen und zum öffentlichen Recht

Herausgegeben von Gilbert Gornig

Band 1 Michael Waldstein: Das Asylgrundrecht im europäischen Kontext. Wege einer europäischen Harmonisierung des Asyl- und Flüchtlingsrechts. 1993.

Band 2 Axel Linneweber: Einführung in das US-amerikanische Verwaltungsrecht. Kompetenzen, Funktionen und Strukturen der "Agencies" im US-amerikanischen Verwaltungsrecht. 1994.

Band 3 Tai-Nam Chi: Das Herrschaftssystem Nordkoreas unter besonderer Berücksichtigung der Wiedervereinigungsproblematik. 1994.

Band 4 Jörg Rösing: Beamtenstatut und Europäische Gemeinschaften. Eine Untersuchung zu den gemeinschaftsrechtlichen Anforderungen an die Freizügigkeit der Arbeitnehmer im Bereich des öffentlichen Dienstes. 1994.

Band 5 Wolfgang Wegel: Presse und Rundfunk im Datenschutzrecht. Zur Regelung des journalistischen Umgangs mit personenbezogenen Daten. 1994.

Band 6 Sven Brandt: Eigentumsschutz in europäischen Völkerrechtsvereinbarungen. EMRK, Europäisches Gemeinschaftsrecht, KSZE – unter Berücksichtigung der historischen Entwicklung. 1995.

Band 7 Alejandro Alvarez: Die verfassunggebende Gewalt des Volkes unter besonderer Berücksichtigung des deutschen und chilenischen Grundgesetzes. 1995.

Band 8 Martin Thies: Zur Situation der gemeindlichen Selbstverwaltung im europäischen Einigungsprozeß. Unter besonderer Berücksichtigung der Vorschriften des EG-Vertrages über staatliche Beihilfen und der EG-Umweltpolitik. 1995.

Band 9 Rolf-Oliver Schwemer: Die Bindung des Gemeinschaftsgesetzgebers an die Grundfreiheiten. 1995.

Band 10 Holger Kremser: "Soft Law" der UNESCO und Grundgesetz. Dargestellt am Beispiel der Mediendeklaration. 1996.

Band 11 Michael Silagi: Staatsuntergang und Staatennachfolge: mit besonderer Berücksichtigung des Endes der DDR. 1996.

Band 12 Reinhard Franke: Der gerichtliche Vergleich im Verwaltungsprozeß. Auch ein Beitrag zum verwaltungsrechtlichen Vertrag. 1996.

Band 13 Christoph Eichhorn: Altlasten im Konkurs. 1996.

Band 14 Dietrich Ostertun: Gewohnheitsrecht in der Europäischen Union. Eine Untersuchung der normativen Geltung und der Funktion von Gewohnheitsrecht im Recht der Europäischen Union. 1996.

Band 15 Ulrike Pieper: Neutralität von Staaten. 1997.

Band 16 Harald Endemann: Kollektive Zwangsmaßnahmen zur Durchsetzung humanitärer Normen. Ein Beitrag zum Recht der humanitären Intervention. 1997.

Band 17 Jochen Anweiler: Die Auslegungsmethoden des Gerichtshofs der Europäischen Gemeinschaften. 1997.

Band 18 Henrik Ahlers: Grenzbereich zwischen Gefahrenabwehr und Strafverfolgung. 1998.

Band 19 Heinrich Hahn: Der italienische Verwaltungsakt im Lichte des Verwaltungsverfahrensgesetzes vom 7. August 1990 (Nr. 241/90). Eine rechtsvergleichende Darstellung. 1998.

Band 20 Christoph Deutsch: Elektromagnetische Strahlung und Öffentliches Recht. 1998.

Band 21 Cordula Fitzpatrick: Künstliche Inseln und Anlagen auf See. Der völkerrechtliche Rahmen für die Errichtung und den Betrieb künstlicher Inseln und Anlagen. 1998.

Band 22 Hans-Tjabert Conring: Korporative Religionsfreiheit in Europa. Eine rechtsvergleichende Betrachtung. Zugleich ein Beitrag zu Art. 9 EMRK. 1998.

Band 23 Jörg Karenfort: Die Hilfsorganisation im bewaffneten Konflikt. Rolle und Status unparteiischer humanitärer Organisationen im humanitären Völkerrecht. 1999.

Band 24 Matthias Schote: Die Rundfunkkompetenz des Bundes als Beispiel bundesstaatlicher Kulturkompetenz in der Bundesrepublik Deutschland. Eine Untersuchung unter besonderer Berücksichtigung natürlicher Kompetenzen und der neueren Entwicklung im Recht der Europäischen Union. 1999.

Band 25 Hermann Rothfuchs: Die traditionellen Personenverkehrsfreiheiten des EG-Vertrages und das Aufenthaltsrecht der Unionsbürger. Eine Gegenüberstellung der vertraglichen Gewährleistungen. 1999.

Band 26 Frank Alpert: Zur Beteiligung am Verwaltungsverfahren nach dem Verwaltungsverfahrensgesetz des Bundes. Die Beteiligtenstellung des § 13 Abs. 1 VwVfG. 1999.

Band 27 Matthias Reichart: Umweltschutz durch völkerrechtliches Strafrecht. 1999.

Band 28 Nikolas von Wrangell: Globalisierungstendenzen im internationalen Luftverkehr. Entwicklung der Regulierung und Liberalisierung unter Berücksichtigung strategischer Allianzen und des Code-Sharing. 1999.

Band 29 Marietta Hovehne: Ein demokratisches Verfahren für die Wahlen zum Europäischen Parlament. Legitimation gemeinschaftlicher Entscheidungsstrukturen im europäischen Integrationsprozeß. 1999.

Band 30 Nina Kaden: Der amerikanische Clean Air Act und das deutsche Luftreinhalterecht. Eine rechtsvergleichende Untersuchung. 1999.

Band 31 Brigitte Daum: Grenzverletzungen und Völkerrecht. Eine Untersuchung der Rechtsfolgen von Grenzverletzungen in der Staatspraxis und Folgerungen für das Projekt der International Law Commission zur Kodifizierung des Rechts der Staatenverantwortlichkeit. 1999.

Band 32 Andreas Fürst: Die bildungspolitischen Kompetenzen der Europäischen Gemeinschaft. Umfang und Entwicklungsmöglichkeiten. 1999.

Band 33 Gilles Despeux: Die Anwendung des völkerrechtlichen Minderheitenrechts in Frankreich. 1999.

Band 34 Michael Reckhard: Die rechtlichen Rahmenbedingungen der Sanktionierung von Beitragsverweigerung im System der Vereinten Nationen. 1999.

Band 35 Carsten Pagels: Schutz- und förderpflichtrechtliche Aspekte der Religionsfreiheit. Zugleich ein Beitrag zur Auslegung eines speziellen Freiheitsrechts. 1999.

Band 36 Bernhard Mehner: Die grenzüberschreitende Wirkung direktempfangbaren Satellitenfernsehens aus völkerrechtlicher Sicht. 2000.

Band 37 Karl-Josef Ulmen: Pharmakologische Manipulationen (Doping) im Leistungssport der DDR. Eine juristische Untersuchung. 2000.

Peter Lang · Europäischer Verlag der Wissenschaften

Joachim Rain

Die Einwilligung des Sportlers beim Doping

Frankfurt/M., Berlin, Bern, New York, Paris, Wien, 1998. XV, 217 S.
Europäische Hochschulschriften: Reihe 2, Rechtswissenschaft. Bd. 2511
ISBN 3-631-34158-X · br. DM 79.–*

Doping im Sport zieht immer weitere Kreise. Mittlerweile sind auch schon Staatsanwaltschaften und Strafrichter mit Dopingfällen beschäftigt. Insbesondere wenn der Impuls zur medikamentösen Leistungsmanipulation vom Sportler selbst ausgeht, er aber dabei Unterstützung durch Dritte erfährt, stellt sich die Frage, wie das Strafrecht hierauf reagieren soll. Untersuchungsgegenstand war dabei vor allem, ob die Anwendung allgemeiner strafrechtlicher Lehren in dieser Fallgruppe zu sachgerechten Ergebnissen führt bzw. wie diese angemessen zu modifizieren sind. Diese Thematik wurde vor allem anhand der Fragenkreise „eigenverantwortliche Selbstgefährdung", „Einwilligungsfähigkeit" und „Sittenwidrigkeit" problematisiert. Zur Absicherung der erzielten Ergebnisse wurden zahlreiche in rechtlicher oder situativer Hinsicht vergleichbare Fallgruppen untersucht.

Aus dem Inhalt: Abgrenzung Selbst- und Fremdverletzung in den Dopingfällen · Einwilligungsfähigkeit des gedopten Sportlers · Sittenwidrigkeit des Dopings (§ 228 StGB)

Frankfurt/M · Berlin · Bern · New York · Paris · Wien
Auslieferung: Verlag Peter Lang AG
Jupiterstr. 15, CH-3000 Bern 15
Telefax (004131) 9402131
*inklusive Mehrwertsteuer
Preisänderungen vorbehalten

www.ingramcontent.com/pod-product-compliance
Ingram Content Group UK Ltd.
Pitfield, Milton Keynes, MK11 3LW, UK
UKHW021912290926
8980IPUK00015B/1206

9 783631 355862